Werner Schmidt

Die faszinierende Geschichte des Lebens

Warum wir so sind, wie wir sind

Rasch und Röhring

Die Deutsche Bibliothek – CIP-Einheitsaufnahme

Schmidt, Werner:
Die faszinierende Geschichte des Lebens : Warum wir so sind, wie wir sind / Werner Schmidt. – Hamburg : Rasch und Röhring, 1997
ISBN 3-89136-612-4

Großer Burstah 42, 20457 Hamburg, Fax 040/37 13 89
Umschlaggestaltung: Peter Albers, Foto: Michele Oka Doner, Bilderberg
Satzherstellung: Alphabeta Druckformdienst GmbH, Hamburg
Druck- und Bindearbeiten: Westermann Druck Zwickau GmbH
Printed in Germany

Für meine Familie

Inhalt

Vorwort
»Jeder trägt Reste einer Urwelt mit sich«

Dieses Buch bringt Ihnen wissenschaftliche Erkenntnisse näher, die unmittelbar mit Ihnen selbst zu tun haben

Die Fragen nach dem Woher und dem Wohin des Lebens sind ein zentrales Thema aller menschlichen Kulturen. Trotz der Aussichtslosigkeit, jemals allumfassende Antworten darauf zu erhalten, bleibt die Suche danach Bestandteil unserer Existenz. Um so erstaunlicher ist es, daß dem faszinierenden Stück zwischen Ursprung und Ziel, also der Entwicklung des Lebens, so wenig Beachtung geschenkt wird. Obwohl die Gesetzmäßigkeiten des biologischen Werdens auf unserem Planeten seit vielen Jahren bekannt sind, bleibt das Wissen darüber von der Allgemeinheit weitgehend unbemerkt.

Das Fatale daran ist, daß es sich dabei nicht um Entdeckungen handelt, die nur für einen beschränkten Bereich biowissenschaftlicher Aktivitäten eine Rolle spielen, sondern ganz im Gegenteil, es geht darum, das Phänomen *Leben* und damit auch die Grundlage des menschlichen Zusammenlebens zu verstehen.

Kaum jemand ist imstande, auf die banale Frage, warum wir Angst vor dem Tod haben, eine konkrete Antwort zu geben. Dabei kann jeder, der wenigstens die fundamentalen Zusammenhänge im Prozeß unseres Entstehens kennt, diese und viele andere Fragen, die den Menschen und seine belebte Umgebung betreffen, nicht nur spekulativ, sondern eindeutig beantworten. Ich behaupte, daß die Anwendung dieses Wissens Voraussetzung für ein längerfristiges menschenwürdiges Überleben unserer Art ist.

Dieses Buch soll unter anderem zwei Fragen beantworten, nämlich: »*Warum* sind wir so, wie wir sind?« und: »*Wie* sind wir denn nun wirklich?« Das ist nicht mit wenigen Sätzen getan. Im

Gegenteil, um bei der Betrachtung des Menschlichen eine gewisse Distanz zwischen dem Beobachter (also Ihnen, dem Leser) und dem Objekt (dem Menschen allgemein) herzustellen und somit ein Mindestmaß an Objektivität zu erlangen, ist es unumgänglich, den Weg unseres Werdens bis an seinen Anfang zurückzugehen und den Versuch zu unternehmen – soweit die uns von der Natur zur Verfügung gestellten Wahrnehmungsfelder dies ermöglichen –, unsere Stellung innerhalb der *Schöpfung* (wie immer man diese auch interpretiert) zu relativieren.

Um eines klarzustellen: Es ist hier nicht von religiösen Überlieferungen, pseudowissenschaftlichen Ansichten einzelner oder gar von esoterischen Vermutungen die Rede, sondern von vielfach belegten Erkenntnissen, die Forscher und Wissenschaftler über Jahrhunderte und oft mit hohem persönlichen Einsatz zusammengetragen haben.

Der Weg der Erkenntnis war langwierig und dornenreich, aber es hat sich gelohnt. Wir Zeitgenossen sind die ersten Wesen auf diesem Planeten, denen es möglich ist, das, was hinter uns liegt, zurückzuverfolgen zu den Anfängen des Universums, es zumindest in erkennbaren Umrissen zu rekonstruieren, um dabei die Voraussetzungen kennenzulernen, denen wir unser Dasein verdanken.

Es soll hier keineswegs der Eindruck erweckt werden, als seien wir am Ende aller Weisheiten angekommen. Im Gegenteil, wir wissen erst einen Bruchteil von dem, was mit unseren geistigen und technischen Mitteln über uns und die Welt zu erfahren ist, ganz zu schweigen von dem, was mit noch zu erfindender Technik zu entdecken sein wird, und dem, was uns für immer verborgen bleibt. »Ich habe sogar den Verdacht, daß das Universum nicht nur sonderbarer ist, als wir vermuten, sondern viel sonderbarer, als wir vermuten können«, stellte der britische Physiologe und Philosoph Haldane 1927 bescheiden fest. Und dennoch, es gibt keinen Zweifel, wir haben nicht nur in den klassischen Wissenschaften, wie der Astronomie und der Physik, einen bemerkenswerten Kenntnisstand erreicht, sondern auch in den Disziplinen der Biologie, jenen Wissenschaften, die in besonderem Maße uns selbst betreffen. Dieses Wissen versetzt uns durchaus in die Lage, der wahren Struktur des menschlichen Wesens nahe zu kommen.

Es ist die ausdrückliche Absicht des Autors, bei seinen Darlegungen möglichst ohne fachspezifisches Vokabular auszukommen, damit der unvorbelastete Leser nicht in Gefahr gerät, beim Lesen zeitweise die Orientierung zu verlieren. Um diesem Anspruch weitgehend gerecht zu werden und um Mißverständnisse zu vermeiden, soll bereits an dieser Stelle ein Begriff definiert werden, der Leitfaden dieses Buches ist: *Evolution.*

Mit dem auf das lateinische *evolvere* (hervorwälzen, herauswickeln) zurückgehende Wort werden heute allgemein Veränderungsvorgänge bezeichnet, die sich über einen längeren Zeitraum erstrecken. Es ist üblich geworden, die Entstehung des Universums insgesamt als Evolutionsprozeß zu sehen. Dabei unterscheidet man zwischen der Evolution nichtlebender Systeme, nämlich der *physikalischen* und *chemischen Evolution* (Entstehung der Sterne, der Planeten, der chemischen Elemente), und der Evolution lebender Systeme: der *biologischen Evolution* (Entstehung der Tier- und Pflanzenwelt). Der Unterschied besteht darin, daß zum Beispiel aus der Kenntnis des heutigen Zustands der Sonne deren Entwicklung mit Hilfe der ebenfalls bekannten physikalischen Gesetzmäßigkeiten über Millionen Jahre hinweg vorauszubestimmen ist, während die Evolution von Lebewesen ein im tatsächlichen Ablauf nicht vorhersagbarer Vorgang ist. Natürlich gehört beides zusammen; das eine ist die Voraussetzung des anderen; die Übergänge sind fließend.

Darüber hinaus wird der Begriff *Evolution* auch in vielen anderen Bereichen verwendet, und zwar gleichbedeutend mit *Entwicklung*. Man spricht von der Evolution der Kultur, der Kunst, der Sprache, der Gesellschaft, der Technik und vielem anderen mehr.

Im nachfolgenden Text ist unter Evolution ausschließlich die biologische Evolution, also die Entwicklung und die fortwährende Veränderung des Lebendigen, zu verstehen, von den ersten Spuren des Lebens auf der Erde bis zur heutigen Vielfalt der Arten. Der Ablauf dieses Vorgangs, an dessen derzeitigem Ende der Mensch aufgetaucht ist, und die Analyse dieses Wesens, das sich selbst als *Krone der Schöpfung* versteht, sind die Themen dieses Buches.

Daß ein Prozeß, der vor 4,6 Milliarden Jahren begonnen hat und bei dem sich beobachtbare Veränderungen in für uns nicht erfaßbaren Zeiträumen abspielen, nicht in gleicher Weise zu beweisen ist, wie es physikalische Gesetzmäßigkeiten sind, die man experimentell nachvollziehen kann, liegt auf der Hand.

Warum, so fragt man sich, finden die Erkenntnisse, die in Zusammenhang mit der Evolution des Menschen stehen und die so bedeutend für das Verständnis unseres Miteinanders sind, in unserer Gesellschaft kaum Beachtung? Ich habe noch keine Diskussion erlebt, sei es im Fernsehen oder im privaten Kreis, ob es nun um Sexualität, Erziehung, die Psyche des Mannes und der Frau oder um Ausländerfeindlichkeit ging, in der die Erkenntnisse der Evolutionsbiologie in angemessener Weise Berücksichtigung fanden. Selbst in den wenigen Fällen, in denen in Talkshows auch einmal Verhaltensbiologen zu Wort kommen, ist aufgrund des großen Informationsdefizits bei den übrigen Teilnehmern eine fundierte Diskussion gar nicht möglich. Statt dessen werden die selbstgestrickten Theorien prominenter Schauspieler oder Politiker erörtert, oder es wird gar die Astrologie zu Rate gezogen.

Als Darwin 1871 in seinem Buch »Die Abstammung des Menschen« darlegte, daß Menschen und Menschenaffen von gemeinsamen Vorfahren abstammten, soll eine vornehme Dame gesagt haben: »Wir wollen hoffen, daß es nicht wahr ist, wenn aber doch, dann wollen wir hoffen, daß es nicht allgemein bekannt wird.« Und ein bekannter Wissenschaftler jener Zeit bemerkte: »Eine demütigende Entdeckung, und je weniger davon die Rede ist, desto besser.« Äußerungen von ähnlicher Vogel-Strauß-Logik sind auch heute zu hören. Versuchen Verhaltensbiologen für negative menschliche Verhaltensweisen Erklärungen zu finden, so wird ihnen unterstellt, sie würden die schändlichen Taten entschuldigen. Wie aber, um Himmels willen, können Lösungen für unsere gesellschaftlichen Probleme gefunden werden, wenn man nichts über die Ursachen weiß? Wie soll man den Vergewaltigungen von Frauen und Kindern entgegenwirken, wenn man nicht darüber spricht, daß der Trieb zur Vergewaltigung einer der üblen Tricks ist, die die Evolution im Erbgut versteckt hat?

Bereits die von Darwin zusammengetragenen Belege hätten ausreichen müssen, um zumindest den Unvoreingenommenen von der biologischen Evolution zu überzeugen. Inzwischen ist das Beweismaterial so umfangreich und unwiderlegbar, daß es für jeden, dessen Objektivität nicht durch Ideologien, welcher Art auch immer, eingeschränkt ist, keinen Zweifel an der beschriebenen Rekonstruktion des Evolutionverlaufs geben kann. Dennoch wird noch immer mehr Energie dafür aufgewandt, wissenschaftliche Erkenntnisse mit der biblischen Schöpfungsgeschichte in Einklang zu bringen, als darüber nachzudenken, wie dieses Wissen dazu beitragen kann, die erbärmliche Situation von Millionen von Menschen zu verbessern.

Als Grund für diesen eklatanten Zustand – natürlich nicht nur in Deutschland – sehe ich in erster Linie die antiquierten Lehrpläne unserer Schulen, zumindest im Biologieunterricht. Ich habe vor etwa 35 Jahren, also fast 100 (!) Jahre nach Darwins »Entstehung der Arten«, in einer Biologiestunde, in der sich der Biologielehrer kurz vor den großen Ferien außerhalb des Lehrplans bewegte, das erste Mal davon gehört, daß die Menschen mit den Affen verwandt sind. Mir ist keine andere Biologiestunde in Erinnerung, die so aufregend war wie diese. Aber ich erinnere mich auch daran, wie intensiv wir uns mit dem leiterförmigen Nervensystem des Regenwurms beschäftigen mußten, und mein Eindruck ist, daß dieses Mißverhältnis von zuviel Detail und zuwenig Wesentlichem auch heute noch vorherrscht. Das Leben auf unserem Planeten ist eine gigantische Zusammenballung von Wunderbarem, und es sollte eines der Hauptziele des Biologieunterrichts sein, davon etwas zu vermitteln, ja, Begeisterung dafür zu wecken.

Ich habe manchmal mit Kopfschütteln den Unterrichtsstoff unserer älteren Tochter im Leistungsfach Biologie verfolgt, und ich wollte es nicht glauben, als unsere jüngere Tochter, die ein Wirtschaftsgymnasium besucht, mir mitteilte, daß sie Biologie leider nicht als Leistungsfach wählen könne, da dieses Fach in Ermangelung eines Biologielehrers nicht angeboten werde. Ihre Antwort auf meine Frage, ob sie in der Schule jemals etwas über die biologische Evolution gehört habe, war: »Das, was wirklich interessant ist, erzählt uns keiner.«

Das Argument, das Thema Evolution sei zu kompliziert für jüngere Schüler, ist absurd, töricht, eine Ausrede. Warum soll für sie das Fach Biologie nicht damit beginnen, daß ihnen etwas über den Ursprung des Lebens erzählt wird, statt ihnen aufzutragen, Hunderassen auswendig zu lernen? Was kann für die Schüler faszinierender und in jeder Hinsicht sinnvoller sein, als wenn ihnen ihre Verwandtschaft zu allen anderen Lebewesen vermittelt und ihnen gleichzeitig klargemacht wird, daß jeder von ihnen einmalig ist in dieser unendlichen Vielfalt des Lebendigen? Was ist besser geeignet, in Jugendlichen das Interesse an der Biologie zu wecken, als über den Ursprung ihrer Gefühle zu sprechen?

Trotz meiner Bemühungen, mich nicht im Detail zu verlieren, sondern nur die wesentlichen Zusammenhänge zu beschreiben, war es im Hinblick auf ein besseres Verständnis an einigen, aber nur wenigen Stellen unumgänglich, in die Niederungen der physikalischen und biologischen Basis hinabzusteigen. So werde ich Sie zum Beispiel mit einem biologischen Stoff konfrontieren müssen, dem man den zum Abspeichern in Gehirnzellen völlig ungeeigneten Namen *Desoxyribonukleinsäure* gegeben hat.

Vielleicht ist es zweckmäßig, Ihnen im vorhinein schon etwas ins Gedächtnis zurückzuholen, das Ihnen, je nachdem, wie lange Ihre Schulzeit zurückliegt, mehr oder weniger abhanden gekommen ist, und zwar etwas Generelles über den Aufbau aller Materie.

Etwa 400 Jahre vor Christus äußerte der griechische Philosoph Demokrit (um 470 bis um 380 v. Chr.) seine Vermutung, daß die ganze Mannigfaltigkeit der Materie durch die »Anhäufung und Verflechtung« von sehr kleinen unsichtbaren Teilchen zustande komme, die er *Atome* (griechisch für »unteilbar«) nannte. Abgesehen davon, daß er mit der Unteilbarkeit nicht ganz richtig lag, war dieser Gedanke zu jener Zeit genial, denn es dauerte mehr als 2000 Jahre, bis der englische Gelehrte John Dalton (1766–1844) die moderne Atomtheorie mit der Hypothese begründete: Alle chemischen Elemente (wie Sauerstoff, Kohlenstoff, Eisen, Schwefel und ungefähr 90 weitere) bestünden aus Atomen, die, wie wir heute wissen, wiederum aus verschiedenen Bausteinen zusammengesetzt sind. Diese Atome seien außerordentlich klein. Alle Atome eines Elementes seien gleich; die Atome verschiedener Elemente unterschieden sich, zum Beispiel in der Masse.

Eines der vielen bis heute für uns nicht erklärbaren *Wunder* dieser Welt ist, daß beim Zusammenschluß von zwei oder mehreren unterschiedlichen Atomen ein völlig neuer Stoff entsteht. Verbinden sich beispielsweise zwei Wasserstoffatome, die für sich allein genommen die kleinste Einheit eines Gases bilden, mit einem Sauerstoffatom, das paarweise ebenfalls ein Teil eines Gases ist, allerdings mit ganz anderen Eigenschaften, so entsteht ein Baustein eines ganz anders gearteten Stoffes, nämlich Wasser. Oder verbinden sich statt zwei Sauerstoffatomen drei Atome dieses Elementes, so haben wir nicht wie im ersten Fall ein

Molekül des für uns lebenswichtigen und, wie uns jeder Atemzug bestätigt, geruchlosen Gases, sondern ein Molekül eines giftigen, intensiv riechenden gasförmigen Stoffes, dem Chemiker die Bezeichnung *Ozon* gegeben haben.

Molekül nennt man die Verbindung mehrerer Atome. Es gibt Stoffe, deren kleinste Teilchen Atome sind, und es gibt Stoffe, deren kleinste Bausteine Moleküle sind. Die Moleküle *organischer* Stoffe, also jener Substanzen, aus denen Pflanzen und Tiere bestehen, sind überwiegend kompliziert aufgebaut und aus einer Vielzahl von Atomen zusammengesetzt.

In den ersten Kapiteln, in denen Ihnen die Geschichte der biologischen Erkenntnisse in groben Zügen dargestellt wird, habe ich Wert darauf gelegt, nicht nur den Wissenszuwachs zu beschreiben, sondern auch auf die Personen einzugehen, die diese Geschichte geprägt haben. Die angeführten Jahreszahlen hemmen möglicherweise den Lesefluß, sind aber für eine zeitliche Zuordnung der Ereignisse unerläßlich.

Dieses Buch wird Ihnen wissenschaftliche Erkenntnisse näherbringen, die ganz unmittelbar mit Ihnen selbst zu tun haben. Es besteht keinerlei Absicht, Sie in Ihrem Glauben an das, was jenseits des mit wissenschaftlichen Mitteln zu Erschließenden liegt, zu beeinflussen; doch ich hoffe, daß Sie, nachdem Sie das Buch gelesen haben, einige Dinge im Diesseits anders sehen werden als vorher.

Das trefflichste Geleitwort zu meinen Darstellungen und Überlegungen habe ich in Hermann Hesses Roman »Demian« gefunden. Dort heißt es:

»Jeder Mensch ist nicht nur er selber, er ist auch der einmalige, ganz besondere, in jedem Fall wichtige und merkwürdige Punkt, wo die Erscheinungen der Welt sich kreuzen, nur einmal so und nie wieder. Darum ist jedes Menschen Geschichte wichtig, ewig, göttlich, darum ist jeder Mensch, solange er irgend lebt und den Willen der Natur erfüllt, wunderbar und jeder Aufmerksamkeit würdig. In jedem ist der Geist Gestalt geworden, in jedem leidet die Kreatur, in jedem wird ein Erlöser gekreuzigt... Das Leben jedes Menschen ist ein Weg zu sich selber hin, der Versuch eines Weges, die Andeutung eines Pfades. Kein Mensch ist jemals ganz und gar er selbst gewesen; jeder strebt dennoch, es zu werden, einer dumpf, einer lichter, jeder wie er kann. Jeder trägt Reste von seiner Geburt, Schleim und Eischalen einer Urwelt, bis zum Ende mit sich hin. Mancher wird niemals Mensch, bleibt Frosch, bleibt Eidechse, bleibt Ameise. Mancher ist oben Mensch und unten Fisch. Aber jeder ist ein Wurf der Natur nach dem Menschen hin. Und allen sind die Herkünfte gemeinsam, die Mütter, wir alle kommen aus demselben Schlunde; aber jeder strebt, ein Versuch und Wurf aus den Tiefen, seinem eigenen Ziele zu.«[1]

1. Die Zweifel an der Glaubwürdigkeit der biblischen Schöpfungsgeschichte

Die Wurzeln der Naturwissenschaft und die Genesis

Seit Urzeiten stellt der Mensch Fragen über den Ursprung der Welt und den Sinn seiner Existenz. Man könnte geradezu den Beginn der Menschheit als den Zeitpunkt definieren, an dem zum erstenmal als Zeichen eines fortschreitenden Sich-seiner-selbst-bewußt-Seins die Fragen nach den Hintergründen des Daseins auftauchten. In den Mythen aller Kulturen gab es Versuche, Antworten darauf zu finden. Viele Jahrhunderte hindurch waren die Religionen die einzigen Quellen, aus denen das Verlangen nach Beantwortung dieser Fragen gestillt werden konnte.

Die Philosophen waren die ersten, die nach *natürlichen* Erklärungen suchten und somit eine andere Form der Auseinandersetzung mit den Geheimnissen der Natur etablierten. Sie waren die Begründer der Forschungen, die wir heute als *Naturwissenschaften* bezeichnen.

Das italienische Multitalent Galileo Galilei (1564–1642) brachte seine Ansicht mit den Worten zum Ausdruck: »Ich meine, daß wir bei der Diskussion von Fragen der Natur nicht bei der Autorität von Bibelstellen beginnen sollten, sondern mit vernünftigen Experimenten und notwendigen Demonstrationen. Denn die Heilige Schrift wie auch die Natur haben ihren Ursprung gleichermaßen im Worte Gottes.«[2]

Die Wurzeln der Naturwissenschaften sind jedoch viel älter. Das gilt insbesondere für die Biologie, denn Kenntnisse über die belebte Natur, über Geburt und Krankheiten, über Leben und Sterben waren wesentliche Bestandteile für das Überleben.

So hatte die Medizin, die man als Teilbereich der Biologie verstehen kann, schon in sehr alten Kulturen einen relativ hohen Stand.

Es gibt Überlieferungen medizinischer Kenntnisse der Sumerer, Babylonier, Ägypter und anderer Zivilisationen lange vor den Griechen.

Die Griechen, die für die Entwicklung unseres abendländischen Kulturkreises besondere Bedeutung hatten, besaßen bereits umfangreiches biologisches Wissen über die heimische Pflanzen- und Tierwelt sowie Erfahrungen mit Haustieren, an denen sich zum Beispiel Geburt, Ernährung, Krankheiten und Verhalten viel leichter beobachten lassen als an wildlebenden Tieren. Da die meisten dieser Lebensäußerungen die gleichen sind wie beim Menschen, war dieses Wissen Ausgangspunkt für das Studium der menschlichen Anatomie und Physiologie, der Lehre von den Vorgängen in lebenden Organismen.

Die griechischen Philosophen Platon (427–347 v. Chr.) und sein Schüler Aristoteles (384–322 v. Chr.), neben Sokrates (469/470–399 v. Chr.) die Begründer der klassischen philosophischen Tradition des Abendlandes, hatten wohl den größten Einfluß auf die spätere Entwicklung der Wissenschaft. Während Platon aufgrund seiner mathematischen Denkstruktur (sein besonderes Interesse galt der Geometrie) deutlich negative Auswirkungen auf die Biologie hatte, trugen Beiträge von Aristoteles wesentlich zu dem Verständnis der lebenden Natur bei. Er besaß medizinische Kenntnisse, verwandte viel Zeit auf das Studium von Meeresorganismen. Er war der erste, der für eine Vielzahl von Tierarten detaillierte Lebensgeschichten schrieb, er verfaßte ein Buch über Fortpflanzungsbiologie und teilte die Tierwelt als einer der ersten nach verschiedenen Kriterien auf.

Die tausend Jahre nach der Gründung des Christentums, die während des Niedergangs des Römischen Reiches begonnen hatten, waren eine Periode deprimierenden geistigen Stillstands. Die mächtige kirchliche Hierarchie führte eine Geisteshaltung ein, die die Freiheit des Denkens abschaffte. Das Wort Gottes, in der Heiligen Schrift offenbart, wurde zum Maßstab aller Dinge. Die Erschaffung der Welt durch Gott nahm nur sechs Tage in Anspruch, und auch nach der Schöpfung war keine Zeit für Evolution gewesen, denn gemäß der aus der Bibel abgeleiteten Geschlechterfolge hatte man den Zeitpunkt der Schöpfung auf 4000 Jahre vor Christi Geburt festgelegt. Obwohl im Alten Testament verschiedene Anspielungen auf eine lineare Abfolge der Schöpfung zu finden sind, wie sie sich auch aus dem Schöpfungsbericht ableiten läßt, waren alle Ansätze, die in Richtung einer evolutionären Entwicklung führten, zum Scheitern verurteilt.

Noch die führenden Physiker und Mathematiker des 16. und 17. Jahrhunderts, die maßgeblich an der *wissenschaftlichen Revolution* beteiligt waren, wie Descartes, Huyghens, Boyle und Newton, waren strenge Anhänger des Schöpfungsglaubens im wörtlichen Sinn.

Als das Christentum die abendländische Welt eroberte, trat ein völlig neues Weltbild an die Stelle der griechischen Vorstellungen. Die Einstellung des Menschen war beherrscht durch Gottes Gebot: »Seid fruchtbar und mehret euch und füllet die Erde und machet sie euch untertan, und herrschet über die Fische im Meer und die Vögel des Himmels, über das Vieh und alle Tiere, die auf der Erde sich regen.«[3]

Die Natur war dem Menschen untertan, es gab kein Einssein mit ihr. Und dennoch gab es eine Entwicklung innerhalb der christlichen Kirche, die für die spätere Biologie von gravierender Bedeutung werden sollte: die Entwicklung der *Naturtheologie*, sie verstand sich als Ergänzung zur offenbarten Theologie der Bibel und sah die Harmonie der Welt als Beweis für Gottes Wirken.

Jahrhundertelang war die Welt der Philosophen und Physiker völlig taub gewesen gegenüber der Versicherung von Naturforschern, daß etwas mehr erforderlich sei als die Gesetze der Physik, um aus einem Froschei einen Frosch und aus einem Hühnerei ein Huhn werden zu lassen. Das begann sich im

12. und 13. Jahrhundert ein wenig zu ändern. Besonders erwähnenswert ist das vielfältige Wirken des Stauferkaisers Friedrich II. (1194–1250) in dieser Zeit. Seine Schriften zeugen von einer echten Kenntnis des lebendigen Tieres, die offenkundig auf persönlichen Erfahrungen beruhte. Als frühes Meisterwerk der beobachtenden Naturwissenschaft gilt sein Buch über die Falknerei. Friedrich ließ Arbeiten von Aristoteles ins Lateinische übersetzen und war Schirmherr der medizinischen Fakultät von Salerno, wo zum ersten Mal seit mehr als tausend Jahren menschliche Körper seziert wurden.

Im späten Mittelalter erlebten die Kosmologie, Logik und Physik eine bemerkenswerte Wiedergeburt. In Fragen der lebenden Natur widmete man sich allerdings lediglich medizinischen Problemen. Die extreme Frömmigkeit dieses Zeitalters, die keine Fragen über Gottes Schöpfung zuließ, erstickte biologisches Interesse gewissermaßen im Keim. Erst am Ende des Mittelalters erfolgte eine Wiederbelebung der Biologie. Wie die große Anzahl von Kräuterbüchern aus jener Zeit belegt, war das Studium von Heilkräutern weit verbreitet.

Während der Renaissance erwachte vollends ein neues Interesse an der Naturgeschichte und Anatomie. Der befreiende Einfluß aus dem Kennenlernen fremder Länder und Kontinente begann sich bemerkbar zu machen. Es fing an mit den Kreuzzügen, dann kamen die Reisen der venezianischen Kaufleute und die Entdeckungsreisen der portugiesischen Seefahrer. Den Höhepunkt bildete die Entdeckung der Neuen Welt durch Christoph Kolumbus (1492).

In besonderem Maße entwickelten sich während der Renaissance die angewandten Wissenschaften, Technik und Ingenieurwesen und erreichten in den Erkenntnissen von Galileo Galilei und seinen Schülern einen ersten Gipfelpunkt. Für sie war die Natur ein System bewegter Materie, und für alles mußte es eine mechanische Ursache geben. »Miß alles, was meßbar ist, und mache das Nichtmeßbare meßbar!« lehrte Galilei.

Naturtheologen legten das Fundament für die spätere Evolutionsbiologie

So bedeutend die Fortschritte in den exakten Wissenschaften in der Zeit von Galilei (1564–1642) bis Newton (1643–1727), dem Abschnitt, den man üblicherweise als *wissenschaftliche Revolution* bezeichnet, auch waren – sie waren in der Biologie von keinerlei welterschütternden Veränderungen begleitet. Immerhin begann mit dem Zeitalter der Seereisen, in dem die Vielfalt des Lebens offenkundig und das Abendland mit der Existenz primitiver Menschen bekanntgemacht wurde, sowie mit dem Fortschreiten der exakten Wissenschaften, die nach natürlichen Erklärungen suchten, ein neuer Geist zu erwachen. Ein Geist, der zu einer allmählichen Befreiung aus der seelischen und geistigen Zwangsjacke der Kirche führte.

Besonderen Erfolg hatte die neue aus den exakten Wissenschaften erwachsene Denkweise in der Kosmologie.

Nikolaus Kopernikus (1473–1543), Giordano Bruno (1548 bis 1600), von der Inquisition, den katholischen Ketzerverfolgern, eingekerkert und in Rom auf dem Scheiterhaufen verbrannt, Tycho Brahe (1546–1601), Johannes Kepler (1571–1630), Galileo Galilei (1564–1642) und René Descartes (1596–1650) waren die Wegbereiter dafür, daß um die Mitte des 17. Jahrhunderts das von Aristoteles und Ptolemäus postulierte *geozentrische System*, wonach sich die Erde im Zentrum des Universums befinden sollte, nach fast zweitausend Jahren endlich aufgegeben wurde.

Das von Theorie und Beobachtung gelieferte Beweismaterial für ein *heliozentrisches Weltbild*, mit den um die Sonne sich bewegenden Planeten, war nicht mehr zu widerlegen.

Mit der Erfindung des Teleskops setzte sich die Vorstellung eines unendlichen Universums immer mehr durch. Schließlich tauchte der Gedanke auf, daß auch die Zeit unendlich und das Universum in ununterbrochenem Wandel begriffen sei.

Als man zunehmend begann, sich nicht nur mit Bewegungen und Kräften, sondern auch mit der chemischen Beschaffenheit von Stoffen zu beschäftigen, und als sich schließlich immer mehr Naturforscher mit der Vielfalt der belebten Natur auseinandersetzten, kam es zu einer Neubelebung der aristotelischen Tradition. Diese geistige Atmosphäre regte zu Erfindungen an, die zunehmende Mechanisierung führte zur Entwicklung neuer Instrumente, deren wichtigstes für die Biologen das Mikroskop war: Es eröffnete ihnen eine neue Welt. Zwar gestatteten die ersten Mikroskope lediglich eine zehnfache Vergrößerung, doch das reichte aus, um die Existenz eines gänzlich unerwarteten lebenden Mikrokosmos zu enthüllen: die für das bloße Auge unsichtbaren im Wasser lebenden Organismen. In dieser Zeit wurden auch die Insekten als Objekt für wissenschaftliche Studien entdeckt. Der italienische Gelehrte und Dichter Francesco Redi (1626–1698) wies im Jahr 1668 nach, daß Insekten nicht durch *Urzeugung* (Entstehung neuer Wesen aus lebloser Materie durch Gottes Wirken) entstehen, sondern sich aus Eiern entwickeln, die von befruchteten Weibchen gelegt werden.

Die Begeisterung über die außerordentliche Vielfalt des Lebendigen wurde noch verstärkt von der Fülle an exotischen Pflanzen und Tieren, die erfolgreiche Seefahrer aus aller Herren Länder in die Heimat mitbrachten. Die Zunahme von Pflanzen- und Tiersammlungen erweckte bei Naturforschern das Bedürfnis, diese Funde zu klassifizieren. Ein herausragender Vertreter des biologischen Zeitalters der Klassifizierung war der schwedische Mediziner und Biologe Carl von Linnaeus (1707–1778, ab 1762 Carl von Linné genannt).

Daraus entstand eine Entwicklung in der Biologie, die das Evolutionsdenken in entscheidender Weise beeinflußte: das Aufkommen der *Systematik*, der Versuch einer Bestandsaufnahme von Pflanzen und Tieren. Lange Zeit hatte es so ausgesehen, als ob sich diese Organismen, vom einfachsten bis zum vollkommensten, in einer einzigen Stufenleiter anordnen ließen. Je mehr jedoch die Kenntnis über Pflanzen und Tiere zunahm, um so schwieriger wurde es, sie in einer einzigen Rangfolge unterzubringen.

Unter den Philosophen wollte Gottfried Wilhelm Leibniz (1646–1716), im Gegensatz zu den »physikalischen« Philosophen seiner Zeit, die Natur als Ganzes verstehen. Er zeigte, wie unbefriedigend es war, das Funktionieren des Lebendigen ausschließlich mittels physikalischer Ursachen zu erklären. Wenn auch die Antworten, die er gab, nicht die gesuchten Lösungen waren, so trug er doch dazu bei, den Boden für das Evolutionsdenken vorzubereiten.

Der Philosoph Immanuel Kant (1724–1804) entwickelte zum ersten Mal logisch und konsequent die uns heute vertraute Idee, daß die Welt ihren Anfang in einem chaotischen universellen Nebel genommen habe, der schließlich die Galaxien, Sonnen und Planeten entstehen ließ. Er kam zu dem genialen Schluß: »Die Schöpfung ist niemals vollendet. Sie hat zwar einmal angefangen, aber sie wird niemals aufhören.«

Am Ende des 18. Jahrhunderts leisteten die Botaniker Joseph Gottlieb Koelreuter (1733–1806) und Christian Konrad Sprengel (1750–1816) Pionierarbeit in der Genetik (Vererbungslehre), sie erforschten Befruchtung und Blütenbiologie der Pflanzen. Die Biologie, die noch im 17. Jahrhundert weitgehend im Schatten der exakten Wissenschaften gestanden hatte, begann in der zweiten Hälfte des 18. Jahrhunderts den ihr zustehenden Platz einzunehmen.

Ebenso tiefgreifend wie in der Kosmologie änderte sich die Denkweise in der Geologie, einer Wissenschaft, deren vorrangige Aufgabe es war, die Abfolge von Ereignissen zu rekonstruieren, die im Verlauf der Zeit auf der Erde stattgefunden haben. Das zusammengetragene Beweismaterial belegte zunehmend, daß die Erde ständigen Veränderungen unterworfen ist, daß Vulkanismus, Erosion und die Auffaltung von Bergen die Erdoberfläche verändert haben und unaufhörlich weiter verändern.

Aufgrund seiner geologischen Studien kam der Franzose Jean-Baptiste Pierre Antoine de Monet, Chevalier de Lamarck (1744–1829) zu der Überzeugung, daß die Erde sehr alt sein müsse und daß sich die Bedingungen auf ihr ständig verändern. Da alle Organismen an ihre Umwelt angepaßt sind, folgerte er in seiner »Philosophie zoologique« (1809) daraus, daß sie sich ebenfalls verändern müssen, um ihre Anpassung beizubehalten. Das führte Lamarck zu seiner Theorie der Umbildung, einem besondereren Meilenstein auf dem Weg zur Evolutionstheorie. Er erklärte die Veränderungen der Lebewesen aus dem Gebrauch oder Nichtgebrauch von Organen unter verschiedenen Umwelteinflüssen und einem Trieb nach Vollkommenheit.

Gegner von Lamarck war der populärste Zoologe und Paläontologe seiner Zeit, Georges Baron de Cuvier (1769–1832). Cuvier hielt an der Konstanz der Arten fest. Als Begründer der Paläontologie, der Lehre von fossilen, also ausgestorbenen Lebewesen, erklärte er die damals schon bekannte Tatsache, daß in früheren Epochen andersartige Lebewesen gelebt haben müssen, durch eine *Katastrophentheorie*. Danach sollten die ausgestorbenen Pflanzen und Tiere in mehreren großen erdgeschichtlichen Katastrophen zugrunde gegangen und bei der letzten Katastrophe, der im Alten Testament beschriebenen Sintflut, die heute bestehenden Lebewesen übrig geblieben sein. Der schottische Geologe Charles Lyell (1797–1875) widerlegte durch seine Studien Cuviers Katastrophentheorie. Die Zweifel an der Glaubwürdigkeit der biblischen Darstellung mehrten sich durch das ständig wachsende Wissen über Fossilien.

Die wesentlichen Beiträge, die vom 15. bis zum Ende des 19. Jahrhunderts zum Fortschritt der Biologie geleistet wurden, kamen nur aus wenigen Ländern. Der Mittelpunkt war zunächst Italien, danach verlagerte er sich in die Schweiz, dann nach Frankreich und in die Niederlande, später nach Schweden und schließlich nach Deutschland und England. Zu Beginn des 17. Jahrhunderts verfiel die Wissenschaft zunehmend in nationalen Provinzialismus. Die für das späte Mittelalter und die Renaissance noch so charakteristischen Reisen der lateinisch sprechenden Gelehrten von Land zu Land nahmen in auffallender Weise ab und damit auch die Verbreitung der lateinischen Sprache. Durch die Verwendung nationaler Sprachen in der gelehrten Literatur wuchs der Nationalismus in der Wissenschaft. Immer seltener nahm man auf Werke ausländischer Literatur Bezug, mit dem Resultat, daß jedes Land sein eigenes intellektuelles und geistiges Milieu besaß. Erst am Ende des 19. Jahrhunderts kam es wieder zum internationalen Gedankenaustausch zwischen Wissenschaftlern.

Die christliche Theologie war durch die offensichtlichen Widersprüche zwischen den Erscheinungen der physikalischen Welt und der Welt des Lebendigen in Bedrängnis geraten. Die Vertreter der exakten Wissenschaften sahen in Gott die Macht, die zum Zeitpunkt der Schöpfung die alle Vorgänge dieser Welt regelnden Gesetze aufgestellt hatte, während die Naturtheologen, deren Studienobjekt die lebendige Natur war, in jedem kleinsten Aspekt der Anpassung und Vielfalt die Hand Gottes sahen. Für sie war die überall anzutreffende Harmonie und Zweckmäßigkeit der Schöpfung ein überzeugender Beweis für die Existenz eines höchsten Wesens und waren alle Lebewesen Glieder einer langen Kette, an deren Ende der Mensch als *Krone der Schöpfung* stand. Niemand kann bestreiten, daß die Naturtheologie, die vornehmlich in England in der ersten Hälfte des 19. Jahrhunderts einen besonderen Höhepunkt hatte, das Fundament für die spätere Evolutionsbiologie war. Die führenden Biologen dieser Epoche waren Naturtheologen.

Vor dem 17. Jahrhundert gab es noch keine Biologie im heutigen Sinne, sondern lediglich *Naturgeschichte* und *Medizin*, zwei Fächer, zwischen denen nur ein schwacher Zusammenhang bestand. Im Verlauf des 17. und 18. Jahrhunderts teilte sich die Naturgeschichte recht deutlich in Zoologie und Botanik auf, obgleich viele der Zoologen und Botaniker sich beliebig zwischen beiden Gebieten hin- und herbewegten. In der Medizin sonderten sich zur gleichen Zeit Anatomie, Physiologie, Chirurgie und klinische Medizin zunehmend voneinander ab. Wissenschaftsfelder, die im 20. Jahrhundert vorherrschende Bedeutung gewinnen sollten, wie die Genetik, Biochemie, Ökologie und Evolutionsbiologie, existierten vor 1800 noch nicht.

Bis weit in das 19. Jahrhundert hinein entwickelten sich die Wissenschaften, nicht zuletzt die Biologie, in recht gemächlichem Tempo. Als jedoch – zuerst in Deutschland – mit der Einrichtung von Lehrstühlen für verschiedene Zweige der Biologie an zahlreichen Universitäten die Biologie professionell betrieben wurde und jeder Professor zahlreiche junge Spezialisten heranbildete, setzte eine exorbitante Beschleunigung der wissenschaftlichen Produktivität ein.

Eine der aufregendsten Perioden in der Geschichte der Biologie war die Zeit von 1830 bis 1860. Die Embryologie (Lehre von der Keimesentwicklung) erhielt einen erheblichen Anstoß; es entstand die Zytologie (Zellenlehre) mit der Entdeckung des Zellkerns; die Physiologie nahm neue Gestalt an; die Fundamente der organischen Chemie wurden gelegt; die Zoologie der Wirbellosen wurde auf eine neue Grundlage gestellt und schließlich und am wichtigsten: Die Engländer Charles Darwin und Alfred R. Wallace konzipierten die neue Evolutionstheorie.

2. »Hier hatte ich nun endlich eine Theorie, mit der ich arbeiten konnte«

Fossilienfunde sprachen gegen die Sintflut, doch die Katastrophentheorie blieb

Die hundert Jahre von 1740 bis 1840 waren für die Geschichte der biologischen Erkenntnisse von entscheidender Bedeutung. Dies war die Zeitspanne, in der sich die Idee der Evolution in den Köpfen der fortgeschrittenen Denker Bahn brach. Der Glaube an die biblische Darstellung des Schöpfungsaktes war durch die immer erstaunlicheren Entdeckungen in der Tier- und Pflanzenwelt ins Wanken geraten. Wie konnte diese Vielzahl von Lebewesen in der Arche Noah Platz gefunden haben? Wenn sich alle Tiere vom Berg Ararat im armenischen Hochland der Türkei, dem angeblichen Landeplatz der Arche, über die Erde verbreitet hatten, warum waren dann überall unterschiedliche Arten zu finden? Wie waren die Tiere zu den durch Ozeane isolierten Kontinenten Amerika und Australien gelangt?

Weitere Zweifel wurden durch die zunehmenden Fossilienfunde geweckt. Fossilien hatte man schon um 500 v. Chr. auf Sizilien und Malta gefunden. Verschiedene Deutungen über ihre Entstehung hielten sich bis zum 18. Jahrhundert. Entweder war man der Ansicht, Fossilien wüchsen wie Kristalle aus dem Fels heraus, oder man glaubte, überall in der Natur seien »Keime« vorhanden, die sich in Urzeugungen oder als Fossilien manifestierten. Als sich dann die Auffassung durchsetzte, Fossilien seien Relikte von Lebewesen aus früheren Zeiten, wurden sie als Überbleibsel der von der Sintflut ausgelöschten Geschöpfe gedeutet.

Zwei Entwicklungen erschütterten diese Sintfluttheorie. Die eine war die Entdeckung von unbekannten und somit vermutlich ausgestorbenen Tieren und Pflanzen unter den Fossilien, was die Frage aufwarf: Wie konnte Gott in seiner Allmacht und unendlichen Güte zulassen, daß eines seiner Geschöpfe ausstarb? Die zweite Schwierigkeit ergab sich aus der Entdeckung, daß unterschiedliche geologische Schichten verschiedene Tier- und Pflanzenarten bargen. Doch statt daraus den Schluß eines kontinuierlichen Wandels von Fauna und Flora zu ziehen, hielt sich über ein halbes Jahrhundert die Meinung, jede fossile organische Ära sei von einer Katastrophe vernichtet und durch eine neugeschaffene ersetzt worden.

Wer sich aus heutiger Sicht darüber wundert, wie mühselig und langwierig der Weg bis zum Erkennen der wahren Entwicklungsgeschichte des Lebens war, muß sich vergegenwärtigen, wie bedingungslos der Bibeltext als absolut gültig hingenommen wurde.

Daß es auch immer wieder Kirchenvertreter gab, die fortschrittliche Auffassungen vertraten, ist nicht zu leugnen, ändert aber nichts an der Feststellung, daß die christliche Kirche einen überaus hemmenden Einfluß auf die Entwicklung der Naturwissenschaften ausgeübt hat. Auch wenn schließlich die Naturtheologie wichtige Impulse für die Evolutionstheorie lieferte.

Der große französische Naturforscher George Louis Leclerc Graf von Buffon (1707–1788), den man ohne zu übertreiben als Urheber allen naturgeschichtlichen Denkens in der zweiten Hälfte des 18. Jahrhunderts bezeichnen kann, war vermutlich der erste, der die Möglichkeit der Abstammung von gemeinsamen *Vorfahren* zum Ausdruck gebracht hat: »Wenn man zugäbe, daß der Esel der Familie des Pferdes angehört und sich vom Pferd nur deshalb unterscheidet, weil er von der ursprünglichen Form abgewichen ist, so könnte man genausogut sagen, daß der Affe der Familie des Menschen angehört, daß er ein entarteter Mensch ist, daß Mensch und Affe gemeinsame Ursprünge haben; daß in der Tat alle Familien, wie bei den Pflanzen und bei den Tieren, aus einem einzigen Stamm enstanden sind und daß alle Tiere von einem einzigen Tier abstammen, aus dem sich im Laufe der Zeit, als Resultat von Fortschritt oder Degeneration, alle anderen Tierrassen herausgebildet haben.«[4]

Der bereits erwähnte Chevalier de Lamarck, Sohn einer verarmten nordfranzösischen Adelsfamilie, tapferer Soldat in einer Reihe von Schlachten des Siebenjährigen Krieges, danach Hauslehrer und Reisebegleiter von Buffons Sohn, dann Assistent in der botanischen Abteilung des naturhistorischen Museums und schließlich Professor für die *niederen Tiere*, war der erste konsequente Evolutionist.

Seine Aussage über die Entwicklung unserer vormenschlichen Vorfahren zum Menschen sind verblüffend modern und übertreffen in diesem Punkt in ihrer Eindeutigkeit noch die Formulierungen Darwins: »Wenn irgendeine Affenrasse, hauptsächlich die vollkommenste derselben, durch die Verhältnisse oder durch irgendeine andere Ursache gezwungen wurde, die Gewohnheiten, auf den Bäumen zu klettern und die Zweige sowohl mit den Füßen als mit den Händen zu erfassen, um sich daran aufzuhängen, aufzugeben, und wenn die Individuen dieser Rasse während einer langen Reihe von Generationen gezwungen waren, ihre Füße nur zum Gehen zu gebrauchen und aufhörten, die Füße ebenso zu gebrauchen wie die Hände, so ist es ... nicht zweifelhaft, daß die Vierhänder schließlich zu Zweihändern umgebildet wurden und daß die Daumen ihrer Füße, da diese Füße nur noch zum Gehen dienten, den Fingern nicht mehr opponiert werden konnten.«[5]

Die meisten Vorstellungen Lamarcks waren nicht neu, doch er stellte die vorhandenen Ideen in einen neuen Zusammenhang und wandte sie auf die Evolution an. Darwin verneinte zwar ausdrücklich, irgendeinen Nutzen aus Lamarcks Schriften gezogen zu haben, räumte jedoch ein: »Aber die Schlußfolgerungen, zu denen ich gelange, sind von seinen nicht weit entfernt; obgleich die Mittel und Wege des Wandels ganz und gar verschieden sind.«[6]

Nicht zu leugnen ist, daß Lamarck als erster die konsequente Theorie eines echten evolutionären Wandels vertrat. Die wesentlichen Unterschiede zwischen seinen Auffassungen und denen

Darwins ergaben sich aus der unterschiedlichen Beurteilung der auslösenden Mechanismen, die die Anpassung der organischen Natur an die Umgebung bewirken. Wie sich später zeigte, erwiesen sich die Deutungen Lamarcks in wesentlichen Teilen als falsch.

Nach Lamarcks Veröffentlichung der »Philosophie zoologique« konnte es sich niemand, der irgendeinen Aspekt der organischen Vielgestaltigkeit erörterte, mehr leisten, die Möglichkeit einer Evolution unberücksichtigt zu lassen. Außerdem war das Beweismaterial zugunsten einer evolutionären, also kontinuierlichen Entwicklung ziemlich erdrückend. Und dennoch – obwohl eine beträchtliche Anzahl von Autoren bereits vor Darwin zu diesem Schluß gelangt war, lehnten die führenden Kapazitäten in Zoologie, Botanik und Geologie die Evolution weiterhin ab. Das geistige Milieu, geprägt von der Autorität der Bibel, war immer noch beherrscht vom Konzept einer im wesentlichen unveränderlichen Welt. Was notwendig war, um den neuen Denkansätzen zum Durchbruch zu verhelfen, war die zündende Idee, die das vorhandene Wissen in einen logischen Zusammenhang stellen konnte.

Darwin und Wallace kamen auf getrennten Wegen zur Evolutionstheorie

Am 12. Februar 1809 wurde Charles Robert Darwin in Shrewsbury, dem Zentrum der westenglischen Grafschaft Shropshire, als fünftes von sechs Kindern geboren. Sein Vater, Robert Darwin, war ein erfolgreicher Arzt und seinerseits Sohn von Erasmus Darwin, der ebenfalls einen hervorragenden Ruf als Mediziner hatte und darüber hinaus Verfasser mehrerer Bücher wissenschaftlich-poetischen Inhalts war. Charles' Mutter, die Tochter des berühmten Töpfers Josiah Wedgwood, starb, als er acht Jahre alt war, und seine Schwester bemühte sich, ihren Platz auszufüllen.

Charles wuchs in einer Familientradition auf, zu deren geistigem Erbe liberales Gedankengut und die Liebe zur Natur und zu den Naturwissenschaften gehörten. Sein Vater schickte ihn im Alter von nur sechzehn Jahren und acht Monaten auf die Universität von Edinburgh, wo er Medizin studieren sollte. Doch die Medizin langweilte den jungen Darwin. Entsprechend seiner später geäußerten Feststellung, »ich bin ein geborener Naturforscher«, widmete er sich mit großer Begeisterung biologischen Fragen.

Zu jener Zeit gab es nur wenige Berufe, die für den Sohn einer wohlhabenden Mittelklassefamilie geeignet schienen, und als Darwins totales Desinteresse an der Medizin offenkundig wurde, entschied seine Familie, daß er sich auf den Beruf eines Geistlichen vorbereiten sollte. Es war in England das Zeitalter der Naturtheologie, jene Zeit, in der die Professoren für Botanik und Geologie Theologen waren.

Das Studium in Cambridge ließ ihm genügend Zeit für seine Interessen. Nicht zuletzt durch seine Freundschaft mit dem Botanikprofessor Henslow erwarb Darwin ein reiches naturwissenschaftliches Wissen. Als der Zweiundzwanzigjährige sich im Dezember 1831 auf Empfehlung von Henslow als Reisebegleiter auf eine Vermessungsexpedition zum Südzipfel Südamerikas und Australiens begab, hatte er bereits umfangreiche Kenntnisse in Botanik, Entomologie (Insektenkunde), Chemie, Geologie und Mineralogie. Fünf Jahre später kehrte er nach England zurück und verließ das Schiff, das den beziehungsreichen Namen »Beagle« (Spürhund) trug, als bekannter Naturforscher, der mehr Erfahrungen aufzuweisen hatte als irgendein anderer Zeitgenosse.

Diese Reise, die gekennzeichnet war von ständiger Seekrankheit, den zeitraubenden Fahrten inmitten einer eintönigen Wasserwüste und der Beengtheit an Bord, hatte ihm die Vielfalt der Natur in vollem Umfang vor Augen geführt. Öde vulkanische Inseln, die Wüsten Nordchiles, das unwirtliche Feuerland und die kargen Falklandinseln, den üppigen Urwald Brasiliens mit farbenprächtigen Schmetterlingen, merkwürdigen Bäumen, seltsamen Blüten und Früchten und unbekannten Tieren aller Art.

Er hatte Exkursionen ins Landesinnere Argentiniens und Perus unternommen, Käfer, Spinnen, Würmer, Reptilien und Vögel, Schlingpflanzen und Gräser gesammelt, Meeresgetier unter die Lupe genommen, Robben, Pinguine und Schildkröten gesehen und unter tropischer Sonne nach Steinen gesucht. Er hatte die Schönheit der Koralleninseln in der Südsee bewundert und über deren Entstehung eine Theorie entwickelt, die sich hundert Jahre später aufgrund von Bohrungen auf glänzende Weise als richtig erwies.

Er hatte Sklaverei erlebt, Kontakt zu den Ureinwohnern Australiens gehabt wie zu den freundlichen Bewohnern Tahitis, deren mattbraune Hautfarbe ihm natürlicher vorkam als die Blässe seiner Landsleute; er war mit den robusten Indianern Südamerikas, deren Ausrottung durch die Spanier noch in vollem Gange war, auf die Jagd geritten, und er hatte die Anden überquert.

Zwei Begegnungen waren von besonderer Bedeutung. Mit der eigenartigen australischen Tierwelt, die beim Vergleich mit dem Rest der Welt den Eindruck entstehen ließ, als seien zwei Schöpfer am Werk gewesen, und mit den Galápagosinseln, die alle aus dem gleichen Gestein bestehen und demselben Klima unterworfen sind, die sich zu gleicher Höhe aus dem Meer erheben und, obwohl sie nur auf Sichtweite auseinander liegen, Tiergattungen beherbergen, deren Arten sich von Insel zu Insel unterscheiden.

Im Januar 1839 heiratete Charles seine Cousine Emma Wedgwood, und im September 1842 zog das junge Paar in ein Landhaus in dem kleinen Ort Down in der Grafschaft Kent, südlich von London. Der Umzug aufs Land war durch Darwins Gesundheitszustand notwendig geworden, der sich nach seiner

Niederlassung in London bald zu verschlechtern begann. Die Symptome waren starke Kopfschmerzen, häufige Brechanfälle, Darmstörungen, Schlaflosigkeit und Perioden extremer Ermüdung; möglicherweise ein erblich bedingtes psychosomatisches Leiden. Nach seinem dreißigsten Lebensjahr gab es lange Zeiten für Darwin, in denen er nicht in der Lage war, mehr als zwei oder drei Stunden am Tag zu arbeiten, und manchmal mußte er seine Arbeiten monatelang unterbrechen. Daß er trotz seines ständigen Krankseins in der Lage war, ein derart voluminöses Werk zu produzieren, mutet wie ein Wunder an.

Darwin starb am 19. April 1882 und wurde am 26. April in der Westminster Abbey in London feierlich beigesetzt.

Doch wie kam Darwin zur Evolutionstheorie? Am 28. September 1838 las Darwin in einer Ausarbeitung des Pfarrers und Nationalökonomen Thomas Robert Malthus (1766–1834) über die Ursachen der sozialen Not. Malthus kam zu dem Schluß, daß die Bevölkerung sich rascher vermehrte, als sie die zu ihrer Erhaltung notwendigen Nahrungsmittel produzieren könne. Er schrieb: »Man kann daher ruhig sagen, daß sich die Bevölkerung, wenn sie nicht gehindert wird, alle 25 Jahre verdoppelt oder in geometrischer Proportion zunimmt.«[7] Dieser Satz setzte in Darwin eine geistige Lawine in Bewegung.

Der Kampf um die Existenz war ihm aus vielen Beobachtungen von Tieren und Pflanzen wohlbekannt. Doch nun war ihm der entscheidende Gedanke gekommen. Wenn die Nahrung nicht für alle ausreichte, so würden diejenigen, die sich durchsetzen konnten, erhalten bleiben, und die anderen würden auf der Strecke bleiben. Die Überlebenden würden ihre Eigenschaften, die ihnen zum Sieg verholfen hatten, an ihre Nachkommen weitervererben. Über einen längeren Zeitraum gesehen wäre das Resultat hiervon die Bildung neuer Arten. Darwin in seiner Autobiographie: »Hier hatte ich nun endlich eine Theorie, mit der ich arbeiten konnte.«[8] Er hatte die Ursache der Evolution entdeckt: Das Prinzip der *natürlichen Auslese*.

Eine riesige Anzahl von Tieren muß jedes Jahr sterben, es sind die schwachen und kranken, die unvorsichtigen, die wehrlosen. Nur diejenigen, die sich regelmäßig Nahrung beschaffen und ihren zahlreichen Feinden entkommen können, überleben und pflanzen sich fort. Sie vererben ihre Fähigkeiten an ihre Nachkommen, von denen wiederum nur die bestehen, die sich in der Auseinandersetzung mit der Umwelt behaupten können. Voraussetzung für diese Selektion ist, daß sich die Individuen einer Art voneinander unterscheiden und daß mehr Lebewesen in einer Generation geboren werden, als für die Erhaltung der Art nötig sind.

Wie weit war diese Erkenntnis von der romantisch verklärten Harmonie entfernt, die die Theologen predigten und die die Londoner auf ihren Picknickausflügen ins Grüne um sich wähnten! Das, was sich da in der Natur abspielte, war durchaus nicht Friede und Eintracht. Es war aber auch kein Krieg. *Struggle* war das englische Wort, das auch Lyell und Malthus benutzt hatten. Es bedeutet im Deutschen *Kampf*, aber auch *Anstrengung* und *Mühsal* im Sinne von *sich gegen etwas wehren* oder *sich mit Problemen herumschlagen. Struggle for life* hieß für Darwin: die Abhängigkeit der Organismen von der Tyrannei der belebten und unbelebten Umwelt, aber nur im Einzelfall *Kampf mit Zähnen und Klauen.* Der deutsche Übersetzer von Darwins »Entstehung der Arten«, Bronn, fand keine bessere Formulierung als »Kampf ums Dasein«, was noch heute zu permanenten Mißverständnissen führt.

Der Schlüssel zu Darwins Erfolg war die Tatsache, daß er, im Gegensatz zu anderen, das grundsätzliche Problem der Evolution angegangen war, nämlich die Umwandlung von einer Art in eine andere. Es war ihm klar, wie revolutionär seine Erkenntnis war, und er wußte, daß er damit auf massiven Widerstand stoßen würde. Er verwandte 20 Jahre darauf, Beweismaterial anzuhäufen und die Logik seiner Beweisführung zu vervollkommnen.

Bei aller Begeisterung für Darwins Leistungen darf ein Mann nicht unerwähnt bleiben: Alfred Russel Wallace (1823–1913). Er kam unabhängig von Darwin und nahezu zeitgleich zum Ziel.

Die beiden Männer waren in fast jeder Hinsicht so unterschiedlich, wie es zwei Menschen überhaupt sein können. Darwin, wohlhabend, aus guter Familie stammend, mit jahrelanger Collegeausbildung, Privatlehrer, konnte seine ganze Zeit der Forschung widmen. Wallace, Sohn eines Mannes aus dem unteren Mittelstand (im viktorianischen England ein sehr wichtiger Faktor), ohne höhere Bildung, niemals besonders mit weltlichen Gütern gesegnet, mußte immer für seinen Unterhalt arbeiten. Aber sie hatten einige entscheidende Gemeinsamkeiten: Beide waren Engländer, beide hatten Lyell und Malthus gelesen, beide waren Naturbeobachter und sind als naturgeschichtliche Sammler auf tropischen Archipelen tätig gewesen.

Wallace verließ die Lateinschule im Alter von dreizehn Jahren und arbeitete während der nächsten sieben Jahre als Assistent seines Bruders, eines Landvermessers. Bei seinen Vermessungstätigkeiten streifte er auch durch Moore und Gebirge. Zuerst sammelte er Pflanzen, später erweiterte er sein Interessengebiet auf Schmetterlinge und Käfer.

Im April 1848 brach er mit seinem Freund Henry Walter Bates (1825–1892) zu einer Forschungsreise in das Amazonasgebiet auf, mit der klaren Zielsetzung, »Tatsachen zu sammeln, um das Problem des Ursprungs der Arten zu lösen«. Als Wallace vier Jahre später nach England zurückkehrte, ereilte ihn eine Katastrophe. Auf dem Schiff, mit dem er reiste, brach ein Feuer aus, das Schiff ging unter und mit ihm seine gesamte großartige Sammlung sowie die meisten seiner Tagebücher, Notizen und Skizzen.

Ungebrochen von dem niederschmetternden Erlebnis des Verlustes nahezu aller Früchte seiner vierjährigen Arbeit, machte Wallace sich knapp zwei Jahre später auf den Weg zum Malaiischen Archipel, um das Studium über den Ursprung der Arten fortzusetzen. Ein Jahr darauf veröffentlichte er einen Aufsatz »Über das Gesetz, welches das Entstehen neuer Arten reguliert hat«. Die Entstehung neuer Arten blieb aber weiterhin ein Rätsel. Wallace nahm sich vor, es zu lösen.

Charles Lyell, der noch 1851 jeglichen Evolutionsgedanken abgelehnt hatte, kam durch die Lektüre des Wallace-Aufsatzes ins Zweifeln. Im April 1856 traf er sich mit Darwin, der ihm seine Gedanken über den Ursprung der Arten umfassend erläuterte. Obwohl Lyell noch nicht endgültig überzeugt war, drängte er Darwin, seine Ideen zu veröffentlichen, um zu vermeiden, daß ihm ein anderer zuvorkomme. Einen Monat später begann Darwin, sein großes Artenbuch zu schreiben.

Im Juni 1858, als Darwin den ersten Entwurf von etwa zehn Kapiteln fertiggestellt hatte, brach für ihn eine Welt zusammen. Er erhielt von Wallace einen Brief, in dem dieser Darwin bat, das beigefügte Manuskript »Über die Tendenz der Varietäten, unbegrenzt von dem Originaltypus abzuweichen« zu lesen und, wenn er den Inhalt für interessant genug halte, an Lyell zur Veröffentlichung zu senden. Darwin tat dies und schrieb in seinem Begleitbrief an Lyell: »Ihre Worte, daß man mir zuvorkommen würde, sind in Erfüllung gegangen ... Es wird denn damit meine ganze Originalität, welchen Umfang sie auch haben mag, vernichtet werden.«

Am 20. August 1858 wurde der Aufsatz von Wallace zusammen mit Auszügen aus älteren Schriften von Darwin, in denen beide die revolutionäre Theorie der Evolution durch natürliche Auslese vorschlugen, veröffentlicht – auf Initiative von Darwins Freunden Lyell und Joseph Dalton Hooker (1817–1911), einem Botaniker.

Die Resonanz war erstaunlich gering. Trotz seiner schlechten gesundheitlichen Verfassung schrieb Darwin unter Aufbietung aller Kräfte weiter an seinem Werk. Am 24. November 1859 erschien in erheblich komprimierter Form sein Buch mit dem

Titel: »On the Origin of Species by Means of Natural Selection or the Preservation of Favored Races in the Struggle for Life« (in der deutschen Übersetzung: »Über die Entstehung der Arten durch natürliche Zuchtwahl oder die Erhaltung der begünstigten Rassen im Kampfe ums Dasein«).

Alle 1250 Exemplare wurden am ersten Tag des Erscheinens verkauft. Das Buch löste sowohl Anerkennung und Begeisterung als auch heftige Ablehnung und Hohn aus.

Die grundlegenden Gesichtspunkte der von Darwin formulierten Evolutionstheorie, nämlich die Überproduktion der Nachkommen, die Erblichkeit von Variationen und die natürliche Auslese haben bis auf den heutigen Tag Bestand und gelten als sicher begründet.

Der Weg von Aristoteles bis Darwin war lang, nicht nur zeitlich. Es gab eine Vielzahl von Philosophen und Wissenschaftlern, die mit ihren Überlegungen und Ideen, mit ihren Beobachtungen und Schlußfolgerungen den Weg der biologischen Erkenntnis durch die Jahrhunderte gezogen haben. Keineswegs geradlinig; mit vielen Sackgassen; manchmal auch rückläufig. Generell ist festzustellen, daß diejenigen, die ihre Erkenntnisse unmittelbar aus Beobachtungen der Natur gewannen, positiv Einfluß nahmen, während andere, mit einer auf mathematischen und physikalischen Gesetzen basierenden Erfahrungswelt, den biologischen Wissensfortschritt eher behinderten.

Kennzeichnend für den Weg der biologischen Erkenntnis waren die teilweise radikalen Kontroversen zwischen denen, die das Phänomen *Leben* mit physikalischen Mitteln zu erklären versuchten, und denen, die das ablehnten. Diese Auseinandersetzungen reichten – trotz der grandiosen Erkenntnisse von Darwin und Wallace – bis in die erste Hälfte des 20. Jahrhunderts und wurden erst beigelegt, als man erkannte, daß alle Entwicklungs- und Lebensvorgänge von genetischen Programmen gesteuert werden.

Die Ichneumoniden oder Zweifel an Gottes Werk und Güte

Ein drückendes Problem der christlich geprägten Gesellschaft im allgemeinen und der Theologie im besonderen sind Fragen nach moralischen Gesichtspunkten in der Natur. Wie konnte ein gütiger Gott eine solche Welt des Gemetzels und des Blutvergießens schaffen? Eine Frage, die verstärkt auftrat, als zu Beginn des 19. Jahrhunderts die Naturtheologie ihrem Höhepunkt zustrebte. Wie ihre Vertreter, jene Grenzgänger zwischen Wissenschaft und Theologie, diesem Problem begegnet sind, hat der amerikanische Professor für Geologie, Biologie und Wissenschaftsgeschichte Stephen Jay Gould recherchiert. Ein besonders anschauliches Beispiel für die aussichtslosen, aber wohl niemals endenden Versuche, Gottes Existenz zu beweisen.

Als Seine Hochwürden Francis Henry, der hochwohlgeborene Graf von Bridgewater, im Februar 1829 starb, hinterließ er 8 000 Pfund zur Förderung einer Buchreihe »Über die Macht, die Weisheit und Güte Gottes, wie sie in der Schöpfung offenbart wird«. William Buckland, der erste offizielle akademische Geologe Englands, wurde aufgefordert, eine der vorgesehenen neun Bridgewater-Abhandlungen zu verfassen. In ihr nahm er Stellung zu einem Thema, das auch heute noch jeden Christen, wenn nicht in sichtbare Verlegenheit, so doch in innere Ratlosigkeit versetzt.

Wenn Gott gütig ist und die Schöpfung seine *Macht, Weisheit und Güte* aufzeigt, wieso sind wir dann von Schmerzen, Leiden und scheinbar sinnloser Grausamkeit umgeben? Buckland löste das Problem, indem er argumentierte, daß Raubtiere eigentlich »die Summe der Lebensfreude der Tiere erhöhen« und »diejenige ihres Schmerzes verringern«. Schließlich ist der Tod schnell und recht schmerzlos, die Opfer werden von Gebrechlichkeit und altersbedingten Leiden verschont, und die Populationen wachsen nicht schneller als ihre Nahrungsquellen. Gott wußte, was er tat, als er den Löwen schuf. Mit kaum verborgener Begeisterung beendet Buckland seine Ausführungen:

»Durch die Tätigkeit eines Raubtieres den Tod zu finden, dieses häufigste Ende eines Tierlebens, erscheint daher vor allem eine gütige Fügung zu sein; sie vermindert wesentlich die Gesamtsumme der Schmerzen des universellen Todes. Sie verkürzt, ja schließt ein Leiden an Krankheiten, an zufälligen Verletzungen und an schleppendem Zerfall in der gesamten Schöpfung fast völlig aus; und sie erlegt dem übermäßigen Zuwachs der Bevölkerung begrüßenswerte Beschränkungen auf, so daß die Nahrungsversorgung fortwährend in einem ausgeglichenen Verhältnis zur Nachfrage steht.«[9]

Doch dieser Lobgesang auf die tierischen Jäger konnte das Problem des Bösen nicht aus der Welt schaffen, gibt es in der Natur doch Phänomene, die in unseren Augen weit grausamer sind als der Beutefang.

Als eine offensichtlich bewährte Methode zum Überleben hat die Evolution Arten hervorgebracht, die ihre Keimzellen anderen Organismen einpflanzen und somit ihrem Nachwuchs einen reichlich gedeckten Tisch bieten. Es gibt wohl nichts, was uns mehr anekelt als dieses langsame Verschlingen des Opfers durch Parasiten. Nicht anders empfanden die Menschen im 19. Jahrhundert. Die größte Herausforderung an ihr Bild eines gütigen Gottes war nicht der einfache Raubfang, sondern der langsame Tod als Folge parasitischer Auszehrung. Der klassische Fall, dem Buckland ausgewichen war, der von anderen großen Naturtheologen jener Zeit aber ausführlich behandelt wurde, bezieht sich auf die sogenannte *Ichneumonfliege*. Sie gehört zu einer Gruppe von Wespen (nicht Fliegen), die mehr Arten umfaßt als alle Wirbeltiere zusammen. Zusätzlich gibt es viele nicht-ichneumone Wespen mit gleich schrecklichem Wesen. Es handelt sich also nicht um einen Einzelfall, den man eventuell als Perversität aus dem Reiche Satans abtun könnte, sondern es muß – bei Tausenden von Arten – eine Schöpfung Gottes sein.

Die Ichneumoniden leben, wie die meisten Wespen, als Erwachsene ungebunden, verbringen ihr Larvenstadium aber als Parasiten, die sich vom Körper anderer Tiere, fast ohne Ausnahme Mitgliedern ihres eigenen Stammes, ernähren. Die häufigsten Opfer sind Raupen (Schmetterlings- und Mottenlarven), manche Ichneumoniden ziehen Spinnen vor. Die frei herumfliegenden Weibchen suchen einen passenden Wirt, stechen mit ihrer Legeröhre in ihn hinein und legen ihre Eier ab. Dem Wirt bleibt eine Gnadenfrist, bis die Larve ausschlüpft und mit der Aushöhlung beginnt.

Die Weibchen anderer Arten legen ihre Eier auf den Körper einer Raupe oder eines anderen Opfers ab und injizieren ihm gleichzeitig ein Gift, das ihn lähmt. Das Opfer liegt nun da, lebend, aber bewegungslos, mit dem Todbringer auf dem Bauch. Die Larve schlüpft aus, bohrt ihr hilfloses Opfer an und beginnt ihr zerstörerisches Mahl. Da eine tote und verwesende Raupe der Wespenlarve wenig nützt, frißt diese von der Raupe zunächst die Fettschichten und die Verdauungsorgane und schont das lebensnotwendige Herz und das Zentralnervensystem, wodurch sie die Raupe am Leben erhält. Schließlich beendet die Larve ihre Arbeit und tötet ihr Opfer, zurück bleibt die leere Hülle der Raupe.

Verwundert es angesichts dieses grausamen Spiels, daß es die Ichneumoniden waren und nicht etwa Schlangen und Löwen, die den Naturtheologen Schwierigkeiten bereiteten, Gottes Werk und seine Güte in Einklang zu bringen? Die Strategien, dies dennoch zu versuchen, waren unterschiedlich. Charles Lyell zum Beispiel entschied sich, auf die große Bedrohung, die die Raupen für die Vegetation bedeuten, hinzuweisen. Er war der Ansicht, daß jede natürliche Kontrolle nur ein gutes Licht auf eine schöpfende Gottheit werfen konnte, denn die Raupen würden die menschlichen Anpflanzungen zerstören, »wenn nicht die Vorsehung Mittel eingesetzt hätte, sie in die ihnen zustehenden Grenzen zu verweisen«.[10]

Ehrwürden William Kirby, Direktor von Barham und führender Entomologe (Insektenkundler) Großbritanniens in jener Zeit, zog es vor, das traurige Geschick der Raupe zu ignorieren, er konzentrierte sich statt dessen auf die Tugend der Mutterliebe, die von den Wespen gezeigt wird, wenn sie ihre Nachkommenschaft mit so großer Sorgfalt mit Nahrung versorgt: »Die große Aufgabe des Weibchens ist es, das richtige Nest für ihre Eier zu finden. Sie ist auf der Suche danach in ständiger Bewegung. Ist die Raupe eines Schmetterlings oder einer Motte das passende Essen für ihre Zöglinge? Man sieht, wie sie auf einer Pflanze landet, auf der sie am häufigsten zu finden sind, sie untersucht sie schnell, jedes Blatt vorsichtig prüfend und schiebt, hat sie das unglückliche Ziel ihrer Suche gefunden, ihren Stachel in dessen Fleisch und legt dort ein Ei ab... Das Ichneumon-Weibchen setzt sich jeder Gefahr aus und läßt nicht nach, bis ihr Mut und ihre Geschicklichkeit Nahrung für einen aus ihrer künftigen Nachkommenschaft sichergestellt hat.«[11]

Die Tradition der Versuche, eine moralische Bedeutung in die Natur hineinzulesen, hörte mit dem Triumph der Evolutionstheorie im Jahr 1859 nicht auf, denn die Evolution konnte als die von Gott gewählte Methode verstanden werden, unseren Planeten zu bevölkern, und die Natur konnte trotzdem sittliche Normen demonstrieren.

So argumentierte George Mivart, ein frommer Katholik und einer der effektvollsten Kritiker Darwins, daß Tiere, wenn überhaupt, wenig Schmerz empfänden. In Anlehnung an eines der bevorzugten rassistischen Argumente seiner Zeit, daß *primitive* Menschen weit weniger litten als hochentwickelte, kam Mivart zu dem Schluß, im Reich der Tiere gebe es nur wenig Schmerz.

Darwin widersetzte sich dieser Argumentation, er schrieb in seiner für ihn charakteristischen bescheidenen Zurückhaltung: »Ich gestehe, daß ich Beweise von Planung und Wohlwollen um uns herum nicht so klar sehen kann wie andere und nicht so klar, wie ich es gerne sehen würde. Mir scheint, es gibt in der Welt zuviel Elend. Ich kann mich nicht recht damit befreunden, daß ein gütiger und allmächtiger Gott bewußt die Ichneumoniden mit der ausdrücklichen Absicht erzeugt haben soll, daß sie sich in den lebenden Körpern von Raupen ernähren sollen, oder daß eine Katze mit einer Maus spielen soll.«[12]

3. Ein spektakulärer und völlig unerwarteter Befund

Zweitausend Jahre auf dem Holzweg: Keine Vererbung erworbener Eigenschaften

Die natürliche Auslese war der Teil der Darwinschen Evolutionstheorie, der auf besonders heftigen Widerstand stieß. Selbst diejenigen, die eine evolutionäre Entwicklung akzeptierten, konnten sich nicht damit abfinden, daß allein die Umweltbedingungen die bestimmenden Faktoren für die organische Vielfalt sein sollten.

Lamarck hatte angenommen, die Anpassung der Lebewesen an ihre Umwelt sei eine aktive Selbstanpassung durch Anstrengung des inneren Gefühls. Er glaubte, die Organe würden sich aufgrund von Gebrauch oder Nichtgebrauch verändern. Der Vogelflug sollte aus dem Bedürfnis des Fliegens entstanden sein, und die Länge des Giraffenhalses erklärte er aus dem Verlangen, hochsitzende Baumblätter abzuweiden. Außerdem sollte ein direkter Einfluß der Umwelt bei den betreffenden Individuen Anpassungen hervorrufen, die auf die Nachkommen vererbt werden. Er ging von einer *Vererbung erworbener Eigenschaften* aus, eine Theorie, die sich hartnäckig bis ins 20. Jahrhundert hielt.

Auch nach Darwin wurden immer wieder alternative Theorien zur natürlichen Auslese propagiert, die von unterschiedlichen Weltanschauungen geprägt waren. Trofim Denissowitsch Lyssenko (1898–1976), ein sowjetrussischer Agrarbiologe und Agronom, griff zur Unterstützung marxistischer Ideologien Thesen von Lamarck auf und behauptete, Erbänderungen würden durch Außenbedingungen beeinflußt und könnten auf ein bestimmtes Ziel hin ausgerichtet werden.

Im Bereich der christlichen Weltanschauung vertrat der französische Paläontologe, Anthropologe, Philosoph und Jesuit Marie-Joseph Pierre Teilhard de Chardin (1881–1955) die Auffassung, daß Evolution durch Wirkung von Mutation und Selektion von einer göttlichen Schöpferkraft auf ein bestimmtes Ziel hin gelenkt würde. Eine These, an der fortschrittliche Vertreter der christlichen Kirchen auch heute festhalten und die im weitesten Sinne nicht zu widerlegen ist.

Im Unterschied zu Lamarck hatte Darwin richtig erkannt, daß für die auffallend zweckmäßige Anpassung aller Lebewesen an ihre Umwelt zwei Faktoren verantwortlich sind, und zwar erstens die ungerichtete, vom Zufall bestimmte ererbte Unterschiedlichkeit (Variabilität) der Individuen und zweitens die Auslese derjenigen, die für ein Überleben am besten geeignet sind.

Wie Darwin richtig erkannt hatte, spielt bei der Auslese weniger die kämpferische Auseinandersetzung von Artgenossen als vielmehr die indirekte Konkurrenz zwischen genetisch verschiedenen Individuen einer Art eine Rolle. Mit anderen Worten: Im *Kampf ums Dasein* haben keineswegs nur diejenigen Individuen einen Selektionsvorteil, die im Kampf mit Gleichartigen die stärkeren sind, sondern viel häufiger solche, die die vorhandene Nahrung besser nutzen, die sich neue Nahrungsquellen erschließen und damit der Konkurrenz entgehen, die Hitze, Kälte, Trockenheit oder Lichtmangel besser überstehen, die eine erfolgreichere Brutpflege betreiben, die durch Flucht, Tarnung oder Abwehrstoffe dem Gefressenwerden häufiger entgehen, die widerstandsfähiger gegenüber Krankheiten sind und dergleichen mehr. Damit nimmt im Laufe der Zeit in einer Population, durch Selektion gesteuert, die Häufigkeit günstiger Erbfaktoren zu und die ungünstiger ab. Die Anpassung an die sich mehr oder weniger verändernde Umwelt wird ständig optimiert.

Aber wie kommt es, daß sich Individuen einer Tier- oder Pflanzenart voneinander unterscheiden? Über diese Frage zerbrach sich Darwin sein Leben lang den Kopf, denn ohne diese Variabilität, ohne diese Abweichungen individueller Eigenschaften und Fähigkeiten gibt es keine natürliche Auslese und keine

Evolution. Doch Wesen und Mechanismus der Vererbung blieben bis ins 20. Jahrhundert ein Geheimnis.

Schon im klassischen Altertum gab es die unterschiedlichsten Thesen darüber, in welcher Weise die Merkmale der Eltern an ihre Nachkommen weitergegeben werden. Der berühmte griechische Arzt Hippokrates (ca. 460–377 v. Chr.) lehrte, daß die Körpersäfte aus allen Teilen des Körpers *Samenmaterial* zu den Geschlechtsorganen transportieren. Die Befruchtung, so meinte er, bestehe in der Mischung des Samenmaterials von Vater und Mutter. Daß alle Teile des Körpers an der Produktion des Samenmaterials beteiligt seien, wurde mit der Tatsache belegt, daß blauäugige Individuen blauäugige Kinder haben und die Söhne kahlköpfiger Männer frühzeitig kahl werden. Wenn Teile des Körpers ungesund seien, könne der entspechende Körperteil der Nachkommen ebenfalls krank sein. Diese Anschauung wurde bis zum Ende des 19. Jahrhunderts vertreten.

Aristoteles, der sich mit großem Interesse auch den Fragen der Fortpflanzung widmete, lehnte die Auslegung von Hippokrates ab. Wie konnte sie die Vererbung von Merkmalen erklären, die keinen Samen produzieren können, etwa totes Gewebe, wie Nägel und Haare, oder Verhaltensmerkmale? Außerdem – wie sollte ein Vater Merkmale weitergeben, die bei ihm noch gar nicht zutage getreten waren, zum Beispiel Kahlheit oder frühes Ergrauen?

Wie einige seiner Vorgänger war Aristoteles der Meinung, die Beiträge der Eltern seien verschieden. Er glaubte, das Menstrualblut des Weibchens sei der ungeformte Stoff, der von dem Samen des Männchen *geformt* werde: »Das Weibchen liefert immer das Material, das Männchen liefert das, was dem Stoff die Gestalt gibt; dies ist unserer Ansicht nach das spezifische Merkmal jedes der Geschlechter: das ist es, was es bedeutet, männlich oder weiblich zu sein.«[13] Außerdem nahm er ein Wetteifern zwischen dem männlichen und dem weiblichen Samenmaterial an. Wenn das männliche überwiegt, wird ein Junge geboren. Ist es nur ein partieller Sieg, so kann es ein Junge mit den Merkmalen der Mutter sein; oder, wenn der elterliche Einfluß geringer ist als der der Großeltern, wird das Kind die Merkmale der Großeltern haben und so weiter.

Wichtiger Beitrag der Griechen war immerhin, daß sie die Vererbung nicht mehr als etwas Geheimnisvolles, von den Göttern Verliehenes betrachteten, sondern als etwas, das zu erforschen war. Während des Zeitraums von etwa zweitausend Jahren seit den Tagen von Aristoteles wurde dem Thema Fortpflanzung und Vererbung bemerkenswert wenig Neues hinzugefügt. Viele Fragen, die schon die Griechen aufgeworfen hatten, gehörten zu den Hauptfragen, die später zur Zeit der Renaissance die neue Wissenschaft beschäftigten.

Als im späten Mittelalter das Interesse an der Natur wieder erwachte, herrschte ein völlig anderes geistiges und intellektuelles Klima als zur Zeit der Griechen. In jedem Gegenstand und in jedem Vorgang sah man den Willen Gottes und seine Schöpfungskraft. Die *Urzeugung*, das Einhauchen von Leben in nichtlebendige Materie, galt als ebenso natürlich wie die gewöhnliche Fortpflanzung. Die Erzeugung von Monstern oder die Umgestaltung der Samen und Sämlinge einer Pflanze in die einer anderen Art galt als selbstverständlicher Vorgang. Erst in der Epoche von Linné und Koelreuter gab es die ersten Ansätze von Untersuchungen, die später zur Begründung der Genetik führten. Vor allem Koelreuters Kreuzungsexperimente brachten grundlegende Befunde für das Verständnis der Sexualität und der Reproduktion bei Pflanzen.

Vererbung, also die Weitergabe von Merkmalen an die nächste Generation, ist dem Menschen seit langem selbstverständlich. Niemanden wundert es, daß aus Samen der Tomate wieder Tomatenpflanzen hervorgehen und nicht etwa Getreide oder daß ein Kälbchen von einer Kuh abstammt und nicht von einer Ziege. Seit Jahrtausenden betreibt der Mensch Pflanzen- und Tierzucht. Er lernte Formen zu züchten, bei denen die

Eigenschaften dominierten, die für den Züchter vorteilhaft waren. Das heute bedeutendste Ergebnis dieser Aktivitäten ist der Hund, der vor allem in den Industrieländern immer mehr zu einem der letzten Berührungspunkte zwischen Mensch und Tier wird.

Für einen modernen Menschen ist es selbstverständlich, daß sowohl Vater als auch Mutter zum genetischen Besitz des Kindes beitragen. Sonderbarerweise war das für frühere Generationen bei weitem nicht so selbstverständlich. Sie alle müssen gewußt haben, daß beim Menschen zum Beispiel jedes Kind eine Mischung der Merkmale beider Eltern ist. Sie wußten, daß ein Mulatte das Resultat einer Kreuzung zwischen einem weißen und einem schwarzen Menschen ist, also ein Zwischending von beiden. Sie wußten, daß ein Maultier halb Pferd und halb Esel ist. Dennoch herrschten stets Meinungen vor, die entweder wie im Altertum dem männlichen Elternteil oder, wie von den führenden Biologen im 17. und 18. Jahrhundert vertreten, dem weiblichen Elternteil den überwiegenden Einfluß auf die Nachkommen zusprachen.

Gegen Mitte des 19. Jahrhunderts hatte eine Reihe von Züchtern eine breite Basis von Fakten gelegt, doch es war ihnen nicht gelungen, eine Vererbungstheorie zu entwickeln. Die Entdeckung, daß alle Lebewesen aus Zellen bestehen, wurde durch einen der größten technologischen Fortschritte in der Geschichte der Biologie ermöglicht, nämlich durch die Erfindung und Weiterentwicklung des Mikroskops. In den dreißiger Jahren des 19. Jahrhunderts war ein technischer Stand erreicht, der es ermöglichte, die Struktur der Zellen zu erkennen – man stellte fest, daß lebendige Zellen nicht leer, sondern mit einer *klebrigen* Flüssigkeit gefüllt sind und einen *Kern* besitzen. Unklar blieb, welches die Rolle der Zelle im Organismus ist und wie neue Zellen entstehen.

Eine vorläufige Antwort auf diese Fragen gab die von dem Botaniker Matthias Jakob Schleiden (1804–1881) und dem

Zoologen Theodor Schwann (1810–1882) aufgestellte Theorie, die besagte, daß Zellkerne durch Kristallisierung des Zellinhaltes oder auch formloser organischer Flüssigkeit entstehen und zu neuen Zellen heranwachsen. Eine Theorie, die sich später als falsch erwies, aber dennoch wesentlich dazu beitrug, die Zelle in das Zentrum des wissenschaftlichen Interesses zu rücken und damit einen Fortschritt in der Zytologie (Zellenlehre) zu initiieren. Hinzu kam die bedeutende Entdeckung, daß sowohl Tiere als auch Pflanzen aus den gleichen Grundelementen, den Zellen, bestehen. Ein Beweis für die Einheit des Lebens.

Die Fragen zum Aufbau der Zellen waren eng verknüpft mit Fragen über die Bedeutung der Sexualität und Befruchtung. Daß es bei Tieren zwei verschiedene Geschlechter gibt, war seit den frühesten Zeiten bekannt, war doch die Analogie zum Menschen nicht zu übersehen. Daß es auch bei Pflanzen zwei Geschlechter gibt, war eine viel spätere Entdeckung, obwohl die Geschlechtlichkeit bei einigen Pflanzenarten, bei denen ein Individuum nur männliche und ein anderes nur weibliche Blüten hat, recht offensichtlich ist; dieses Wissen wurde bereits im alten Assyrien benutzt, wo man weibliche Dattelpalmen mit Pollen aus den Blüten männlicher Bäume befruchtete.

Die Untersuchungen des Botanikers Rudolf Jakob Camerarius (1665–1721), mit denen er die männlichen und weiblichen Geschlechtsorgane der Pflanzen eindeutig identifizierte und damit die geschlechtliche Natur der botanischen Fortpflanzung sicher belegte, wurden bis ins 19. Jahrhundert kaum zur Kenntnis genommen. Genausowenig war man sich im klaren, daß bei der Mehrheit der Pflanzenarten eine Fremdbestäubung unbedingt erforderlich ist und daß Pflanzen mit Blüten (wie der Laie sie versteht) von Tieren bestäubt werden. Auf die Frage »Warum sollte eine Pflanze den Aufwand treiben, um die raffinierten Blütenkonstruktionen mit den verführerischen Duftstoffen und dem wohlschmeckenden Nektar hervorzubringen?« hätte man damals wohl gesagt: »Um das Auge des Menschen zu erfreuen und um ihm durch die Bienen den Honig zu verschaffen.« Heute würde man (hoffentlich) richtig antworten: »Um Insekten oder anderes geeignetes Getier anzulocken, die die Bestäubung verrichten.«

Die Abhandlungen von Sprengel zu diesem Thema, in denen er auch die wechselseitigen Anpassungen von Blüten und Insekten beschrieb, blieben lange Zeit unbemerkt.

Nach einer Vielzahl von Fehlinterpretationen zum Thema Befruchtung gelang 1856 dem Botaniker Nathanael Pringsheim (1823–1894) die erste überzeugende Beschreibung des Befruchtungsvorgangs. Er hatte aus seinen Beobachtungen an einer Süßwasseralge die richtigen Schlüsse gezogen, daß die erste Zelle eines neuen Organismus durch die Verschmelzung der männlichen Samenzelle und der weiblichen Eizelle gebildet wird und die Befruchtung durch eine einzige männliche Zelle erfolgt.

Erst 19 Jahre später ermöglichten weitere Fortschritte in der Mikroskopie dem Anatomen Oscar W. A. Hertwig (1849–1922) an Seeigeleiern den endgültigen Nachweis, daß der männliche und der weibliche Zellkern zu einem einzigen Zellkern verschmelzen und durch die nachfolgenden Teilungen alle Zellen des sich entwickelnden Embryos hervorbringen. Es wurde immer deutlicher, daß der Zellkern nicht nur dazu dient, die Zellenentwicklung in Gang zu setzen, sondern vielmehr in spezifischer Weise hochstrukturiert ist und bei der Vererbung eine dominierende Rolle spielt.

Parallel zur Entwicklung des Mikroskops verlagerte sich die Zielrichtung des wissenschaftlichen Interesses. Vom Individuum als Gesamtheit zur Zelle, von der Zelle zum Zellkern und nunmehr vom Zellkern zu seinen wichtigsten strukturellen Elementen, und zwar jenen fadenförmigen Gebilden, die im Mikroskop in bestimmten Phasen zu sehen waren: den *Chromosomen*, wie sie später benannt wurden. Das, was dort unter dem Mikroskop sichtbar wurde, deutete darauf hin, daß sich die Zelle bei ihrer

Teilung nicht einfach in der Mitte teilt, sondern daß es sich offensichtlich um einen komplizierten Vorgang handeln muß, der im Zellkern ausgelöst wird.

Aber warum ist ein solch komplexer Ablauf erforderlich? Diese Frage stellte sich im Jahre 1883 auch der Anatom Wilhelm Roux (1850–1924), und er gab sich die intelligente Antwort selbst: Wenn man unterstellt, daß das Material des Zellkerns aus unzähligen Teilchen besteht, von denen jedes ein anderes vererbbares Merkmal darstellt, dann gibt es nur eine mögliche Methode, mit der dieses Material so geteilt werden kann, daß jedes Teilchen nach der Teilung in beiden Tochterzellen vertreten ist. Diese Methode besteht darin, daß alle diese Teilchen wie Perlen auf einer Schnur aufgereiht werden und diese Schnur sich dann längs so aufteilt, daß aus jeder Perlenreihe zwei Perlenreihen entstehen.

1889 konnte der Zoologe Theodor Boveri (1866–1915) in ausgeklügelten Versuchen schließlich auch experimentell nachweisen, daß der Zellkern der Träger des Vererbungsmaterials ist. Damit hatten die Kenntnisse über den Zellkern einen beachtenswerten Stand erreicht. Doch die Kontroversen zu den althergebrachten Problemen der Variabilität und der Vererbung erworbener Merkmale waren noch nicht ausgestanden. Noch in den neunziger Jahren des vergangenen Jahrhunderts stieß der Biologe August Weismann (1834–1914) mit seiner strikten Ablehnung der direkten Vererbung und der ausdrücklichen Betonung auf die entscheidende Bedeutung der natürlichen Auslese als Evolutionsfaktor ebenso wie der Zoologe Ernst Haeckel (1834–1919), ein überzeugter Verfechter des Darwinismus, auf große Feindseligkeit.

Es gehört zu den großen Ironien in der Geschichte der Wissenschaft, daß die Antwort auf das Problem der Vererbung bereits gefunden war, während so viele hervorragende Forscher in den siebziger, achtziger und neunziger Jahren des 19. Jahrhunderts immer noch fleißig nach ihr suchten.

Ein frommer Erbsenzähler entdeckt die Vererbungsgesetze

Am 8. Februar und am 8. März 1865 hatte Pater Gregor Mendel in Brünn zwei Vorträge gehalten, in denen er die Resultate der von ihm seit 1856 durchgeführten Pflanzenzüchtungsexperimente beschrieb. Der Bericht, in dem die Vorträge veröffentlicht wurden, ist einer der großen Klassiker der wissenschaftlichen Literatur, das Musterbeispiel einer wissenschaftlichen Abhandlung.

Wer war dieses verborgene Genie, und was hatte es entdeckt? Johann Mendel (1822–1884, den Namen Gregor erhielt er 1843 nach Aufnahme im Augustinerkloster Brünn) war Sohn eines armen Bauern im österreichischen Schlesien. Er hatte an höheren Schulen eine ausgezeichnete Ausbildung erhalten und zwei Jahre an der Universität in Wien studiert, wo er die Qualifikation erwarb, Physik und andere Naturwissenschaften zu lehren. 1868 übernahm er schließlich das Amt des Priors seines Klosters.

Alles, was wir über Mendel wissen, deutet darauf hin, daß er ein außerordentlich penibler Mensch war. Er führte Buch über das Wetter, über Sonnenflecken und andere variable Naturerscheinungen, und Zahlenverhältnisse faszinierten ihn. Mendels ordnender Geist prädestinierte ihn dazu, die Frage der Vererbung mit Blick auf die Population anzugehen (ein Vorgehen, das auch Darwin zum Erfolg geführt hatte) und nicht wie andere zu versuchen, durch Beobachtungen der Entwicklung einzelner Individuen dem Geheimnis auf die Spur zu kommen.

Mendel nahm verschiedene Kreuzungsversuche an Pflanzen vor und zeichnete sorgfältig auf, wie sich dabei bestimmte Merkmale von Generation zu Generation verhielten. Er wollte klären, ob die Vererbung bestimmten Gesetzen unterliegt und ob Merkmale unverändert weitergegeben werden oder sich vermischen. Daß seine Versuche zum Ziel führten, verdankte er vor allem seiner gut durchdachten Versuchstechnik und seinen scharfsinnigen Folgerungen. Um überschaubare Resultate zu erlangen, wählte er Erbsen, die sich nur in einem oder wenigen Merkmalen unterschieden.

In einer großen Anzahl von Versuchen erhielt Mendel übereinstimmende Ergebnisse: Die zur Kreuzung verwendeten reinerbigen Stammpflanzen brachten in der ersten Tochtergeneration Nachkommen, die alle gleiche Merkmale aufwiesen. Wurden diese Nachkommen untereinander gekreuzt, so zeigten sich in der nächsten Generation auch wieder Merkmale der Großelterngeneration, die bei den Eltern nicht aufgetreten waren. Dies war der eindeutige Beweis dafür, daß die Erbfaktoren von Vater und Mutter nicht verschmelzen, sondern unabhängig voneinander weitergegeben werden.

Doch das hatten schon andere vermutet. Wichtiger als diese Erkenntnis waren die Schlüsse, die Mendel aus den statistischen Auswertungen seiner Versuche zog.

Erstens, so folgerte er, werden alle Erbmerkmale durch bestimmte Teilchen (Partikel) festgelegt (der dänische Biologe Wilhelm Johannsen, 1857–1927, führte 1909 für Partikel die Bezeichnung *Gen* ein). Zweitens ist jedes Erbmerkmal in einer befruchteten Eizelle durch zwei Teilchen vertreten, von denen eines vom Vater und das andere von der Mutter stammt. Und drittens: Ist der Einfluß eines der beiden Eltern in einem Merkmal vorherrschend (dominant), so werden die Nachkommen ihm darin gleichen; da sie aber auch die Anlagen des unterdrückten (rezessiven) Erbmerkmals in sich tragen und eventuell weitergeben werden, kann dieses Merkmal in späteren Generationen bei einer anderen Zusammenstellung der Gene wieder zum Vorschein kommen.

Um es noch einmal ganz deutlich zu machen: Es ist also keineswegs so, daß von Mutter und Vater jeweils nur bestimmte Erbmerkmale weitergegeben werden, beispielsweise von der Mutter die Eigenschaften für Kopf und Arme und vom Vater die für das Herz und die Beine, sondern in jeder befruchteten Keimzelle und entsprechend auch in jeder durch deren Teilung entstehenden Körperzelle liegen zwei komplette Sätze von Genen vor, von beiden Elternteilen jeweils einer.

Die Kombinierbarkeit von mütterlichen und väterlichen Erbfaktoren, das war also die Antwort auf die Frage, warum sich alle Individuen einer Art voneinander unterscheiden. Doch war diese *kontinuierliche Variabilität* der Individuen allein das Rohmaterial, aus dem die natürliche Auslese die Vielfalt der Arten hervorbringt?

Bereits im Altertum war bekannt, daß gelegentlich Individuen entstehen, die weit aus der Variationsnorm der Population herausfallen, zu der sie gehören. Fasziniert beschrieb die volkstümliche Literatur Albinos, Wesen mit sechs Fingern oder jede Art von Mißgeburt. Unter Kulturpflanzen traten ziemlich regelmäßig auffallend abweichende Varianten auf. Auch bei Haustieren kam es zu auffallenden Abweichungen wie hornlosen Rindern oder Schafen mit kurzen Beinen.

Während Darwin diese diskontinuierlich auftretenden Varianten für die Evolution als unbedeutend einstufte, tendierten nach 1900 – dem Jahr, in dem gleich mehrere Biologen unabhängig voneinander die Mendelschen Gesetze wiederentdeckten – die Meinungen vieler bedeutender Fachleute dahin, der *diskontinuierlichen Variabilität* eine ganz entscheidende Rolle im Evolutionsprozeß zuzuschreiben.

Der niederländische Botaniker und Genetiker Hugo de Vries (1848–1935) stellte 1901 gar eine These auf, in der er jeglichen evolutionären Wandel diesen sprunghaften Varianten, die er *Mutationen* nannte, zuschrieb und sowohl die durch zweigeschlechtliche Vererbung erzeugte kontinuierliche Variabilität als auch die natürliche Auslese, soweit es die Evolution betrifft, für unbedeutend hielt. Obgleich de Vries mit dieser Einschätzung unrecht hatte, gebührt ihm dennoch das Verdienst, die tatsächliche Quelle neuer genetischer Merkmale mehr als jeder andere vor ihm betont zu haben. Er zwang seine Zeitgenossen, ihre Aufmerksamkeit dem Problem des Ursprungs genetischer Neuerungen zuzuwenden.

Wer oder was bestimmt das Geschlecht?

Das Jahr 1910 ist in der Geschichte der Genetik beinahe ebenso berühmt wie das Jahr 1900. Es war das Jahr, in dem der amerikanische Biologe Thomas Hunt Morgan (1866–1945) seine erste Publikation über genetische Versuche mit der Fruchtfliege (auch: Taufliege) *Drosophila melanogaster* veröffentlichte. Seine Entscheidung, die Versuche mit Mäusen und Ratten aufzugeben und die Untersuchungen mit der Drosophila fortzusetzen, die alle zwei bis drei Wochen eine neue Generation erzeugt, ohne großen Aufwand gehalten werden kann und praktisch immun gegen Krankheiten ist, war der Ausgangspunkt seiner erfolgreichen Arbeit.

Die sich anschließenden mehrjährigen systematischen genetischen Studien von Morgan und seinen Mitarbeitern führten zu einer Reihe von Ergebnissen, die bereits geäußerte Vermutungen bestätigten oder widerlegten und die Genetik mit neuen Erkenntnissen belebten.

Mindestens seit den Tagen des antiken Griechenland war die Frage, wodurch das Geschlecht eines Kindes bestimmt wird, Gegenstand vieler Spekulationen gewesen. Es gab die verschiedensten Erklärungen, zum Beispiel sollte die Lage des Embryos im Uterus (linke oder rechte Hälfte) ausschlaggebend sein oder die Menge des aus dem linken oder rechten Hoden stammenden Spermas. Alle diese Theorien vertraten übereinstimmend die These, daß das Geschlecht nicht durch Erbfaktoren bestimmt, sondern ausschließlich durch mit dem Akt der Befruchtung zusammenfallende Bedingungen verursacht werde.

Seit den Anfängen der Chromosomenstudien hatte man beobachtet, daß nicht alle Chromosomen ihrem Aussehen nach identisch sind. 1891 bemerkte ein gewisser Henking während der Keimzellenbildung des Insekts Pyrrhocoris eine besondere Diskrepanz: Die Hälfte der Spermazellen erhielten elf Chromosomen, während die andere Hälfte außer diesen elf Chromosomen noch einen weiteren Körper erhielt.

Sein Fachkollege McClung kam auf die Lösung. Er argumentierte richtig: »Wir wissen, daß die einzige Qualität, die die Angehörigen einer Art in zwei Gruppen teilt, die des Geschlechts ist. Ich kam daher zu dem Schluß..., daß diese etwas ungewöhnlichen Chromosomen Geschlechtschromosomen sind.«[14]

Es war der Botaniker Carl Erich Correns (1864–1933), der als erster den experimentellen Nachweis erbrachte, daß nur von einem Elternteil das Geschlecht der Nachkommen bestimmt wird. Er zeigte, daß die Hälfte des Pollens der zweihäusigen (männliche und weibliche Blüten stehen auf zwei verschiedenen Individuen) Pflanze *Bryonia* männliche und die andere Hälfte weibliche Nachkommen erzeugt, während die Keimzellen der weiblichen Blüten in bezug auf die Geschlechtsbestimmung identisch sind. In diesem Fall sind also die männlichen Keimzellen geschlechtsbestimmend. Wie sich später zeigte, ist bei den Säugetieren (einschließlich Mensch) ebenfalls der männliche Keim maßgebend, während zum Beispiel bei Vögeln und Schmetterlingen der weibliche Elternteil das Geschlecht bestimmt.

Einen großen Teil der genetischen Forschung der darauffolgenden Jahre bestand darin, weitere Erbmerkmale mit bestimmten Chromosomen in Verbindung zu bringen. Die Gruppe um Morgan übernahm die Führung dieser Forschungen. Seine Arbeiten erbrachten die Befunde, die endgültig die lange währende Theorie widerlegten, alle Chromosomen seien gleich. Es ergab sich vielmehr folgendes Bild: Sowohl bei der Teilung der Körperzellen als auch im Verlauf der Bildung von Keimzellen, also den weiblichen Eizellen und männlichen Samenzellen, wird das Kernmaterial nach bestimmten Abläufen an die neue Zelle weitergegeben. Während es im ruhenden Kern nicht sichtbar ist, erscheint es vor der Teilung in faden- oder schlauchförmigen Strukturen, den Chromosomen.

Daß jeder Organismus weit mehr Merkmale besitzt als Chromosomen, war offensichtlich. Damit lag der Schluß nahe, daß jedes Chromosom Träger mehrerer, wenn nicht sogar vieler Erbfaktoren sein muß. Auch dies wurde bald durch Experimente in Morgans Laboratorium bestätigt. Er fand heraus, daß sich die Erbfaktoren (Gene) in festgelegter Anordnung auf den Chromosomen befinden und daß sie jeweils für bestimmte Merkmale des betreffenden Lebewesens verantwortlich sind. Jedes Gen auf einem Chromosom entspricht einem anderen auf dem zweiten Chromosom eines Paares.

Doch wie so oft, warfen auch hier neue Erkenntnisse neue Fragen auf. Wenn alle Gene auf einem Chromosom fest miteinander verbunden wären, so hätte der Organismus nur so viele kombinierbare Erbeinheiten, wie er Chromosomen hat. Dies widersprach jedoch den praktischen Ergebnissen von Züchtungsversuchen.

Und tatsächlich bestätigten sich die zunächst von de Vries geäußerten Vermutungen und die später von Morgan aufgestellte Hypothese, daß es bei der Bildung von Keimzellen zwischen den Chromosomen eines Paares zum Austausch von Genen kommt, was die Kombinationsmöglichkeiten der elterlichen Erbmerkmale und damit die Variationspalette der Nachkommen erheblich erhöht.

Wie man heute weiß, kommt es auch zwischen verschiedenen Bakterienarten und zwischen Bakterien und höheren Pflanzen zum Austausch von genetischen Informationen. Es ist also denkbar, daß neue Formen nicht nur durch Mutationen, sondern auch durch die Übertragung von Genen zwischen Lebewesen entstanden sind.

Ein weiterer Schwerpunkt der Versuche an Drosophila-Fliegen war die Suche nach Mutationen. Als man in einer normalen Population rotäugiger Fliegen ein einzelnes weißäugiges Männchen fand, brach eine wahre Lawine von Untersuchungen los. An Hunderttausenden von Fliegen konnte ein stetiger Strom neuer Mutationen entdeckt werden. Bald wurde das Auftreten von Mutationen bei jeder Art anderer Organismen bestätigt, vom Menschen und Säugetieren bis hinunter zu den einfachsten Tieren, bei jeder Art von Pflanzen und sogar bei Mikroorganismen. Von den zwanziger bis zu den fünfziger Jahren des 20. Jahrhunderts schien das Studium der Mutation der meistversprechende Ansatz zur Klärung der Natur des genetischen Materials zu sein.

Doch der Mutationsvorgang warf erneut Probleme auf. Was geschieht nun eigentlich mit dem Gen während der Mutation? Umfangreiche Versuche, bei denen durch Röntgenstrahlung und chemische Verbindungen künstlich Mutationen erzeugt wurden, führten zwar zu wichtigen Ergebnissen – zum Beispiel hinsichtlich der krebserzeugenden Auswirkungen von Bestrahlungen und verschiedener Chemikalien –, sie brachten aber keinen wesentlichen Fortschritt zum besseren Verständnis der Natur der Gene.

Der Code des genetischen Programms wurde geknackt

Eine wahre Armada von Forschern hatte in den fünfzig Jahren nach der Wiederentdeckung der Mendelschen Gesetze die Genetik mit Riesenschritten vorangebracht. Fast alle Aspekte der Vererbungsgenetik waren verstanden. Unzweifelhaft war belegt worden, daß das genetische Material aus partikulären Einheiten besteht, die langfristig stabil sind und nur auf eine Weise verändert werden können, nämlich durch Mutationen. Damit war nun endlich und ein für allemal bewiesen, daß eine Vererbung erworbener Eigenschaften nicht möglich ist. Durch Training gebildete Muskeln, von Sonnenstrahlen gebräunte Haut oder vermehrte rote Blutkörperchen bei Aufenthalt im Hochgebirge bleiben ohne Einfluß auf die Erbsubstanz.

Es stand außerdem fest, daß Gene an bestimmten Stellen bestimmter Chromosomen angeordnet sind und daß sie auch mehrere Merkmale beeinflussen können oder daß auch mehrere Gene ein einzelnes Merkmal ausbilden. Was immer jenes geheimnisvolle Etwas in den Keimzellen sein mochte, das die körperlichen Eigenschaften und Verhaltensmuster von den Eltern auf ihre Nachkommen überträgt, es mußte aus höchst komplexen Molekülen bestehen.

Die Jahre 1944 und 1953 stellen zwei weitere Meilensteine auf dem Weg der genetischen Erkenntnisse dar. Wegbereiter war die 1933 beginnende Entwicklung der Elektronenmikroskopie. 1944 erbrachte der kanadische Bakteriologe Oswald Theodore Avery (1877–1955) den Nachweis, daß die in der Zellkernsubstanz vorkommende *Desoxyribonukleinsäure* der molekulare Träger der Erbmerkmale ist (abgekürzt DNS bzw. DNA für die in der englischen Literatur verwendete Bezeichnung: desoxyribonucleic acid).

Nun galt es noch herauszufinden, wie der strukturelle Aufbau der DNS-Moleküle beschaffen ist, um in Erfahrung zu bringen, wie die DNS ihre genetische Funktion ausüben kann. Auch diese wissenschaftliche Hürde wurde übersprungen.

Im Jahr 1953 präsentierten die späteren Nobelpreisträger, der amerikanische Biochemiker James Dewey Watson und sein englischer Kollege Francis Crick, die Antwort: Das DNS-Molekül besteht aus zwei schraubenförmigen Strängen, einer Doppelspirale also, die aus regelmäßig angeordneten Phosphorsäuremolekülen und Zuckermolekülen gebildet werden, und aus Paarungen von chemischen Verbindungen, die wie Sprossen einer verdrehten Strickleiter zwischen den Strängen in unregelmäßig wechselnder Folge angeordnet sind. Die Reihenfolge dieser Verbindungen, die man *Basen* nennt und von denen es vier verschiedene gibt – Adenin (Abkürzung: A), Thymin (T), Guanin (G) und Cytosin (C) –, liefert in verschlüsselter Form die genetische Information. Vergleichbar mit dem Morsealphabet, bei dem durch die Abfolge akustischer Signale, nämlich *kurz* und *lang*, Informationen kodiert werden.

Dies war der spektakuläre und völlig unerwartete Befund: Das genetische Material besteht aus DNS und ist selbst nicht am Bau des Körpers eines neuen Individuums beteiligt, sondern lediglich als Plan, als Satz von Instruktionen für die Produktion der verschiedenen organischen Bausteine.

Der Code dieses genetischen Programms, der mit Hilfe von organisch-chemischen Botenstoffen in die individuellen Organismen übersetzt wird, ist in der ganzen lebenden Welt, von den niedrigsten bis hin zu den höchsten Pflanzen und Tieren, identisch. Damit war der lang gesuchte Übergang von der Chemie zur Biologie gefunden.

Die DNS ist eine chemische Substanz, doch sie ist mehr als bloß ein großes Molekül, sie ist ein Speicher für Informationen. Das kodierte Programm wird durch die Fähigkeit der DNS-Moleküle, die in ihr enthaltenen Informationen durch Teilung zu kopieren (den Vorgang der Teilung, der identischen Verdoppelung bezeichnet man als *DNS-Replikation)*, von einer Generation zur anderen weitergegeben. Jede Zelle enthält den gesamten Bauplan des Individuums, aber es werden entsprechend der jeweiligen Bestimmung der Zelle nur die Informationen ausgewählter DNS-Abschnitte benutzt. In einer Leberzelle sind andere Abschnitte aktiv als in einer Hautzelle.

Ist es nicht faszinierend? Allein die unterschiedliche Abfolge der vier Basen Adenin, Thymin, Guanin und Cytosin und ihre Anzahl machen den Unterschied zwischen Mensch und Dinosaurier aus. Was hätten Aristoteles oder Darwin für dieses Wissen gegeben!

Keine Entwicklung ohne Mutationen – doch sie schaffen auch Krankheiten

Der Mensch besteht aus Hunderten Milliarden Zellen, deren Kerne, wie wir gesehen haben, winzige Fäden enthalten, die Chromosomen, die man nur im Augenblick unmittelbar vor der Zellteilung unterscheiden kann. Ein bestimmter Abschnitt auf einem Chromosom mit etlichen zehntausend Basen, man könnte auch Buchstaben sagen, bilden ein Gen, vergleichbar mit einem Wort der menschlichen Sprache. Die Gesamtheit aller Gene stellt den kodierten menschlichen Bauplan dar, er umfaßt drei Milliarden Basen. Die Elemente dieser Anweisungen und deren Regeln sind denen der menschlichen Sprachen in gewisser Weise ähnlich. Jedes Gen gibt einen Befehl, der die Herstellung eines das Leben der Zelle regulierenden Stoffes – der Proteine – in Gang setzt. (Es mag manchem nicht passen, aber Mäuse und Affen besitzen ebenso viele Gene wie wir.)

Das Verstehen der DNS-Struktur und ihrer Funktion offenbarte das letzte Glied in der Wissenskette über die Zusammenhänge des Lebens, die da heißt: Replikation → Mutation → Selektion → Evolution, und es bescherte uns die endgültige Antwort auf die Darwin und seine Zeitgenossen so bewegende Frage, wie es kommt, daß alle Individuen ihren Eltern so ähnlich sind und sich dennoch jedes Individuum von dem anderen unterscheidet: Das genetische Programm, in Form der in der DNS enthaltenen Informationen, wird von einer Generation zur nächsten weitergegeben und ist mit Ausnahme der seltenen Mutationen zunächst völlig konstant, und dennoch sind (mit Ausnahme eineiiger Zwillinge) alle Individuen, die sich geschlechtlich fortpflanzen, genetisch einzigartig, da sie sich aufgrund der Kombination elterlicher Erbmerkmale sowie möglicher Mutationen im genetischen Programm unterscheiden.

Mutationen, also Veränderungen am Erbmaterial, können auf der Ebene der Gene auftreten, indem in der DNS durch Austausch, Verlust oder Einschub einzelner Basen Veränderungen erfolgen, oder dramatischer, auf der Ebene der Chromosomen, indem Teile von Chromosomen abbrechen und verlorengehen oder an anderer Stelle wieder anwachsen oder indem ein Chromosom ganz fehlt beziehungsweise eins zuviel auftritt.

Die entscheidende Bedeutung der Mutationen beschreibt der amerikanische Wissenschaftler Lewis Thomas mit den Worten: »Das eigentliche Wunder der DNS besteht in ihrer Fähigkeit, kleine Schnitzer zu machen. Ohne diese spezielle Eigenschaft wären wir noch immer anaerobe [ohne Sauerstoff lebende] Bakterien, und es gäbe keine Musik.«[15]

Doch man kann es auch anders sehen, denn ein Wunder ist die große Präzision, mit der durch Teilung die Vervielfältigung der DNS erfolgt, die Fehlerrate ist äußerst niedrig. Und selbst wenn es bei der Teilung zu Pannen, sprich Mutationen, kommt, indem Anweisungen ungenau oder völlig falsch kopiert werden oder gar ganz fehlen, so ist das im allgemeinen nicht weiter tragisch, weil der gesamte Bauplan ja doppelt vorliegt, einer vom Vater und einer von der Mutter.

Aber hin und wieder haben diese Mutationen Folgen, und zwar unterschiedlicher Art. Manche beeinträchtigen die Gesundheit des Individuums in keiner Weise, sie waren die Voraussetzung für die wunderbare Vielfalt der Lebewesen. Andere führen zu Veränderungen, die unmittelbar oder bei bestimmten Lebensumständen schwere Krankheiten auslösen. Die meisten Mutationen zeigen jedoch überhaupt keine Auswirkungen, sie entfallen auf jene mehr als 90 Prozent der Gene, deren Vorhandensein uns noch völlig schleierhaft ist, denn sie üben keinerlei Funktion aus, zumindest keine, die wir kennen.

Das Verstehen der DNS-Struktur markierte zugleich den Beginn der Molekularbiologie. Der technische Fortschritt in der molekularen Analysetechnik – vor allem die Entwicklung zu den heutigen Höchstspannungs-Elektronenmikroskopen – hat die Gentechniker in die Lage versetzt, nicht nur die sehr komplizierten Vorgänge der Zellteilung, vornehmlich bei der Bildung von Keimzellen, bis in Einzelheiten nachzuvollziehen, sondern es wurde möglich, Gene auf den Chromosomen zu lokalisieren und die Abfolge der Basen in Abschnitten der DNS zu bestimmen, eine Entwicklung, die es prinzipiell ermöglicht, genetisch bedingte Erkrankungen zu verhindern. Tatsächlich hängen nahezu alle Krankheiten mit Mutationen zusammen, von Diabetes über Allergien und Rheuma bis hin zu Krebs.

Die im Hinblick auf die zukünftige Bedeutung genetischer Einflußnahme stark zugenommenen Forschungsaktivitäten, unterstützt von der ständig verbesserten Technik, Vorgänge im molekularen Bereich zu analysieren, haben in den vergangenen zwanzig Jahren zu einem enormen Wissenszuwachs in der Molekularbiologie geführt und eine neue biologische Ebene mit zum erheblichen Teil noch unbekannten Vorgängen aufgetan.

Das Verstehen dieser molekularen Zusammenhänge und der Umgang mit den sich daraus ergebenden Möglichkeiten der Manipulation, sowohl in positiver als auch in negativer Hinsicht, werden eine richtungweisende Rolle in der zukünftigen biologischen Evolution auf unserem Planeten spielen.

Gentechnik und Viren gehört die Zukunft

Mit Blick auf die Gentechnik ist häufig die Auffassung anzutreffen, die Evolution sei nun zu Ende, da der Mensch begonnen habe, die Weichen für die biologische Zukunft selbst zu stellen. Diese Einschätzung zeugt wieder einmal davon, wie gern wir uns selbst in den Mittelpunkt aller Betrachtungen rücken. Richtig ist: Wir sind ein Teil der biologischen Vielfalt wie all die anderen Lebewesen auch, wenngleich uns die von der Evolution bescherte Intelligenz in die Lage versetzt, in besonderem Maße Spuren auf diesem Planeten zu hinterlassen. Welcher Art diese Spuren letztlich sein werden, ist noch offen.

Daß wir imstande sind, ein Massensterben größten Ausmaßes zu initiieren, ist sicher, haben wir doch ein Stück dieses Weges bereits zurückgelegt. Ob es uns dagegen gelingt, diesen Weg noch rechtzeitig auf ein anderes, ein positives Ziel hinzulenken, ist noch nicht abzusehen. Unser Verstand wäre dazu fähig, unsere Gene hindern uns jedoch daran, ihn in erforderlichem Maße zu gebrauchen.

Die Amerikanerin Betty Meggers relativiert unsere Bedeutung in der Geschichte des Lebens mit den Worten: »Weit mehr Arten, als gegenwärtig leben, sind ausgestorben... Wir sind unbedeutend in der Geschichte unseres Planeten, der einige Milliarden Jahre lang sehr gut ohne uns ausgekommen ist. Wenn wir die Flexibilität verlieren und uns nicht mehr anzupassen vermögen, werden wir aussterben. Andere werden unseren Platz einnehmen, unsere Nische ausfüllen und den Evolutionsprozeß fortsetzen – es sei denn, wir würden dabei die Lebensbedingungen so sehr verändern, daß keiner der bestehenden Organismen überleben kann.«[16]

Erinnern wir uns auch an die vielen ausschlaggebenden Einflußnahmen von weit primitiveren Lebensformen auf die Vielfalt der Evolution. Hätten beispielsweise die Blaualgen nicht damit begonnen, Sauerstoff zu produzieren, gäbe es uns Menschen nicht. Was würden Sie sagen, wenn die Blaualgen behaupteten (vorausgesetzt, sie könnten es), mit ihnen hätte die Evolution aufgehört, weil sie die weitere Entwicklung selbst in die Hand genommen hätten?

Doch was hat es nun mit der Gentechnik auf sich? Wo lauern die Gefahren, vor denen die einen warnen, und wo sind die Vorteile, die die anderen sehen? Mit Sicherheit ist sie nicht *die* große Gefahr der Zukunft. Unsere immer noch eklatante Unwissenheit über die ökologischen Zusammenhänge und die Ignoranz gegenüber dem bereits vorliegenden Wissen sind von weit größerer Bedeutung. Das Tragische ist, daß diese Ignoranz ein biologisches Erbe ist, dem nur mit großer Verstandesleistung entgegenzuwirken ist. Wie soll man zum Beispiel das Schlüsselproblem, nämlich die unheilvolle Vermehrung der menschlichen Art, lösen, wenn doch die Aufzucht des Nachwuchses ein genetisch vorgegebenes Grundbedürfnis ist?

Wie immer, wenn es um komplexe Zusammenhänge geht, sind die Darstellungen in den Medien darüber bestenfalls unverständlich, einseitig, ungenau oder mißverständlich, nicht selten jedoch auch falsch. Das war und ist in Sachen nichtmilitärischer Atomtechnik genauso wie bei der Gentechnik. Sehen wir es als Preis, den wir für eine unabhängige Presse als Garant unserer Demokratie zahlen müssen.

Wenn man den Berichten in den Medien glaubt, so muß man annehmen, die endgültige Entschlüsselung der molekularen Geheimnisse menschlicher Gene stehe unmittelbar bevor. In Wirklichkeit ist der Weg zu diesem Ziel noch sehr lang, wenn auch die Fortschritte in den letzten Jahren als rasant zu bezeichnen sind.

In aller Regel werden bei der Berichterstattung über gentechnische Aktivitäten zwei Begriffe in einen Topf geworfen, zwischen denen in Wahrheit ein bedeutender Unterschied besteht. Ich meine die Begriffe *sequenzieren* und *entschlüsseln.*

Die *Sequenzierung* aller Gene (Sequenz, lateinisch: Folge), das ist die Aufgabe, die die Genetiker vor einigen Jahren in Angriff genommen haben und deren Abarbeitung, trotz des Einsatzes ausgetüftelter Technik noch einige, aber nicht viele Jahre dauern wird. Gemeint ist damit die Bestimmung der Aufeinanderfolge der Basen A, T, C, G, aus denen sich das menschliche Genom, die Gesamtheit der Gene einer Keimzelle, zusammensetzt. Es ist ein Lesen, ohne zu verstehen, eigentlich nur ein Buchstabieren. Das Ergebnis ist ein Text einer Sprache, deren Alphabet aus nur vier Buchstaben besteht, und der sich in der Art TCATCGTCGGCTAGCTGATTCGACCATCGTATGCACACT-ATTACTGATTTG... über Millionen von Zeilen und Tausende von Seiten hinzieht.

Entschlüsselung ist etwas ganz anderes. Entschlüsseln heißt, die Bedeutung dieses Textes zu verstehen, herauszufinden, welche Funktion die Proteine haben, die jedem der sequenzierten Gene entsprechen. Eine Aufgabe, deren Lösung mit einem noch unübersehbaren Aufwand verbunden ist. Der algerisch-französische Mediziner und Genetiker Daniel Cohen, der führende Kopf eines französischen Projektes, das die Sequenzierung des gesamten menschlichen Genoms zum Ziel hat, beschreibt die Aussichten dieses Fernziels so: »Man kann nur hoffen, daß das Erlernen des Lesens des Genoms unvermutet in ein Verstehen übergeht, so wie bei einem Kind, das die einzelnen Buchstaben lernt und plötzlich versteht, was es liest, sobald es einmal eine geheimnisvolle Schwelle überschritten hat. Vielleicht müssen wir jedoch sehr viel Geduld aufbringen und noch einige Jahrzehnte warten, nur um dann vor neuen Fragen und Rätseln zu stehen.«[17]

Das, was wir auf diesem Feld heute miterleben, ist jedenfalls erst die Vorgeschichte einer *Wissenschaft der Gene*, wie man sie nennen könnte, und wahrscheinlich wird es noch Jahrhunderte dauern, bis man wirklich klarsieht.

Doch man muß nicht auf die Stunde der absoluten Erkenntnis warten, auch Zwischenschritte bringen uns weiter. Damit meine ich nicht die Genmanipulationen in der Landwirtschaft und der Massentierhaltung, die in Einzelfällen möglicherweise sinnvoll sein mögen, insgesamt aber mit äußerster Aufmerksamkeit zu verfolgen sind, droht hier doch der unwiderrufliche Verlust natürlicher biologischer Ressourcen, ganz abgesehen vom möglichen Mißbrauch bei Tieren, wie er jetzt schon bei der Züchtung gang und gäbe ist. Ich habe dabei vielmehr einen neuen Zweig der Medizin im Auge, der Mitte der achtziger Jahre zu sprießen begann: die *Gentherapie*. Sie befaßt sich mit der Verhütung genetisch bedingter Krankheiten, von denen es eine große Anzahl gibt und die zum großen Teil mit extremen Qualen, zumindest aber mit erheblichen Belastungen für die Betroffenen und ihre Angehörigen verbunden sind.

Worum geht es bei der Gentherapie? Die Idee, die dahinter steckt, ist denkbar einfach, die Ausführung dagegen noch recht beschwerlich, doch die Erfolge sind vielversprechend, obwohl man nicht einmal in allen Einzelfällen weiß, warum die Behandlungen zum Ziel führen.

Bevor die eigentliche Therapie gegen eine genetisch bedingte Krankheit ansetzen kann, ist die Identifizierung des *Schreibfehlers* im Genom erforderlich. Es ist herauszufinden, an welcher Stelle eines Gens eine Mutation vorliegt und für welche Krankheit sie verantwortlich ist. Oder anders ausgedrückt: Es ist danach zu suchen, in welchem Wort der menschlichen Konstruktionsanweisung sich ein Druckfehler eingeschlichen hat. Man findet diese krankheitauslösenden Stellen logischerweise, indem man die Gensequenzen – das heißt die Basenfolge bestimmter Genabschnitte – von Kranken und Gesunden miteinander vergleicht. Erst nach diesem Schritt kann man damit beginnen, den Fehler im genetischen Erbe zu korrigieren.

Dabei sind zwei Methoden möglich. Bei der ersten versucht man auf Umwegen, die Auswirkungen des defekten Gens zu erforschen, in der Hoffnung, Medikamente oder eine geeignete Diät zu finden, um die Folgen der fehlerhaften Informationen positiv zu beeinflussen, zum Beispiel, indem man die Wirkung der krankheitsauslösenden Substanzen durch Medikamente neutralisiert oder einen fehlenden Wirkstoff, etwa ein Vitamin, von außen einbringt. Das ist die klassische Therapeutik.

Die andere Methode setzt direkt bei dem *Schreibfehler* auf dem Gen an und versucht, ihn zu korrigieren. Das ist das Vorgehen der *Gentherapie.* In diesem Fall ist es das Ziel, direkt auf den Befehl, auf das Gen einzuwirken und nicht auf das Ergebnis, auf das *schlechte* Protein. Ein Ansatz, der bestechend logisch ist, auch wenn er bei manchem vielleicht Bedenken aufkommen läßt. Bedenken, denen Daniel Cohen entgegentritt: »Die Leute, die Angst davor haben, genetische Manipulationen könnten außer Kontrolle geraten, haben eines noch immer nicht begriffen: In der Natur wimmelt es nur so von großen Genmanipulatoren. Es handelt sich um die Viren. Und unsere vorsichtigen Versuche, es ihnen nachzumachen, sind wahrscheinlich sehr weit davon entfernt, derartige Verheerungen anzurichten wie die, zu denen sie in der Lage sind.«[18]

Viren, die kleinsten aller Schmarotzer, sind es denn auch, die man dazu verwendet, die guten Gene in fehlerhafte Zellen zu transportieren. Die Viren so umzugestalten, so zu verändern, daß sie allein die gewünschten Funktionen ausführen, das ist die eigentliche Aufgabe der Gentherapie, und wie man das bewerkstelligt, wissen die Genetiker schon recht gut.

Ich bin davon überzeugt, daß die Genmedizin bereits in naher Zukunft eine ganz entscheidende Rolle spielen wird. Man wird schon bald solchen physisch und psychisch kranken Menschen helfen können, die heute noch unter großen Qualen leiden müssen: wie Kinder mit Muskellähmungen oder Drüsen-Fehlfunktionen, Jugendliche und Erwachsene, die erblich bedingten Krebs haben oder depressive seelische Störungen. Man wird alte Menschen vor der Alzheimer Krankheit schützen können und die Lebenserwartung des Menschen weiter bis an die Grenze des erreichbaren Lebensalters verschieben, und es wird ein aktives Leben bis ins hohe Alter sein, nicht eingeschränkt durch von Genen ausgelöste Altersgebrechen.

All das bedeutet im übrigen nicht, daß der Mensch in absehbarer Zeit in der Lage sein wird, das Verhalten zu *optimieren.* Ganz einfach deshalb, weil es keine optimalen Verhaltensweisen gibt. Verhalten ist immer das Resultat aus vielen verschiedenen Verhaltensmerkmalen.

Doch lassen Sie uns auf den heutigen Stand, den Beginn der Gentherapie zurückkehren. Es gibt nämlich noch einen anderen Aspekt, der die Suche nach genetischen Defekten zu einer wichtigen Sache macht: die Möglichkeit zu vermeiden, daß überhaupt Kinder in die Welt gesetzt werden, die an schweren Erbkrankheiten leiden müssen.

Um keine Mißverständnisse aufkommen zu lassen: Es geht nicht darum, im nazistischen Sinne *»minderwertiges«* Leben zu eliminieren und eine *»Herrenklasse«* zu züchten, sondern es geht darum, auf der Basis einer individuellen Entscheidungsfreiheit, durch Analyse elterlicher Gensequenzen, frühzeitig das Risiko möglicher Erbkrankheiten zu erkennen, zumindest bei solchen Eltern, bei denen der Verdacht auf erbliche Defekte besteht, und es geht um das Recht auf Abtreibung, wenn Fehlentwicklungen in der embryonalen Phase eines Menschen festgestellt werden. Wer dagegen Einwände erhebt, muß sich die Frage gefallen lassen, was ihm das Recht gibt, den Betroffenen das unbeschreibliche Leid einer dieser gräßlichen Krankheiten auferlegen zu wollen. Mir ist völlig bewußt, daß eine Abtreibung in jedem Fall für die schwangere Frau ein traumatisches Ereignis darstellt, deshalb ist es unbedingt vorzuziehen, alle Möglichkeiten der vorzeitigen Risikoerkennung und gegebenenfalls der Schwangerschaftsverhütung zu nutzen.

Dies werden ohnehin Probleme einer Übergangszeit von einigen Jahrhunderten sein, bis eines Tages Erbkrankheiten der Vergangenheit angehören. Die Möglichkeiten der Gentechnik zeigen uns wie kein anderer Bereich der Wissenschaften, daß wir die Urmenschen von morgen sind, denn wir werden, falls wir die nahe Zukunft überstehen, eines Tages die Macht haben, unser Erbmaterial zu verändern. Dann wird die biologische Evolution um eine weitere Errungenschaft reicher sein: *ein System, das sich selbst optimiert.* Ohne Zweifel wird die Beherrschung unseres genetischen Erbes eine neue Phase in der Evolution des Menschen markieren. Und wenn man sich umsieht auf diesem *unseren* Planeten, muß man feststellen: Es kann nur besser werden. Wie sagte doch Manfred Eigen: »Die Schöpfung des Geistes hat eben erst begonnen.«[19]

Aber noch müssen wir mit der Beschränktheit des heutigen Homo sapiens sapiens leben, und das wird um so erfolgreicher sein, je mehr man sich dieser Beschränktheit bewußt ist.

4. Das Leben ist keine Geschichte des dauernden Fortschritts

Evolutionäre Trends sind nicht unbedingt Gesetze

Wie vollzieht sich nun die Evolution im einzelnen? Wie offenbart sich die Wirkungsweise evolutionärer biologischer Vorgänge? Die Kombination elterlicher Erbmerkmale und Mutationen sind die Ursachen für vererbbare Veränderungen im genetischen Material. Sie eröffnen so der natürlichen Auslese die Möglichkeit, nach den von der Umwelt vorgegebenen Anforderungen eine Auswahl zu treffen, welche der jeweils angebotenen Varianten am geeignetsten sind. Die meisten Mutationen betreffen nur einzelne Merkmale. Bei Drosophila zum Beispiel: Augenfarbe, Körperfarbe oder Flügelbreite. Gelegentlich kommt es aber zu tiefgreifenden Veränderungen. Man beobachtete Verwandlungen von Flügeln oder Fühlern in Beine. Solche Großmutationen sind verbunden mit Störungen an anderen Stellen des Organismus, also nachteilig und zumindest bei höher entwickelten Tieren nicht der Anfang einer neuen Evolutionslinie, sondern Anfang und gleichzeitig Ende eines mißglückten Versuchs im Evolutionsprozeß. Große überlebensfähige Veränderungen gehen in aller Regel auf eine Folge von vielen kleinen Mutationen zurück.

Die Umwelt in ihrer Gesamtheit – das heißt sowohl die unbelebte, die durch physikalische, chemische, klimatische und geographische Faktoren gekennzeichnet ist, als auch die belebte, mit den innerartlichen und zwischenartlichen Beziehungen zu anderen Organismen – bestimmt Richtung und Intensität der Auslese. Bei anhaltender Veränderung der Umweltbedingungen in gleicher Richtung, zum Beispiel stetiger Abnahme der Umwelttemperatur, entsteht eine gerichtete Selektion, die einen evolutionären Trend hervorruft. Bleiben die Umweltverhältnisse konstant, so werden die Individuen immer besser an diese angepaßt.

Jeder Lebensraum birgt eine Vielzahl von unterschiedlichen Lebewesen, die unabhängig voneinander existieren oder zwischen denen eine mehr oder weniger starke Abhängigkeit besteht. Eine Konkurrenz zwischen zwei oder mehreren Arten, die gemeinsam ein Gebiet bewohnen, tritt dann auf, wenn zum Beispiel gleiche Nahrungsquellen beansprucht werden. Das ist besonders gut bei Pflanzen zu beobachten, die am selben Standort wachsen. Das lebensnotwendige Licht bekommen die, die am schnellsten und am höchsten wachsen oder sich besonders *breit machen.* Die unterlegenen vegetieren im Schatten der anderen am Rande des Existenzminimums dahin oder kommen gar nicht zur Entfaltung. Dieser Konkurrenz sind einige Arten entgangen, indem sie ihren Organismus auf geringeren Lichtbedarf umgestellt haben oder ihre Wachstumsperiode in Jahreszeiten verlegten, in denen ihre Konkurrenz nicht aktiv ist. So blühen die Buschwindröschen schon zu Beginn des Frühlings, wenn die sie umgebenden Bäume noch ohne Laub sind und das Sonnenlicht zu ihnen durchdringt.

Da alle Lebewesen an ihre Umwelt angepaßt sind, kann man an Hand ihrer Konstruktion und der äußerlichen Erscheinung auch als Laie Rückschlüsse auf deren Lebensraum ziehen. Ein Vogel, der zwischen den Zehen mit Schwimmhäuten ausgestattet ist, bezieht seine Nahrung mit Sicherheit aus dem Wasser, und Säugetiere, deren Zehen sich zu Hufen umgebildet haben, bewohnen Gras- und Steppenlandschaften und nicht den Urwald. Bei Höhlentieren bringt das Sehvermögen keinen Selektionsvorteil; Mängel an den Lichtsinnorganen werden also nicht verschwinden, entsprechendes gilt für die Färbung. Deshalb haben in Höhlen lebende Tiere nur ein reduziertes Sehvermögen und sind in ihrer Farbgebung unscheinbar.

Bei bestimmten Umweltbedingungen haben manche Errungenschaften besondere Vorteile, so daß verschiedene Arten sie auf separaten Wegen erlangt haben. Zum Beispiel haben die

Vorteile eines stromlinienförmigen Körperbaues für ein Leben im Wasser dazu geführt, daß viele dort lebende Arten ähnlich aussehen. Auch das Fliegen ist mit Vorteilen verbunden, vor allem für solche Tiere, die überwiegend auf Bäumen leben und häufig vor ihren Freßfeinden fliehen müssen. Die ersten, die das Fliegen lernten, waren Insekten. Vor den Vögeln übten sich einige Saurier darin, und unter den Säugetieren gelang es den Fledermäusen, aus einer Haut an den Vordergliedmaßen Flügel zu entwickeln. Es gibt noch andere, die zwar keine perfekten Flieger sind, doch immerhin über längere oder kürzere Strecken durch die Luft gleiten können, nicht nur Fische und Spinnen, auch Schlangen, die von einem Baum zum anderen segeln.

Die Auslese durch geschlechtsspezifische Merkmale war bereits für Darwin eine wichtige Stütze seiner Theorie. Solche Merkmale wirken als sexuelle Auslöser. Werben mehrere Männchen um die Gunst eines Weibchens, so wird demjenigen der Vorzug gegeben, der die ausgeprägtesten Ansprechmerkmale besitzt und damit an vorderster Stelle in der Rangordnung steht. Solche Merkmale sind zum Beispiel Geweihe, Mähnen oder lebhafte Färbungen. Die durch die Auswahl der Weibchen sich ständig verstärkenden Auslösermerkmale können auch Formen annehmen, die durch ihre extreme Ausbildung zur Beeinträchtigung der körperlichen Bewegungsfreiheit bei den männlichen Individuen führen, wie das gewaltige Geweih des ausgestorbenen Riesenhirschs oder das Prachtkleid des Pfaues.

Bei den Pavianen warnt ein erwachsenes Tier (das sogenannte Wächtermännchen) bei Annäherung eines größeren Feindes die Herde und trägt damit zum Bestehen seiner Art bei. Das kostet den Wächter möglicherweise das Leben, da er durch sein Gebaren die Aufmerksamkeit des Feindes auf sich zieht. Diese Opferbereitschaft einzelner Individuen zugunsten der Gruppe ist kennzeichnend für Tiere, die in sozialer Gemeinschaft zusammenleben. Ein Verhalten, das auch beim Menschen als besondere Tugend gilt und das uns im Zusammenhang mit menschlichen Verhaltensweisen in folgenden Kapiteln noch intensiv beschäftigen wird. Obwohl die natürliche Auslese auch hier am einzelnen Individuum angreift, wirkt sie sich direkt auf die gesamte Gruppe aus, man spricht daher von Gruppenselektion.

Ziel einer jeden Wissenschaft ist es, aus dem bekannten Wissen Gesetzmäßigkeiten abzuleiten, die es möglich machen, über bestimmte Vorgänge Vorhersagen zu machen. Dies ist in den sogenannten exakten Wissenschaften, wie in der Physik oder in der Astronomie, in der Regel gut möglich. Läßt man zum Beispiel einen Stein von einem Turm fallen und mißt die Zeit bis zum Auftreffen des Steins auf den Boden, so kann man mit den von Galileo Galilei herausgefundenen physikalischen Gesetzmäßigkeiten beim *freien Fall* leicht die Höhe des Turms berechnen.

Wie wir nun wissen, sind Vorgänge, die sich im Rahmen der biologischen Evolution abspielen, ganz anderer Natur als in der Physik. Dennoch kann man beim Vergleich von Abläufen verschiedener Stammeslinien gewisse Gleichartigkeiten feststellen, die in Überschätzung ihrer Gültigkeit auch als »Gesetze« bezeichnet werden, angemessener aber als *Regeln* oder *Trends* zu verstehen sind.

Eine dieser Regeln besagt, daß gleichartige biologische Einheiten im Laufe evolutionärer Anpassungen unterschiedliche Funktionen entwickeln, oder anders ausgedrückt: Neue Funktionen entstehen häufig aus bereits vorhandenen Strukturen. So haben sich beispielsweise Körperzellen im Laufe der Zeit zu Drüsen-, Muskel-, Nerven-, Bindegewebs- und anderen Zellen umgebildet. Bei Säugetieren wurden die erst gleichartigen Zähne zu Schneid-, Eck- und Mahlzähnen. Blätter sind zu Blüten-, Kelch-, Nähr- und Keimblättern geworden. In Staaten lebende Insekten wie Ameisen oder Termiten differenzierten sich zu verschiedenen Typen wie Soldaten, Arbeitern, Geschlechtstieren und so weiter.

Ein weiterer Trend im Verlauf der Evolution zeigt sich darin, daß bei Vorhandensein mehrerer gleichartiger Körperteile eine Reduktion, man kann auch Optimierung sagen, erfolgt. Die Anzahl zum Beispiel von Zähnen, Extremitäten, Blütenblättern und Fruchtknoten nimmt ab.

Besonders einleuchtend, weil offensichtlich sinnvoll, ist die Tendenz, daß wichtige, also im Sinne höherer Überlebenschancen schützenswerte Organe sich mit der Zeit körpereinwärts verlagern oder mit Schutzhüllen überdeckt werden. Beispiele bieten die Entwicklungen der Sinnesorgane, etwa das Auge vom Pigmentfleck über ein Napf- und Blasenauge zum Linsenauge oder das Gehörorgan von den Sinneszellen bis zum Trommelfell.

Die Veränderung der Körpergröße ist ebenfalls ein Merkmal der Evolution. Größenzunahme und -abnahme sind nicht regellos verteilt, sondern bestimmte Gruppen zeigen fast ausschließlich Größenzunahme, andere gehäufte Abnahme. Vergleicht man den Mittelwert der heutigen Arten einer Gruppe mit dem der ältesten fossilen Formen, so zeigt sich folgendes: Bei Arten, bei denen Kämpfe um das Territorium, die Nahrung, den Geschlechtspartner oder die Rangordnung eine wesentliche Rolle spielen, hat die Körpergröße offensichtlich Vorteile. In diesen Fällen hat sich im Laufe der Stammesgeschichte eine Größenzunahme eingestellt. Das gilt besonders für die größeren Pflanzenfresser wie beispielsweise die Huftiere der Steppen und Savannen oder die Dinosaurier. Auch die heutigen Primaten sind größer als ihre Vorfahren. Bei Vögeln liegt der heutige Mittelwert unterhalb des alten, was sicherlich mit dem für größere Tiere ungünstigeren Energiebedarf beim Fliegen zu tun hat.

Vor allem bei Tieren, die im Boden leben, wird der Zwang zur Größenabnahme deutlich. Zahlreiche Krebse, die im Sandboden des Meeres leben, sind deutlich kleiner als Verwandte aus anderen Lebensräumen. Doch nicht nur die Raumverhältnisse, auch andere Umweltbedingungen, wie Qualität und Quantität von Nahrungsmitteln, wirken fördernd oder hemmend auf die Größe.

Daß Organe im Laufe ihrer Stammesgeschichte ihre Funktionen wechseln oder neue Funktionen übernehmen, kann nicht überraschen. Dieser Trend ist in Anbetracht notwendiger Umweltanpassungen ebenfalls eine logische, weil effiziente Erscheinung. Ein Insektenbein kann Laufbein, Grabschaufel, Saugrüssel, Lauterzeugungsorgan, Teil des Begattungsorgans oder der Legeröhre werden. Die Zunge von Wirbeltieren, zunächst Organ zur Nahrungsförderung im Mund, wird vorschnellbares Fangorgan (Chamäleon, Molche), Leimrute bei Ameisen- und Termitenfressern (Ameisenbär, Ameisenigel), Spürorgan (Schlangen), Putzorgan (bei verschiedenen Säugetieren), oder Hilfsorgan beim Sprechen (Mensch). Der Schnabel der Vögel ist in seiner Hauptfunktion Aufnahmeorgan der Nahrung. Je nach Art sind verschiedene Nebenfunktionen ausgebildet. Der Schnabel kann bei Verteidigung und Aggression zum Hacken benutzt werden oder als Meißel für den Bau der Bruthöhle (Spechte), als Kletterorgan (Papageien), als Balztrommelschlägel (Spechte) oder als Putzorgan. Unter den Pflanzen zeigt sich die Abwandelbarkeit des Blattes vom Nährblatt zur Ranke, zum Dorn, Schwimmblatt, Blütenblatt und so weiter.

Umstände und Zeit führen zur Entstehung neuer Arten

Was unterscheidet eigentlich Arten voneinander? Welche Definition des Begriffes *Art* läßt sich finden? Die Beantwortung ist schwieriger, als Sie vielleicht vermuten. Tatsächlich verwenden die Biologen nebeneinander unterschiedlich definierte Artbegriffe. Am einleuchtendsten ist wohl, die Art als *natürliche Fortpflanzungsgemeinschaft* zu beschreiben, als *Gemeinschaft von Individuen, die sich unter natürlichen Lebensbedingungen paaren.* Daß diese Definition für eingeschlechtliche und ausgestorbene Formen weniger geeignet ist, liegt auf der Hand. So müssen sich Paläontologen bei der Bestimmung ausgestorbener Arten auf die Anatomie ihrer fossilen Funde stützen, was hin und wieder dazu führt, daß zunächst Weibchen und Männchen verschiedenen Arten zugeordnet werden, ehe man erkennt, daß es sich nur um geschlechtsspezifische Unterschiede ein und derselben Art handelt. Das Problem besteht zum Beispiel bei Insekten, wenn Weibchen um ein Vielfaches größer als die männlichen Individuen sind.

Doch wie können durch natürliche Auslese neue Arten entstehen? Wenn man weiß, daß alles Leben einem ständigen Wandel unterworfen ist, ist die Antwort auf die Frage der Artenbildung leicht zu finden. Es ist die *Zeit*, die es der Auslese möglich macht, eine neue Art hervorzubringen. Eine ausreichend große Zeitspanne ist erforderlich, um die Abweichungen von der ursprünglichen Art so weit fortschreiten zu lassen, daß man von einer *neuen Art* sprechen kann. Den genauen Zeitpunkt des Übergangs von einer Art zur anderen zu bestimmen, ist allerdings in eindeutiger Weise kaum möglich, da die Übergänge naturgemäß fließend sind. In den Übergangsphasen unterscheidet man *Rassen*, die zwar Merkmalsunterschiede aufweisen, untereinander jedoch zeugungsfähige Nachkommen hervorbringen. So gibt es zwar verschiedene menschliche Rassen, doch nur eine menschliche Art.

Nun entsteht im Laufe der Zeit nicht nur aus einer Art eine neue – wenn das so wäre, gäbe es nur eine Art auf unserer Erde –, sondern häufig gehen aus einer Urform mehrere neue Arten hervor. Wie ist das möglich? Arten oder besser Populationen bewohnen einen bestimmten Lebensraum. Wird dieser Lebensraum durch Umstände, welcher Art auch immer, in zwei oder mehrere Bereiche getrennt, so daß ein Teil der Individuen von den anderen isoliert ist und es so nicht mehr zum Austausch von

Genen zwischen allen Individuen der Ausgangspopulation kommen kann, werden sich die Nachkommen unter dem Einfluß der natürlichen Auslese in verschiedene Richtungen entwickeln. Ob die Entwicklungslinien mehr oder weniger stark auseinanderdriften, hängt davon ab, in welchem Maße sich die Umweltbedingungen für die neuen Populationen voneinander unterscheiden.

Diese geographische, also räumliche Isolation von zunächst gleichartigen Individuen ist eine wesentliche Ursache für die Entstehung neuer Arten. Sie ist der Grund dafür, daß sich auf Inseln, die ursprünglich mit dem Festland verbunden waren oder auf die Individuen durch besondere Ereignisse – zum Beispiel durch Stürme – übersiedelt wurden, neue Formen entwickelten. Klassische Beispiele sind die von Darwin bestaunten Beuteltiere Australiens oder die verschiedenen Finkenarten auf den Galápagosinseln.

Aber auch innerhalb größerer Populationen kann es zu Abspaltungen kommen, wenn besondere Umweltbedingungen – wie Ernährungs- und Wohnmöglichkeiten – nur auf einen Teil des Ausbreitungsgebietes wirken. Einleuchtend ist, daß es auch eine zeitliche Isolation gibt, da ein Genaustausch zwischen Individuen und ihren bereits verstorbenen Vorfahren nicht möglich ist. Erbmerkmale, die aus dem Genbestand einer Art einmal verschwunden sind, sind für immer verloren.

Daß die Evolution etwas hervorbringen könne, was sich erst später als nützlich erweise, ist ein Fehlschluß, der immer wieder gezogen wird. Nur Mutationen, die unmittelbar Vorteile bringen, können bestehen. Die Evolution ist nicht vorausschauend, sie kann nicht planen. Federn eignen sich ausgezeichnet zum Fliegen, aber die Vorfahren der Vögel müssen sie aus anderen Gründen entwickelt haben. Vielleicht haben einem kleinen, laufenden und kletternden Reptil ein paar federähnliche Flusen an seinen Armen durch einen besseren Ausgleich der Körpertemperatur die Überlebenschancen verbessert, und Millionen

Jahre später, als unter der Wirkung der natürlichen Auslese sich ein ansehnliches Federkleid entwickelt hatte, stellte sich heraus, daß dieses hervorragende Hilfsmittel zur Regulation des körperlichen Wärmehaushaltes auch geeignet war, bei Sprüngen von einem Baum zum anderen die Schwerkraft zu überlisten. Erst jetzt konnte die Auslese beginnen, die Flugeigenschaften zu optimieren und eine Entwicklung in Gang zu setzen, die den Wirbeltieren nun auch die Lüfte zugänglich machte. Unser Gehirn hat sich aus einer Reihe von Gründen gegenüber unseren frühesten Vorfahren vergrößert, aber mit Sicherheit nicht mit dem Ziel, es uns beispielsweise zu ermöglichen, auf einem Klavier zu spielen.

Oft sind die Ursachen, die zu biologischen Veränderungen führen, auf den ersten Blick gar nicht zu erkennen, und manchmal dauert es viele Jahre, bis – vielleicht durch einen Zufall – die wahren Gründe evolutionären Wirkens zutage treten.

Wie das Zebra zu den Streifen kam

»Warum hat das Zebra Streifen?« Das ist so eine Frage, mit der nicht nur Kinder ihre Eltern in Verlegenheit bringen, sondern über die sich auch Biologen lange den Kopf zerbrochen haben. Jetzt gibt es endlich eine Antwort darauf, und der Evolutionsbiologe Josef H. Reichholf hat überzeugend dargelegt, warum es die einzig richtige sein muß. Ein schönes Beispiel für die vielfältige Wirkungsweise der natürlichen Auslese.

Zebras gibt es nur in Afrika südlich der Sahara. Da es keine fossilen Funde gibt, die über das Eiszeitalter hinaus zurückreichen, kann man annehmen, daß sie erst während der Eiszeit Afrika erreicht haben. Sie müssen, wie alle Pferde, von nordamerikanischen Vorfahren abstammen. Die Frage ist nur, kamen sie bereits als Tigerpferde nach Afrika, oder haben sie erst dort das Streifenmuster entwickelt? Bevor die Europäer Pferde und

Esel nach Schwarzafrika brachten – das ist noch nicht lange her –, waren alle Pferde, die in Afrika südlich der Sahara und der Halbwüsten entlang dem Roten Meer bis zum Horn von Afrika vorkamen, gestreifte Pferde, also Zebras. Wildpferde außerhalb von Afrika und verwilderte Hauspferde, auch solche, die unter klimatisch ähnlichen Bedingungen, wie sie im afrikanischen Verbreitungsgebiet der Zebras herrschen, in den Steppen und Savannen von Südamerika leben, haben niemals eine Streifung hervorgebracht.

Was also ist die Ursache für diese Musterung? Wie jeder Pferdekenner weiß, erkennen sich Pferde auch ohne Streifen. Für das individuelle Erkennen untereinander ist sie demnach nicht erforderlich. Die bisher in Lehrbüchern hin und wieder zu findende Erklärung, sie diene als Tarnung vor Raubtieren, ist immerhin zur Hälfte richtig. Doch es sind nicht die Löwen oder Hyänen, vor denen sich die Zebras zu verstecken suchen, es sind dies Wesen ganz anderer Art.

Es war der britische Fliegenforscher Jeffry Waage, der für eine überraschende Wende in der anhaltenden Diskussion um die Bedeutung der Zebrastreifung sorgte. Er war in Ostafrika unterwegs, um das Ausmaß der mit den Erregern der *Nagana-Seuche* infizierten Wildtiere festzustellen. Die Erreger, denen die Hausrinder nicht gewachsen sind, werden von der Tsetsefliege übertragen. Eine andere, gleichfalls von dieser Fliege übertragene Form, verursacht beim Menschen die sogenannte Schlafkrankheit, die dem Betroffenen ein quälendes Dahinsiechen beschert und im allgemeinen nur mit modernen Arzneimitteln zu überleben ist.

Jeffry Waage fand die Auslöser der Nagana-Seuche im Blut von Elefanten und Büffeln, er fand sie bei Löwen, Gnus, Antilopen und Gazellen, nur eine der häufigsten Großtierarten der Grasgebiete war so gut wie frei davon, und das waren die Zebras. Für den britischen Forscher war klar: Es ist das Streifenmuster, das die Zebras vor der Tsetsefliege schützt.

Denn das Auge dieser Fliege ist weit weniger für die Wahrnehmung von Einzelheiten geeignet als das Auge der Wirbeltiere. Mit einem Streifenmuster können sie nichts anfangen. Wie in zahlreichen Experimenten nachgestellt, wird bei ihnen der Anflug auf das entfernte Opfer ausgelöst, wenn zwei Kriterien erfüllt sind: Es muß ein dunkler Körper sein, der sich gegen den hellen Horizont abhebt, und der Körper muß sich langsam bewegen. Das ist alles, was die Tsetsefliege von der Umwelt erfassen muß, um ihr Opfer ausfindig zu machen. Dafür sind ihre riesigen Augen, die aus Tausenden von Einzelaugen bestehen und ihnen eine fast vollständige Rundumsicht ermöglichen, konstruiert.

Die Immunität der afrikanischen Wiederkäuer gegen die Nagana-Seuche spricht für eine lange gemeinsame Geschichte, in deren Verlauf die Evolution Wege gefunden hat, die allen beteiligten Tiergruppen das Überleben sichern, den Wiederkäuern und ihren Jägern, der Tsetsefliege und den Krankheitserregern, und schließlich fand sie auch noch eine Lösung für die Pferde, als diese dann viel später in deren Lebensraum vordrangen.

Aussterben – und der Tod an sich

Leben tritt auf unserer Erde in einer unermeßlichen Mannigfaltigkeit auf. Während es im Bereich des Anorganischen, der unbelebten Natur, nur 2000 verschiedene Mineralien gibt, von denen nur zehn häufig vorkommen, sind bisher mehr als 1,5 Millionen Tierarten und etwa eine halbe Million Pflanzenarten beschrieben, und es werden noch immer neue entdeckt, denn viele sind noch unbekannt. Als Folge der menschlichen Bemühungen, sich die Welt untertan zu machen, nimmt die Aussterberate allerdings in beängstigender Weise zu.

Wenn man sich die ungeheure Artenvielfalt vor Augen führt, die die natürliche Auslese hervorgebracht hat, ist man von dieser biologischen Leistung fasziniert, wundert sich aber, daß so häufig Arten ausgestorben sind, wie das die fossilen Funde belegen. Selbst die Zeiten der so außerordentlich erfolgreichen Trilobiten (Krebsarten) und der Dinosaurier gingen einmal zu Ende, wenn auch erst nach Zeiträumen, die gemessen am Dasein menschlicher Existenz nahezu unglaublich sind.

Es gibt eine Reihe von Möglichkeiten, die dabei eine Rolle gespielt haben können, eine endgültige Antwort in jedem Einzelfall gibt es oft nicht. Eine wesentliche Ursache für das Verschwinden von Arten beziehungsweise ganzer Stämme oder Gattungen sind plötzliche Änderungen der klimatischen Umweltbedingungen. Besonders gefährdet sind stark spezialisierte Formen wie zum Beispiel der Koalabär, der nur das Laub von einigen Eukalyptusarten frißt. Nicht spezialisierte Organismen – wie Mäuse und Ratten – sind dagegen aufgrund ihrer großen Anpassungsfähigkeit an unterschiedliche Lebensräume kaum bedroht.

Krankheiten, Seuchen und die Ausbreitung von Parasiten gefährden vor allem kleine Gruppen. Auch das Auftreten konkurrenzüberlegener Formen kann zum Aussterben von Arten führen.

Wie die Analyse der fossilen Funde zeigt, hat es in der Geschichte der Erde Zeitalter des Massenaussterbens sowie Zeiten extremen Artenzuwachses gegeben, es gab aber auch Perioden, in denen die Artenvielfalt über viele Millionen Jahre hindurch ungefähr gleich blieb, weil ein Gleichgewicht zwischen Artenbildung und Aussterben bestand.

In den letzten 570 Millionen Jahren ist es offensichtlich 21mal zu Phasen von Massenaussterben gekommen, und zwar in verblüffend regelmäßigen Abständen von etwa 28 Millionen Jahren. Zweimal geschah dies besonders dramatisch: Vor 248 Millionen Jahren starb innerhalb von wenigen Millionen Jahren mehr als die Hälfte aller Gattungen aus; und vor 65 Millionen Jahren wurde mehr als ein Viertel der existierenden

Gattungen ausgelöscht, darunter auch die der Dinosaurier. Noch schlimmer erging es den Tieren, die in der Nahrungskette ganz unten stehen. Vom Zooplankton, den mikroskopisch kleinen tierischen Organismen, die unter der Meeresoberfläche schweben, wurden 90 Prozent ausgelöscht. Das legt die Vermutung nahe, daß es für sie nicht genug zu fressen gab, und da sie sich von den winzigen Pflanzen ernähren, die im Meer praktisch vom Sonnenlicht leben, kann man annehmen, daß die Sonnenstrahlung eine Zeitlang abgeschirmt war.

Zahlreiche Thesen gehen davon aus, daß es durch außerirdische Einflüsse, zum Beispiel durch kosmische Staubwolken oder – was wahrscheinlicher ist – durch das Auftreffen von Meteoriten (kosmischen Brocken) auf der Erde und den dabei aufgewirbelten Staubwolken, die mehrere Monate oder gar Jahre das Sonnenlicht abgeschirmt haben, zu diesen katastrophalen Aussterberaten kam. Tatsächlich sind die Spuren solcher Einschläge zu finden. Amerikanische Wissenschaftler meinen zwischen dem Auftreffen von Meteoriten und dem zyklischen Auftreten von Massenaussterben einen Zusammenhang entdeckt zu haben, denn auffällig viele Meteoritenkrater sind immer dann entstanden, wenn auch die Aussterberaten ein Maximum hatten.

Fälle massenhaften Aussterbens scheinen in der Evolution eine große Rolle gespielt zu haben. So entfalteten sich die Dinosaurier und Vögel nach dem Massensterben vor 248 Millionen Jahren, und die Säugetiere erhielten ihre große Chance nach dem Verschwinden der Dinosaurier.

Als Grund für das Aussterben wird oft angeführt, die betroffenen Arten hätten sich als untauglich erwiesen. Diese Gleichsetzung von Verschwinden und Untauglichkeit beruht auf der falschen Vorstellung, die Evolution sei in jedem Fall ein Prozeß zunehmenden Fortschritts, bei dem durch Mord und Totschlag die Verlierer eliminiert und durch die Sieger die Entwicklung vorangetrieben würde. Doch das Leben ist keine Geschichte des dauernden Fortschritts. Es geht vielmehr darum, mit minimalem Aufwand die Anforderungen der sich verändernden lokalen Umwelt zu meistern.

Viele, wenn nicht gar die meisten Fälle des Aussterbens sind Reaktionen auf Herausforderungen der Umwelt, die so schwerwiegend waren, daß eine erfolgreiche Anpassung in der zur Verfügung stehenden Zeit nicht möglich war, und es besteht daher kein Grund, das Verschwinden einer Art ihrer Unzulänglichkeit zuzuschreiben. Welche Chance bleibt zum Beispiel einem Süßwasserfisch, auch wenn seine Anatomie noch so perfekt auf das Leben im Wasser angepaßt ist, wenn Flüsse und Seen austrocknen? Werden Blauwale von ihrer Konstruktion her als weniger vortrefflich zu bewerten sein, wenn eine raubgierige Menschheit den letzten erledigt hat? Das Aussterben ist keine Schande, und es würde Sie und mich nicht geben, wenn die Dinosaurier überlebt hätten und die Säuger eine kleine Nebengruppe von kleinen Wesen geblieben wären, wie sie es für Millionen von Jahren waren, in einer kleinen ökologischen Nische lebend, in die die Dinosaurier nicht vorgedrungen sind.

Doch weniger das Aussterben von Arten als vielmehr der Tod an sich, das vorherbestimmte unausweichliche Ende eines jeden Individuums ist das, was uns besonders beschäftigt. *Warum gibt es den Tod?* Die Frage taucht in jeder Diskussion auf, in der es um den Sinn des Lebens und das mögliche Ziel eines göttlichen Plans geht, und sie wird oft in einer Art und Weise gestellt, die erkennen läßt, daß mit der Frage gleichzeitig der Vorwurf an den allmächtigen Schöpfer gerichtet wird, so etwas zuzulassen. Warum also müssen wir sterben? Die Antwort ist so einfach wie paradox: *Der Tod des Individuums ist vorteilhaft für das Überleben der Art.* Wenn es nicht so wäre, gäbe es ihn nicht. Was zählt, ist das Überleben der Art, der Population, nicht das lange Leben des einzelnen Individuums. Das biologische Ziel eines jeden Lebewesen ist die Weitergabe seiner Erbanlagen an die Nachkommen. So sehr diese Feststellung auch unserem eingepflanzten Egoismus widerspricht, sie gilt auch für den Menschen.

Auch Unsterblichkeit ist eine Variante im reichhaltigen Angebot der Natur. Bei Organismen mit ungeschlechtlicher Fortpflanzung gibt es kein Altern. So ist zum Beispiel bei einer einzelligen Amöbe nicht zu entscheiden, welche der beiden Zellen nach der Teilung die Tochterzelle und welches die Mutterzelle ist. Ihr Tod tritt nur durch äußere Einflüsse ein. Der Fortschritt, den die Erfindung der Sexualität mit sich brachte, nämlich die große Variabilität und die effektive Ausbreitung von Mutationen innerhalb einer Population, hatte seinen Preis. Die Einprogrammierung des Todes in den genetischen Bauplan wurde unumgänglich. Länger zu leben, als es für die Aufzucht des Nachwuchses erforderlich ist, heißt, dies auf dessen Kosten zu tun. Wie sollte eine Entwicklung höherer Lebewesen zustande kommen, wenn die Eltern nicht Platz machten für die nachfolgende Generation?

Das durchschnittlich *erreichte* Lebensalter hat beim Menschen in der zivilisierten Welt im Laufe der Jahrhunderte ständig zugenommen. Das maximal *erreichbare* Lebensalter ist, wie auch viele Beobachtungen an Pflanzen und Tieren belegen, genetisch festgelegt und damit gleichbleibend. Kein Lebewesen kann, auch bei noch so optimalen Umweltbedingungen, eine für seine Art typische obere Altersgrenze überschreiten. Der Tod ist wie die Geburt Bestandteil des Lebens.

5. Selbst die Spuren des Urmeeres sind im Menschen noch zu finden

Tausende von Indizien bestätigen Darwin

Kein ernstzunehmender Biologe zweifelt heute noch daran, daß die biologische Welt das Produkt eines kontinuierlichen Evolutionsprozesses ist. Auch jeder Laie, der sich objektiv mit der Materie auseinandersetzt, wird sich von den tausendfachen Beweisen in den verschiedensten Disziplinen der Biologie überzeugen lassen.

Damit Sie zumindest einen Eindruck über die Mannigfaltigkeit des Beweismaterials gewinnen, will ich den bisherigen Ausführungen noch einige Beispiele hinzufügen.

Fangen wir an mit der Anatomie, der Lehre vom Bau des tierischen und pflanzlichen Körpers. Schon den griechischen Ärzten vor zweitausend Jahren war die große Übereinstimmung des körperlichen Aufbaus bei Tier und Mensch bekannt. Sie lernten die Anatomie des Menschen durch Sektion von Schweinen, und der berühmte römische Arzt griechischer Herkunft Galen (Claudius Galenus, 129–199), der es vom Gladiatorenarzt zum Hausarzt des römischen Adels und des Kaiserhofes gebracht hatte, schrieb seine bekannte Anatomie nach Präparationen von Affen.

Welchen anderen Grund als den einer evolutionären Entwicklung kann es dafür geben, daß Organismen ganz verschiedener Lebensweise in vielen Einzelheiten der körperlichen Struktur hohe Übereinstimmung zeigen? Maulwurf, Fledermaus, Wal, Pferd, Mensch und andere Lebewesen lassen einen gemeinsamen Bauplan in Skelett, Nervensystem, System der Blutgefäße, Genitalapparat und anderem mehr erkennen. Diese Gemeinsamkeiten sind aus den Anforderungen der Umwelt und der Lebensweise nicht zu erklären. Das gleiche gilt für Insekten, Blütenpflanzen und andere.

Darwin schreibt in seiner »Entstehung der Arten« dazu: »Was kann es Sonderbareres geben, als daß die Greifhand des Menschen, der Grabfuß des Maulwurfs, das Rennbein des Pferdes, die Ruderflosse der Schildkröte und der Flügel der Fledermaus sämtlich nach demselben Modell gebaut sind und gleiche Knochen in der nämlichen gegenseitigen Lage enthalten? Wie merkwürdig ist es, daß der Hinterfuß des Känguruhs, geeignet für das Springen über die offenen Ebenen, der Hinterfuß des kletternden blattfressenden Koalas, angepaßt an das Ergreifen der Zweige, der Hinterfuß des auf der Erde lebenden, Insekten und Wurzeln fressenden Beuteldachses und einiger anderer australischer Beuteltiere sämtlich nach demselben außerordentlichen Typus gebaut sind, mit äußerst schlanken und von einer gemeinsamen Hautbedeckung umhüllten Knochen des zweiten und dritten Fingers, so daß diese wie eine einzige, mit zwei Krallen versehene Zehe erscheinen. Trotz dieser Ähnlichkeit des Bauplans werden die Hinterfüße dieser verschiedenen Tiere zu so weit verschiedenen Zwecken benutzt als nur denkbar ist.«[20]

Die einzige überzeugende Erklärung für diese Gemeinsamkeiten ganz unterschiedlicher Lebewesen bietet die gemeinsame Stammesgeschichte. Verfolgt man von der heutigen Fauna und Flora ausgehend die vergangenen geologischen Zeiten, so belegen die fossilen Funde keineswegs einen chaotischen Wechsel der Formen, sondern eine strenge Gesetzmäßigkeit: Je älter Flora und Fauna sind, desto mehr weichen sie von den heutigen Varianten ab; oder vom anderen Ende der Zeitskala betrachtet, nähern sich die Lebewesen in stufenweiser Abänderung den heutigen Formen. Die Paläontologie, die sich mit der Auswertung fossiler Funde befaßt, beschert uns weiterhin Jahr für Jahr Beweismaterial dafür.

Viele Säugetierarten des Eiszeitalters (Beginn vor ca. drei Millionen Jahren) gehören schon der heutigen Fauna an. Wir finden die Reste vieler gegenwärtig lebender Nagetierarten sowie von Mardern, Löwen, Hyänen, Rothirschen usw. Auch der

Mensch als *Homo sapiens* ist in der zweiten Hälfte des Eiszeitalters vorhanden. Geht man zurück in die mittlere Eiszeit, so muß man den Menschen jener Zeit wegen seiner deutlichen Unterschiede schon einer eigenen Art zuordnen.

Im Tertiär (Beginn vor ca. 60 Millionen Jahren) sind die meisten heute lebenden Arten nicht vorhanden. Am Anfang des Tertiärs sind nur wenige der heutigen Familien nachweisbar, und in der Oberen Trias (Beginn vor ca. 210 Millionen Jahren) hatten die Säugetiere noch Formen, die man den Reptilien zuordnet. Besonders spektakulär sind Funde fossiler Übergangsformen. Das bekannteste Beispiel ist der berühmte *Archaeopteryx*, der Urvogel, der im Jurakalk Solnhofens, einer Gemeinde nordwestlich von Ingolstadt, gefunden wurde. Sein Skelett trägt viele Merkmale fossiler Reptilien, das Flügelskelett und zum Teil der Schädel nehmen eine Zwischenstellung ein, die Federn sind echte Vogelmerkmale.

Andere Fossilien belegen Zwischenformen von Fischen und Amphibien oder Reptilien und Säugetieren. Eine biowissenschaftliche Sensation war die Entdeckung einer noch lebenden Übergangsform, die wie Reptilien Eier legt, ihre Jungen aber gleich Säugetieren mit einer milchigen Flüssigkeit aus Drüsen an Brust und Bauch ernährt. Das fischotterähnliche Tier, dem man den Namen *Australisches Schnabeltier* gab, hat ein Fell, Ruderschwanz und Schwimmhäute und gründelt mit seinem Schnabel, der dem einer Ente ähnelt, im Wasser nach Nahrung.

Die zeitliche Zuordnung der fossilen Funde ist möglich durch ihre Lage in verschiedenen Gesteinsschichten oder durch direkte Altersbestimmung an Hand der Zerfallszeit radioaktiver Elemente. Die Genauigkeit dieser Meßmethode liegt bei einigen zehntausend Jahren. Man hat die ältesten Spuren von Lebewesen auf ein Alter von drei Milliarden Jahren datiert. Die Paläontologie beweist, daß seit dieser Zeit ständig neue Formen entstanden und andere wieder vergangen sind. Außerdem zeigen die Strukturen der Organismen eine schrittweise zunehmende Komplizierung. So stieg zum Beispiel die Anzahl der verschiedenen pflanzlichen Zelltypen in 1,5 Milliarden Jahren von einem bis drei auf über 70. Insgesamt decken sich die Erkenntnisse der Paläontologie nicht nur mit den Thesen der Evolutionslehre, sie sind ohne diese gar nicht zu verstehen.

Der Grand Canyon in Nordamerika ist eine der großartigsten Landschaften der Erde. Touristen betrachten das Naturschauspiel meist nur von einigen Aussichtspunkten und von oben. Doch zum unvergeßlichen Erlebnis wird es erst dann, wenn man die 380 Kilometer des Canyons mit dem Boot oder Floß auf dem zwischen hohen Felswänden dahinströmenden Colorado River und zu Fuß bewältigt, und zwar nicht nur, weil es eine Reise voller naturnaher Abenteuer ist, sondern auch, weil es gleichzeitig eine Reise durch die Geschichte des Lebens ist. Der Colorado River, der den Grand Canyon in die Landschaft eingekerbt hat, gewährt durch diesen Schnitt in die in Jahrmillionen gewachsenen Gesteinsschichten einen Blick auf die versteinerten Spuren der biologischen Vergangenheit. Jede Schicht verbirgt Teile eines Puzzles, die zusammengesetzt das Bild des alles Leben einbeziehenden Stammbaumes offenbart.

Ein ebenfalls anschauliches Zeugnis einer gemeinsamen Stammesgeschichte bietet die Embryologie, die Lehre von der Entwicklung des im Ei oder im mütterlichen Organismus befindlichen Keims. Bartenwale gehören zu den Säugetieren. Als Embryonen besitzen sie Anlagen für hintere Gliedmaßen, Zähne, Körperbehaarung und sieben Halswirbel, außerdem einen Riechnerv, Nasenmuscheln und Speicheldrüsen. Alle diese Merkmale sind typisch für Säuger. Beim erwachsenen Wal sind sie entweder verschwunden oder funktionsunfähig. Dies läßt sich zwanglos mit der Anpassung an das Leben im Wasser erklären. Die aufgezählten Bildungen sind zwar für das Landleben wichtig, im Wasser werden sie aber nicht benötigt. Einzig plausible Schlußfolgerung: Die Vorfahren der Wale müssen Landbewohner gewesen sein. Die Embryonen von Fisch, Vogel und Mensch lassen sich der Form nach nur schwer unterscheiden. Sie besitzen neben anderen gemeinsamen Merkmalen alle auch Ohranlagen, Kiemenspalten und einen Schwanz und beweisen somit, daß sie gemeinsame Vorfahren haben.

Rückfälle auf Merkmale eines Ahnen, die innerhalb einer Art auftreten, spielten zu Beginn der Beweissuche für eine gemeinsame Abstammung eine besondere Rolle. Zum Beispiel dreizehige Pferde oder Menschen mit Vollbehaarung des Körpers, mit einer Kiemenspalte am Hals, mit einem kurzen Schwanz, Frauen mit überzähligen Brustwarzen oder Vollbart. Durch Kreuzung verschiedener Rinderrassen gelang es, ein Rind zu züchten, das viele Merkmale des Urs, der ausgerotteten Wildform, aufwies.

Aus der Verhaltensbiologie ist bekannt, daß es auch rudimentäre Verhaltensweisen, also Überbleibsel von Urformen gibt, die zum Teil erst ausgelöst werden, wenn man den Tieren Umweltsituationen bietet, in denen ihre Vorfahren gelebt haben. Raben und Tauben, die Baumbrüter geworden sind, rollen noch ihre Eier ins Nest, wenn man durch ein Stück Pappe eine Ebene um ihr Gelege schafft. Flugunfähige Tiere bewegen ihre Flügel, als wollten sie zum Flug ansetzen. Auch beim Menschen kann man eine Reihe von Verhaltensrudimenten registrieren. Das Sträuben der Haare bei Gefahr oder bei Kälte bewirkt bei Schimpansen eine Vergrößerung des Körpers bzw. eine Vergrößerung des Luftvolumens zwischen den Haaren. Im ersten Fall handelt es sich um Imponiergehabe zur Abschreckung eines Gegners, im zweiten Fall wird die Wirkung der Wärmeisolierung verbessert, was die Auskühlung des Körpers verhindern soll. Auch beim Menschen ist diese Reaktion noch vorhanden – die sogenannte Gänsehaut –, wenn auch die Aufrichtung der inzwischen spärlichen Behaarung in beiden Fällen ihre Wirkung verfehlt.

In den letzten Jahrzehnten sind auf einer ganz anderen Ebene der Biologie, nämlich im Bereich der Molekularbiologie, weitere Erkenntnisse gewonnen und Methoden entwickelt worden, die nicht nur die Verwandtschaft aller Lebewesen an sich belegen, sondern darüber hinaus den Verwandtschaftsgrad verschiedener Arten mit hoher Zuverlässigkeit ermitteln lassen. Ausgangspunkt solcher Untersuchungen ist der stoffliche Überträger der Erbmerkmale, die DNS. Wie bereits erläutert, ist bei allen Lebewesen in der in jedem Zellkern vorhandenen DNS die genetische Information enthalten. Die Ähnlichkeit von DNS-Strängen ist proportional zu dem Verwandtschaftsgrad. Ja, es ist sogar gelungen, einen Zusammenhang zwischen Zeit und Grad der DNS-Abweichung herzustellen. Diese *Evolutionsuhr* ermöglicht die Bestimmung des Zeitpunkts, an dem die Trennung zweier Arten von einem gemeinsamen Vorfahren stattgefunden hat. Eine Methode, die die Lücken im biologischen Stammbaum schließt, die durch fossile Funde bisher nicht abgedeckt werden konnten.

Einleuchtenderweise tickt dieser Zeitmesser nicht immer mit gleicher Geschwindigkeit. Dort, wo die Lebensbedingungen über lange Zeit nahezu konstant bleiben, zum Beispiel in der Tiefsee, verändern sich Tierarten selbst im Laufe von Millionen Jahren nur wenig. Man spricht dann von *lebenden Fossilien*, wenngleich auch an ihnen Spuren der natürlichen Auslese zu finden sind.

Untersuchungen von Blutreaktionen bei verschiedenen Arten geben ebenfalls Auskunft über den Verwandtschaftsgrad. Bei diesen Tests, bei denen ein Vergleich des aus dem Blutserum gewonnenen artspezifischen Eiweißes durchgeführt wird, hat sich zum Beispiel gezeigt, daß Hasen und Kaninchen nicht, wie lange angenommen, zur Gruppe der Nagetiere gehören, daß zwischen Mauerseglern und Kolibris eine nahe Verwandtschaft besteht und daß Wale den Huftieren und nicht den Robben nahestehen.

Schwierig zeigte sich die Beweisführung beim Nachweis der *natürlichen Auslese*. Darwin konnte nicht viel mehr vorweisen als die Analogie zur künstlichen Auslese, wie sie bei der Züchtung von Haustieren vollzogen wird, und es war keinem Züchter jemals gelungen, durch seine Auslese eine neue Art zu erzeugen. Für Darwin war es deshalb wie ein Geschenk des Himmels, als sein Kollege Henry Walter Bates eine Entdeckung veröffentlichte, die später vielfach bestätigt wurde. Bates fand heraus, daß eine Reihe von Tieren von der Wehrhaftigkeit oder Ungenießbarkeit anderer Tiere profitieren, indem sie, ohne selbst wehrhaft oder ungenießbar zu sein, Warnfärbungen oder andere Signale von diesen imitieren und somit mögliche Feinde abschrecken. Diese bei vielen Arten zu findende Schutzanpassung gibt es beispielsweise beim harmlosen Hornissenschwärmer, der das Aussehen von Hornissen angenommen hat, oder bei einigen ungefährlichen Schlangen, die das Äußere von Giftschlangen nachahmen. Es gibt auch Fälle, in denen Beutejäger harmlose Tiere im Verhalten oder Aussehen imitieren, um ihre Opfer zu täuschen. Auch bei Pflanzen wurden Nachahmungen gefunden. Bestimmte Orchideen zeigen typische Merkmale weiblicher Bienen, Hummeln oder Wespen, teilweise produzieren sie sogar deren Sexuallockstoffe, um so die betreffenden Männchen zu veranlassen, die Pollensäcke von einer Blüte zur anderen zu tragen.

Bates kam bei den von ihm beobachteten Ähnlichkeiten zwischen genießbaren und giftigen Schmetterlingen zu dem richtigen Schluß, daß diese Art der Anpassung nur durch natürliche Auslese geschehen sein konnte, und zwar derart, daß die Auslese von den schmetterlingfressenden Tieren vorgenommen wird, indem sie diejenigen Variationen allmählich eliminieren, die ihren ungenießbaren Modellen nicht ähnlich genug sind, um ihre Freßfeinde zu täuschen.

Am Beispiel von Bakterien läßt sich das Zusammenspiel der Evolutionsfaktoren *Mutation* und *Auslese* besonders gut nachvollziehen. Bakterien teilen sich unter optimalen Bedingungen alle 20 Minuten, so daß in 24 Stunden eine riesige Anzahl von

Bakterien entstehen kann. Mutationen treten zwar auch hier nur sehr selten auf, doch bei der zahlreichen Nachkommenschaft ist die Chance für das Auftreten einer Mutation in einem kurzen Zeitraum relativ hoch. Findet sich unter den Hunderttausenden von Bakterien im Körper eines erkrankten Menschen ein einziges, das infolge einer Mutation gegen ein bestimmtes Antibiotikum resistent ist, so kann es den Einsatz dieser medizinischen Waffe überleben und seine Resistenz an die Nachkommen weitergeben. Damit ist das Medikament wirkungslos geworden. Dies ist übrigens kein theoretisches Beispiel, sondern vielmehr ein Vorgang, der den Medizinern Sorgen bereitet, da die Stämme resistenter Bakterien trotz der Vielzahl vorhandener Antibiotika rasant zunehmen.

Schon vor über zehntausend Jahren hat der Mensch damit begonnen, selbst in den Evolutionsprozeß einzugreifen, indem er durch Tier- und Pflanzenzüchtungen, also einer zu seinen Gunsten beeinflußten Auslese, aus Wildformen Haustiere und Nutzpflanzen heranzog. Dabei entfällt die natürliche Auslese zwar nicht völlig, da klimatische und andere natürliche Bedingungen weiter wirken, aber sie wird zumindest teilweise durch künstliche Zuchtwahl ersetzt. Das geläufigste Beispiel ist die Umzüchtung vom Wolf zum Hund.

Kennzeichnend für die *künstliche* Auslese ist unter anderem die große Rassenvielfalt. Vom Haushund gibt es heute etwa 300 Rassen, die sich in Gestalt, Größe, Färbung, Struktur des Fells, Schädelform und in vielen anderen Merkmalen unterscheiden. Diese Formenfülle vom Rehpinscher bis zum Bernhardiner, die kaum glauben läßt, daß alle derselben Art angehören, ist nur möglich, weil die Auslesekriterien nicht vom Überlebenserfolg in der freien Natur bestimmt werden, sondern von menschlichen Empfindungen. Nur die wenigsten dieser Rassen wären in der Lage, auf sich allein gestellt zu bestehen, so wie die Dingos in Australien, den Abkömmlingen verwilderter Haushunde. Was für einen Vorteil hätte ein Hund mit Schlappohren in freier Wildbahn, dort, wo es darauf ankommt, auch mit den Ohren Beute ausfindig zu machen? Hunde mit Schlappohren gibt es, weil wir sie als *niedlich* empfinden, und sie überleben, weil sie ihr Futter vorgesetzt bekommen, auch ohne besonders gut hören zu können, und weil ihre entzündeten Ohren vom Tierarzt gepflegt werden.

Zufall bedeutet nicht Unordnung oder Chaos

Angesichts der vielfältigen Formen irdischen Lebens und der augenscheinlichen Konstanz dieser so unterschiedlich erscheinenden Lebewesen liegt die Vermutung der Bibelautoren, daß ein einmaliger Schöpfungsakt der Ausgangspunkt dafür war, durchaus nahe. Doch der Schein trügt. Genauso wie uns die tägliche Wahrnehmung einer am Himmel von Ost nach West ziehenden Sonne suggeriert, die Erde würde von der Sonne umrundet. Erst die jahrhundertelange intensive Beschäftigung mit dem Lebendigen hat zu der Erkenntnis geführt, daß alle Lebewesen so überwältigende Gemeinsamkeiten besitzen, daß sie einen Schluß zulassen: Es muß ein *Urlebewesen* gegeben haben.

Selbst die Spuren des Urmeeres sind im Menschen noch zu finden. Bis auf den heutigen Tag entspricht die Zusammensetzung der außerzellulären Flüssigkeit unseres Körpers bis in Einzelheiten der Zusammensetzung des Meerwassers. Das bedeutet nichts anderes, als daß die Natur seinerzeit das Meerwasser in das Körperinnere der sich entwickelnden vielzelligen Organismen mitgenommen hat.

Es gibt in den verschiedensten Bereichen der Biologie Tausende von Indizien, die sich allesamt in das Bild eines Evolutionsprozesses einfügen lassen, aber es gibt kein einziges wissenschaftlich gesichertes Argument, welches die Evolution in Frage stellt. Widerstände sind naturgemäß auch heute noch da, und zwar überwiegend aus religiösen Motiven; Ansichten, die auf den aus heutiger Sicht naiven Vorstellungen biblischer Überlieferungen beruhen.

Besonders die in den USA traditionell noch weit verbreitete religiöse Einfalt beschert die abenteuerlichsten Argumente gegen eine biologische Evolution. So besteht man zum Beispiel weiterhin darauf, die Erde habe ein Alter von maximal 6000 Jahren, wie es aus dem Bibeltext abzuleiten ist. Es wird argumentiert: Da die Datierungsmethoden der Geologen auf der nicht beweisbaren Annahme beruhen, die Naturgesetze, die heute wirksam sind, seien auch schon vor unserer Zeit wirksam gewesen, ist gleichfalls die nur in viel längeren Zeiträumen mögliche Evolution nicht beweisbar.

Die Theorie Darwins lehnt jede Zielrichtung beim evolutionären Wandel ab, was für viele zu der Schlußfolgerung führt, der Zufall sei dann der allein bestimmende Faktor. Bis heute weisen Philosophen und manche Wissenschaftler die natürliche Auslese mit dem Argument zurück, es sei undenkbar, daß die wundervolle Harmonie der Lebewesen nur durch den Zufall bedingt sein könne. »Wie können sich Ameisen, Störche, Löwen, Wale und der Mensch durch Zufall entwickeln?« ist die Standardfrage, die einem heute noch entgegengehalten wird. Dabei wird übersehen, daß hier keineswegs der Zufall die beherrschende Rolle spielt. Es handelt sich vielmehr um einen Vorgang, der in zwei Schritten abläuft. Beim ersten Schritt, nämlich der Erzeugung genetischer Abweichungen, ist tatsächlich der Zufall der wesentliche Faktor. Dagegen ist der zweite Schritt, nämlich die Auslese, bei dem die Entscheidung getroffen wird, welche der angebotenen Varianten überleben, alles andere als ein zufälliger Prozeß. Denn hier findet in der Tat eine echte Entscheidung statt. Wie in einem sportlichen Wettkampf gibt es Sieger und Verlierer. Die Höhe der Meßlatte wird von der Umwelt bestimmt, und die Sieger bekommen keine Medaillen oder Pokale, sondern die Beute, den Sexualpartner, den Brutplatz, die schützende Höhle oder anderes, was für das Überleben und damit für die Weitergabe der Erbmerkmale an die nächste Generation notwendig ist. Daß die Meßlatte mal niedriger und mal höher liegt und es deshalb mal viele und mal wenige oder auch mal keine Sieger gibt, ist ein besonderes Kennzeichen des Evolutionsprozesses.

Das Wort *Zufall* weckt in uns üblicherweise negative Vorstellungen wie Unordnung oder Chaos. Diese wahrscheinlich ebenfalls aus der christlichen Tradition stammende Voreingenommenheit gegenüber allem, was scheinbar nicht in von Gott vorgegebenen Bahnen verläuft, ist völlig unbegründet. Warum sollte der Zufall nicht von Gott gewollt sein? Abgesehen davon müssen zufällige Prozesse keineswegs zu unvorhersagbarer Unordnung führen. Werfen Sie tausendmal eine Münze in die Luft, so bleibt es bei jedem Wurf dem Zufall überlassen, ob beim Auftreffen auf dem Boden die Vorder- oder die Rückseite der Münze oben liegt. Dennoch steht schon vor dem ersten Wurf fest, daß beide Seiten jeweils etwa fünfhundertmal oben sein werden. Der Zufall ist sowohl in der Mathematik als auch in der Physik eine handhabbare Größe.

Man kann den Beweis dafür, daß eine Evolution stattgefunden hat, auch in verblüffend einfacher Weise herleiten, wie es der amerikanische Biologe Dan Hartline getan hat: »Erstens hat jedes Individuum ein oder zwei Elternteile, und das war, soweit wir wissen, schon immer so. Dadurch sind wir durch eine ununterbrochene Kette mit der Vergangenheit verbunden. Zweitens gilt für jede Art, daß es eine Zeit gegeben hat, zu der sie noch nicht existierte. Aus diesen beiden Tatsachen zusammen ergibt sich, daß eine Evolution stattgefunden hat, in der aus Vorfahren, die einer anderen Art angehörten, durch Modifikationen die heutige Art entstanden ist.«[21]

Was wir nicht sehen können, sind die vielen Fehlschläge, die den Weg der Evolution säumen. Die unzähligen durch Mutationen angebotenen Vorschläge, die nicht lebensfähig waren oder von der natürlichen Auslese als ungeeignet aussortiert wurden.

Es gibt ein anschauliches Beispiel, das deutlich macht, wie begrenzt der Blickwinkel ist, wenn man nur einen Teil des Ganzen kennt. Angenommen, Sie verschicken 10 000 Postkarten an Menschen, die sich an Pferdewetten beteiligen, und sagen ihnen voraus, daß »Sommerwind« das Aprilrennen gewinnen wird. Genauso verfahren Sie mit den übrigen neun Pferden, die am Rennen teilnehmen, nur sind es jeweils andere Wetter, denen Sie eine Karte schicken. Gleichgültig, welches Pferd gewinnt, sind nach dem Rennen von den insgesamt 10 000 Wettern 1000 davon überzeugt, daß Sie den Ausgang des Rennens richtig vorhergesagt haben. Diese 1000 erhalten von Ihnen erneut eine Vorhersage für das Mairennen, und zwar jeweils 100 mit dem Namen eines der zehn Pferde. Nach diesem Rennen gibt es 100 Menschen, denen Sie bereits zweimal den Ausgang des Rennens vorausgesagt haben. Wiederholen Sie dieses Verfahren ein drittes Mal, so sind nach dem Junirennen zehn Wetter – da keiner etwas von den übrigen 9 990 Postkarten weiß – fest davon überzeugt, daß Sie hellseherische Fähigkeiten besitzen, denn diese Erfolge, so werden sie mit Recht sagen, können keine *Zufalls*treffer sein.

In der Regel ist auch die auf einem Mißverständnis beruhende Interpretation des Wortes *Evolutionstheorie* Ausgangspunkt von Angriffen. Theorie und Tatsache sind zwei verschiedene Dinge, aber keine Abstufung bezüglich des Wahrheitsgrades. Wenn ein Kriminalbeamter am Tatort eines Verbrechens erscheint, registriert er zunächst die Tatsache, daß eine Leiche mit einem Messer im Rücken auf dem Teppich liegt. Er wird dann an Hand von Indizien eine Theorie über den Hergang des Geschehens entwickeln. Selbst wenn diese Theorie im Laufe der Ermittlungen den neuesten Erkenntnissen angepaßt wird, bleibt die Tatsache, nämlich der Tod eines Menschen, unabhängig vom Stand der Erkenntnisse, bestehen.

Darwin selbst hat mehrfach den Unterschied zwischen seinen beiden großen und getrennt zu betrachtenden Errungenschaften betont. Er schrieb: »Ich hatte zwei bestimmte Ziele im Auge; erstens wollte ich zeigen, daß die Arten nicht getrennt geschaffen worden sind, und zweitens, daß die natürliche Auslese der Hauptträger der Veränderungen gewesen ist ... Sollte ich daher mich getäuscht haben ... indem ich ihre [der natürlichen Auslese] Macht zu hoch einschätzte, ... habe ich zumindest, so hoffe ich, gute Dienste geleistet, indem ich geholfen habe, das Dogma der getrennten Schöpfung zu stürzen.«[22]

Damit hat Darwin darauf hinweisen wollen, daß die Evolution als Tatsache unbestreitbar ist, bezüglich der natürlichen Auslese jedoch noch gewisse Ermittlungsspielräume bestehen. Und tatsächlich gibt es bis heute Diskussionen darüber, inwieweit bei der Veränderung des Lebendigen noch andere Einflüsse als die natürliche Auslese eine Rolle spielen, ohne daß jedoch an ihrer überragenden Bedeutung gezweifelt wird.

Nachdem es um die Jahrhundertwende durch unterschiedliche Betrachtungsweisen von Naturforschern und Experimentalbiologen zu teilweise heftigen Kontroversen kam, zum Beispiel über die Frage, ob sich die Evolution allmählich oder sprunghaft vollzieht, setzte nach 1936 eine Angleichung der Standpunkte ein, die in dem mit *Synthetische Theorie der Evolution* bezeichneten Konsens der beteiligten Zweige der Biologie, wie Evolutionsbiologie, Evolutionsökologie, Evolutionsethologie oder Molekularevolution, endete. Dieser von allen Biologen akzeptierte Stand ist gleichzeitig eine Bestätigung der Aussagen Darwins.

Hemmschuhe des Fortschritts

Der Darwinismus hatte auch immer eine politische Dimension, viele mißbrauchten ihn. Schon in der viktorianischen Epoche übertrug man die vermeintliche Hierarchie der Lebewesen auf die im kapitalistischen England jener Tage so deutlich hervortretenden menschlichen Klassen, um die eigenen ausbeuterischen Ziele zu rechtfertigen, und nicht anders verfuhren die Nazistrategen, um ihren Rassismus zu begründen. Andere, in der politischen Szene als konservativ bezeichnete Kräfte bekämpften ihn.

»Wenn sich der Mensch nach und nach aus den Affen entwickelt hat, ab wann hatte er dann eine Seele?« Das war die Frage, die die strenggläubigen Christen nach Darwins Veröffentlichung seiner Lehre besonders beschäftigte. Überhaupt war die Verwandtschaft zwischen Affen und Menschen offenbar eine besonders schwer zu schluckende Pille.

1925 fand in dem kleinen, unauffälligen, heute noch fundamentalistisch konservativen Städtchen Dayton im Staate Tennessee der erste große landesweit übertragene Gerichtsprozeß der Vereinigten Staaten von Amerika statt. John Thomas Scopes, Sport- und Physiklehrer, hatte in Vertretung des erkrankten regulären Biologielehrers das Lesen eines Textes über die menschliche Evolution als Hausaufgabe aufgegeben und damit augenfällig gegen ein Gesetz verstoßen, das einige Monate zuvor vom Gouverneur unterzeichnet worden war.

Initiator dieses Gesetzes war William Jennings Bryan, ein bekannter Politiker, der als Kandidat der Demokraten fast Präsident der USA geworden wäre. »Ich will nicht, daß meine Tochter oder die eines anderen gezwungen wird, ein Buch zu lesen, in dem Menschen und Affen auf der gleichen Seite abgebildet sind.« Mit solchen Worten begründete er die Vorlage des Gesetzes, das besagte, »daß es für alle Lehrer in allen Universitäten, Lehrerseminaren und allen anderen öffentlichen Schulen des Staates – die völlig oder teilweise von öffentlichen Geldern des Staates unterstützt werden – gegen das Gesetz ist, irgendeine Theorie zu lehren, die die Geschichte der Göttlichen Erschaffung des Menschen, so wie sie in der Bibel gelehrt wird, leugnet, und statt dessen zu lehren, daß der Mensch von einer niedrigeren Gattung von Tieren abstammt.«[23]

Wenn Bryan auch von dem Verteidiger Clarence Darrow und dessen Kollegen, dem Iren Dudley Field Malone, ziemlich niedergemacht wurde, so entschied sich Richter Raulston dennoch gegen Scopes und legte ein Bußgeld von 100 Dollar gegen ihn fest. Das Urteil wurde schließlich wegen eines Verfahrensfehlers kassiert.

Es ist unglaublich, aber leider wahr: Noch 1980, elf Jahre nachdem die Amerikaner Neil Armstrong und Edwin E. Aldrin den Mond betreten hatten, setzte sich der Präsident der führenden Weltmacht USA, Ronald Reagan, dafür ein, in den Schulen gleichwertig zur Evolutionstheorie die biblische Darstellung der Schöpfung zu lehren. Er rechtfertigte dies mit den Worten: »Nun, sie ist eine Theorie. Sie ist eine wissenschaftliche Theorie, und sie ist während der letzten Jahre in der Welt der Wissenschaft angegriffen worden – das heißt, man glaubte in wissenschaftlichen Kreisen nicht mehr so stark an ihre Unfehlbarkeit, wie das einst der Fall war.«[24]

Selbst wenn hier wahltaktische Überlegungen eine Rolle gespielt haben, entspricht das intellektuelle Niveau dieser Äußerung dem Jahrhunderte währenden Kampf gegen die Erkenntnis, daß sich die Erde um die Sonne bewegt und nicht umgekehrt.

Dagegen klingt die jüngste Meldung aus dem Vatikan geradezu revolutionär. In einer Botschaft an die Mitglieder der Päpstlichen Akademie der Wissenschaft hat sich Papst Johannes Paul II. zu der Bemerkung hinreißen lassen: »Neue Erkenntnisse führen zu der Feststellung, daß die Evolutionstheorie mehr als eine Hypothese ist.« Eine Feststellung, die allerdings schon in der 1950 von dem damals amtierenden Papst Pius XII. verfaßten Enzyklika »Humani Generis« nachzulesen ist.

Ein anderer nicht zu unterschätzender Hemmschuh im Fortschritt der Erkenntnisse und eine Quelle häufiger Irrungen ist der oft sehr eingeschränkte Blickwinkel, unter dem Wissenschaftler ihre Schlüsse ziehen. Fast ausnahmslos halten sie es für nicht erforderlich, sich darüber auf dem laufenden zu halten, was in anderen Bereichen geschieht, und es ist bezeichnend, daß die wirklichen Meilensteine auf dem Weg der Wissenszunahme von denen gesetzt wurden, deren Interesse sich auf mehrere Gebiete der Wissenschaft erstreckte.

Daß auch in der Wissenschaft menschliche Schwächen eine Rolle spielen, zeigt nicht nur die Ignoranz vieler Wissenschaftler gegenüber den Forschungsergebnissen anderer, sondern auch die weitverbreitete Rechthaberei. Um den eigenen Thesen zum Durchbruch zu verhelfen, schreckt manch einer auch nicht davor zurück, Untersuchungsergebnisse zu fälschen. Spektakuläres Beispiel dafür ist ein Schwindel, der eine ganze Generation von Anthropologen narrte.

1915 hatte jemand, wie man erst Jahre später herausfand, künstlich gealterte Schädelknochen eines heutigen Menschen, verbunden mit einem manipulierten Kiefer eines Orang-Utan, in einer Kiesgrube nahe dem englischen Ort Piltdown so versteckt, daß sie gefunden werden mußten. Einige Jahre zuvor waren dort schon ähnliche Fragmente aufgetaucht. Kein Geringerer als der später durch seine philosophischen Abhandlungen über die kosmische Geschichte und die Aussöhnung der Wissenschaft mit der Religion zu großer Berühmtheit gelangte Teilhard de Chardin soll in die Manipulation verwickelt gewesen sein.

Die Ignoranz gegenüber anderen Meinungen und Ansichten ist naturgemäß keine Eigenart, die sich auf bestimmte Berufsgruppen beschränkt, sie ist eine uns allen anhaftende Eigenschaft. Bei dem einen tritt sie mehr, bei dem anderen weniger zutage.

Sie wissen, wie schwierig es ist, jemanden von seiner festen Meinung abzubringen. Jeder ist daran interessiert, seinen Standpunkt durchzusetzen, um die Anerkennung der anderen zu erlangen und seinen Platz im sozialen Umfeld zu behaupten oder zu verbessern.

6. »Es werde Licht, und es ward Licht«

Einsteins Entdeckung: Das Weltall ist endlich, doch grenzenlos, und es fliegt auseinander

Wenn den gelangweilten Fernsehzuschauer die Müdigkeit übermannt und er erst wieder erwacht, wenn das Programm zu Ende ist, befällt ihn vielleicht das unbegründete Gefühl, etwas verpaßt zu haben. Dabei ist das, was er nun nach dem Erwachen sieht, sehr viel bedeutsamer als alles, was er zuvor hätte sehen können: Ein Teil dieses auf dem Bildschirm wie Schneetreiben sichtbaren Rauschens ist das Echo vom Anfang unseres Universums!

Von der Antike bis ins späte Mittelalter hielt man die Welt ganz selbstverständlich für begrenzt, umgeben vom unendlichen Himmel, der Wohnstätte Gottes; bis Giordano Bruno 1584 behauptete, das Universum sei unendlich groß und Erde und Sonne seien keineswegs dessen Mittelpunkt. Diese einem großen Geist entsprungenen Erkenntnisse waren für die damalige Zeit schier ungeheuerlich. Ohne die Leistung des standhaften Märtyrers der Wissenschaft schmälern zu wollen, steht seit Einstein allerdings definitiv fest, daß er, was die unendliche Größe des Weltalls betrifft, unrecht hatte. Auch Kant lag falsch, als er etwa zweihundert Jahre nach Giordano Bruno den Schluß zog, die Welt müsse, da sie eine Schöpfung Gottes ist, ebenso unendlich sein wie der Schöpfer selbst. Raum und Zeit waren ein Thema, mit dem sich alle großen Astronomen, Philosophen und Physiker intensiv beschäftigt haben.

Begründete Zweifel an der Unendlichkeit des Alls waren schon vor Einstein aufgekommen. Wilhelm Olbers, ein zu Anfang des vorigen Jahrhunderts mit großem Erfolg in Bremen praktizierender Arzt und ebenso erfolgreicher Astronom aus Leidenschaft, stieß bei seinen Überlegungen eines Tages auf einen Widerspruch, den vor ihm anscheinend niemand bemerkt hatte. Warum, so fragte er sich, wird es nachts dunkel? Wenn dieses unendlich große Weltall überall mit Sternen erfüllt ist, dann müßte der ganze Himmel eigentlich auch nach Sonnenuntergang noch genau so hell leuchten wie die Sonne. Seine durch Berechnungen untermauerte Beweisführung war nicht zu widerlegen, und dennoch trat jeden Abend das ein, was nach seiner Ansicht nicht hätte eintreten dürfen: Es wurde dunkel. Alle Bemühungen, Theorie und Wahrnehmung in Einklang zu bringen, blieben ohne Erfolg.

Ein anderes Rätsel offenbarte 1881 der amerikanische Physiker Albert Michelson in Chicago. Michelson hatte ein optisches Instrument konstruiert, mit dem er durch eine ausgeklügelte Anordnung von Spiegeln zum einen die Geschwindigkeit des Sonnenlichtes und zum anderen Lichtgeschwindigkeit plus Bahngeschwindigkeit der Erde messen wollte. Jede unserer Erfahrung entsprechende Logik mußte für den ersten Fall die für das Licht bekannte Geschwindigkeit von 300 000 Kilometern pro Sekunde und für den zweiten Fall die Summe aus dieser und der ebenfalls bekannten Erdgeschwindigkeit von 30 Kilometern pro Sekunde, also 300 030 Kilometer pro Sekunde, voraussagen. Doch es kam anders. So oft der Versuch auch wiederholt wurde, das Ergebnis war in beiden Fällen immer gleich, und zwar 300 000 Kilometer pro Sekunde.

Jeder weiß, daß man sich zum Beispiel auf einer Rolltreppe mit einer Geschwindigkeit fortbewegt, die sich aus der Geschwindigkeit der Rolltreppe und der Geschwindigkeit, mit der man sich selbst vorwärtsbewegt, zusammensetzt. Unsere Erfahrung lehrt uns, daß sich Geschwindigkeiten addieren. Das ist keine subjektive Empfindung, sondern meßbar, objektiv richtig. Warum also zeigte das von Michelson so raffiniert konstruierte Meßgerät nicht die Summe der Geschwindigkeiten von Licht und Erde an, sondern stets nur allein die Lichtgeschwindigkeit? Eine Frage, die den Wissenschaftlern großes Kopfzerbrechen bereitete.

Erst der Physiker Albert Einstein, 1879 in Ulm geboren und 1955 in Princetown, USA, gestorben, der bedeutendste und bekannteste Wissenschaftler der letzten hundert Jahre, tat den richtigen, den historischen Schritt. Er akzeptierte das Meßergebnis, so wie es war, und ging bei seinen Überlegungen, die zu der von ihm 1905 vorgelegten »Speziellen Relativitätstheorie« führten, davon aus, daß es eine universale Maximalgeschwindigkeit gibt, die der des Lichtes entspricht. Dies war eine Annahme, die völlig unsinnig schien, weil sie für uns unvorstellbar ist. Doch es war erst der Beginn von einer Reihe weiterer unvorstellbarer Dinge, die Einstein nun mit seinen mathematischen Formeln ans Tageslicht förderte, so abwegig, daß er manchmal selbst an der Richtigkeit seiner Berechnungen zweifelte. Von 1914 bis 1916 entwickelte Einstein die als »Allgemeine Relativitätstheorie« bezeichnete theoretische Basis für ein neues physikalisches Weltbild. Seine Schlußfolgerungen zeigten, daß Raum und Zeit voneinander abhängig sind, das Universum also eine vierte Dimension besitzt, daß die Zeit bei Geschwindigkeiten, die der des Lichtes nahekommen, langsamer abläuft, daß Materie eine bestimmte Zustandsform von Energie ist, und er überraschte uns mit der sensationellen, doch unseren Geisteshorizont ebenso überschreitenden Erkenntnis, daß das Universum ein endlicher, in sich gekrümmter, also grenzenloser Raum ist.

Unsere aussichtslosen Bemühungen, uns einen gekrümmten Raum zu veranschaulichen, lassen sich an folgendem Beispiel deutlich machen. Nehmen wir an, es gäbe Wesen, die wie wir auf einer Kugel lebten, aber nur zwei Dimensionen, also Länge und Breite, kennen. Wegen ihrer Unfähigkeit, räumliche Gebilde wahrzunehmen oder auch nur sich darunter etwas vorzustellen, wären sie davon überzeugt, ihre Welt bestünde aus einer großen Fläche. Nehmen wir weiterhin an, diese Wesen stellten sich eines Tages die Frage »Ist die Fläche, auf der wir uns befinden, begrenzt oder unendlich groß?«, und ein besonders intelligentes Exemplar dieser Wesen hätte mit Hilfe der Mathematik herausgefunden, daß ihre Welt eine in sich gekrümmte Fläche ist, ohne Ende und trotzdem nicht unendlich, dann wäre ihre Frage zwar exakt beantwortet, aber keiner hätte auch nur die leiseste Ahnung, was eine Kugel ist. Nicht anders geht es uns mit der Offenbarung Einsteins.

Die grandiose Leistung dieses genialen Physikers wird in einer weiteren phantastischen Erkenntnis, die er aus der Betrachtung seiner Formeln schöpfte, in besonderer Weise offenkundig. Die mathematischen Symbole, die er zu Papier gebracht hatte, sagten ihm, daß dieses endliche, gekrümmte Universum nicht stabil sein konnte, sondern dabei war, entweder zusammenzubrechen oder nach allen Seiten auseinanderzufliegen. Selbst irritiert über dieses Resultat, fügte er eine zusätzliche Korrekturzahl in seine komplizierten Gleichungen ein, die ihm die Beständigkeit der Welt, an die er glaubte, wiederherstellte.

Etwa zehn Jahre später entdeckte der Astrophysiker Edwin Powell Hubble, Chef des Observatoriums auf dem Mount Wilson in Kalifornien, mit dem größten Spiegelteleskop jener Zeit, daß das von allen weit außerhalb unserer Milchstraße gelegenen Sternenansammlungen kommende Licht eine *Rotverschiebung* aufweist. Was bedeutet das? Wie uns jeder Regenbogen demonstriert, läßt sich das für uns als *weiß* erscheinende Licht in Farben, das heißt in unterschiedliche Wellenlängen, zerlegen. Unsere Augen können einen Wellenbereich wahrnehmen, der von Violett bis Rot reicht und dessen Summe uns unser Lichtorgan als weiß, als neutralen Ausgangspunkt unseres Farbempfindens präsentiert. Das von den Sternen ausgehende Licht zeigt, wenn man es in sein Farbspektrum zerlegt, so wie Regentropfen das Sonnenlicht zu einem Regenbogen werden lassen, dunkle Linien. Diese Linien werden von chemischen Elementen verursacht, die sich in der den jeweiligen Stern umgebenden Atmosphäre befinden, und zwar hinterläßt jedes Element seine Spur an einer bestimmten Stelle des Lichtspektrums. (Aufgrund dieser Tatsache konnte man übrigens feststellen, daß auf der Sonne dieselben Elemente vorkommen wie auf der Erde, zum Beispiel Natrium, Eisen, Magnesium, Kalzium und Chrom, wenn auch in ganz anderen Mengenverhältnissen.) Bewegt sich ein Stern mit großer Geschwindigkeit von uns weg, so werden die Lichtwellen auseinandergezogen, die Wellen werden länger, und es findet eine Verschiebung der dunklen Linien in Richtung der langwelligen Strahlung, also ins Rote statt. Würde sich die Lichtquelle auf uns zu bewegen, gäbe es eine Verschiebung zum kurzwelligen Bereich, also ins Blaue.

Hubbles Untersuchungen erbrachten somit die sensationelle Nachricht, daß das Weltall expandiert, auseinanderfliegt, und Einstein konnte den Korrekturfaktor in seinen Berechnungen wieder streichen. Faszinierend, daß sich diese Informationen aus den Formeln Einsteins schon ablesen ließen, als es noch nicht den geringsten Hinweis darauf gab. Seine Formeln hatten die Wahrheit gesagt: *Das Weltall ist nicht nur endlich, es besteht auch nicht ewig*, und sie weckten gleichzeitig den Gedanken, daß die Welt einen Anfang gehabt haben muß.

Der Urknall oder die Geburt des Universums

Als man nun an Hand der Entfernungen und Geschwindigkeiten der Himmelskörper zu rechnen begann, zeigte sich sofort, daß es tatsächlich einen Anfang gegeben haben muß, einen *Urknall*, ein gewaltiges Ereignis von unvorstellbarem Ausmaß, dessen Fortsetzung wir heute noch miterleben. Doch so richtig überzeugt waren die meisten Wissenschaftler noch nicht, trotz der Einsteinschen Formeln und der Rotverschiebung. Es fehlte ein handfester Beweis dafür, daß der Urknall, die Geburt unseres Universums, tatsächlich, wie es die Berechnungen aussagten, vor rund 15 Milliarden Jahren stattgefunden hat (vielleicht war es auch einige Milliarden Jahre früher oder später).

Einer der Astrophysiker, die nach einem solchen Beweis forschten, war Robert H. Dicke an der Princeton-Universität in New Jersey. Er versuchte die Bedingungen zu berechnen, die in den ersten Sekunden nach dem Ereignis geherrscht haben mußten, um daraus eventuelle Spuren, die möglicherweise noch heute vorhanden sind, abzuleiten. Und tatsächlich errechnete ein junger Kollege von Dicke namens Peebles, daß von dem Explosionsblitz des Urknalls heute noch eine Wärmestrahlung von einigen Grad Celsius übrig sein müßte. Vor ihnen hatte bereits der amerikanische Physiker russischer Herkunft George Gamov eine Hypothese von der Existenz dieser Reststrahlung aufgestellt.

Man war so überzeugt davon, daß man damit begann, mit speziellen Antennen nach dieser vorausgesagten Strahlung zu forschen. Nach mehreren Jahren scheinbar aussichtsloser Suche hörte Dicke durch einen Zufall von einem Problem, mit dem sich ein Team der Elektrofirma Bell Telephon in New Jersey herumschlug.

Das Forschungslabor dieser Firma besaß eine Antenne, um die von Ballonsatelliten reflektierten Funksignale aufzunehmen. Die beiden Astronomen Arno A. Penzias und Robert W. Wilson wollten im Jahr 1965 mit dieser Antenne die Intensität von elektromagnetischen Wellen aus dem Weltall messen. Was die beiden bei ihren Versuchen fast zur Verzweiflung brachte, war ein Störungssignal in ihrem Empfänger, dessen Ursache sich trotz aller Bemühungen nicht aufspüren ließ. Die Vermutung Dickes erwies sich als zutreffend: Penzias und Wilson hatten die Reststrahlung des Urknalls entdeckt, ein Mikrowellenrauschen, welches einer Temperatur von etwa drei Grad entspricht.

Die heutigen Erkenntnisse in der Astrophysik, Kernphysik und Kosmochemie bestätigen nicht nur die hohe Wahrscheinlichkeit eines gemeinsamen Ursprungs aller im Universum vorhandenen Materie, sondern ermöglichen die Berechnung der Ausgangsbedingungen zurück bis auf einige winzige Sekundenbruchteile nach dem Nullpunkt des gigantischen Ereignisses.

Zwar waren zum absoluten Nullpunkt die Bedingungen an Druck, Temperatur, Dichte und Energie so extrem, daß wir sie mit den heute bekannten physikalischen Gesetzen nicht beschreiben können, doch die Expansion und die damit einhergehende Abkühlung verlief so rasant, daß man schon über den Verlauf innerhalb der ersten Sekunde Vorstellungen entwickeln kann. Bereits nach Ablauf dieser Sekunde sind alle Teilchen, aus denen sich später die Atome zusammensetzen, vorhanden. Nach nur drei Minuten ist die Temperatur von anfangs etwa 10^{32} Grad (eine 1 mit 32 Nullen) auf 10^9 Grad abgefallen, die ersten Atomkerne bilden sich. Nach knapp 35 Minuten herrscht *nur* noch eine Temperatur, die mit 300 Millionen Grad etwa 20mal heißer war als heute das Zentrum der Sonne.

Welche Bezeichnung man für diesen Beginn von Zeit und Raum auch wählt, sie wird in keinem Fall auch nur annähernd dem Gigantismus des Vorgangs gerecht. Auch der üblicherweise verwendete Begriff *Urknall* zeigt eher, daß die Sprache logischerweise ein Produkt unserer Erfahrungswelt ist, als daß er eine Vorstellung von dem vermittelt, was sich da abgespielt hat. Es gab mit Sicherheit keinen Knall, den Ohren, wenn es sie gegeben hätte, hätten hören können, denn es gab nichts drum herum, was Schallwellen hätte weiterleiten können. Es war eher das *Große Licht*, das sich in absoluter Stille entfaltete. Doch falls Ihnen nun der biblische Text »Es werde Licht, und es ward Licht« einfallen sollte, so versichere ich Ihnen, daß der oder die Verfasser der Schöpfungsgeschichte beim Niederschreiben dieser Worte etwas anderes im Sinn hatten als das, was hier beschrieben wird.

300 000 Jahre nach dem Urknall beginnt eine weitere entscheidende Phase. Das Universum ist auf 6000 Grad abgekühlt, das entspricht der heutigen Oberflächentemperatur unserer Sonne. Die bis dahin freien Elektronen werden von den Atomkernen eingefangen, es bilden sich die ersten Atome: Wasserstoffatome.

Nach einer Milliarde Jahren kommt es zu Anhäufungen von Materie, es entstehen Sterne, in denen sich die Dichte durch Anziehungskräfte ständig erhöht. Ab einer bestimmten Massenkonzentration verschmelzen Atomkerne, dabei wird Energie frei, und der Stern fängt an zu strahlen wie unsere Sonne. Neigt sich der atomare Brennstoffvorrat dem Ende zu, beginnt der Stern aufgrund physikalischer Prozesse bei gleichzeitiger Abkühlung zu wachsen. Er verwandelt sich schließlich in das, was die Astronomen einen *roten Riesen* nennen. Auch unserer Sonne steht dieses Schicksal bevor. Die Berechnungen sagen voraus, daß sie in etwa fünf Milliarden Jahren auf das 250fache ihres jetzigen Durchmessers anschwellen und dabei die Planeten Merkur, Venus und wahrscheinlich auch unsere Erde *verschlucken* wird. Die in der Sonne vorhandene Materie wird dann nur noch eine Dichte besitzen, die einem Zehntel der Luftdichte unserer Atmosphäre entspricht. Dann wird sich der vormals rote Riese in einem gigantischen Schrumpfungsvorgang immer weiter zusammenziehen, bis er schließlich etwa ein Hundertstel des jetzigen Sonnendurchmessers erreicht, und in diesem Zustand, zunächst weißglühend, später erkaltend, wird die Sonne ihre Geschichte unwiderruflich beenden.

Das Schicksal von Sternen, dic eine größere Masse als unsere Sonne haben, ist in diesem Stadium noch nicht zu Ende, ihr Dasein endet dramatischer. Anziehungskräfte und ansteigende Temperaturen führen bei diesen Sternen eine letzte Phase ein, die in einer gewaltigen Explosion endet. Es ist die Geburt aller schwereren Elemente. Jedes Kohlenstoffatom in unserem Körper und jedes Sauerstoffatom, das wir einatmen, stammt aus einer solchen *Supernova*.

Oder wie es jemand dramatischer ausgedrückt hat: »Sterne mußten sterben, damit wir leben können.«

Dies ist nicht nur Theorie. Solche Sternexplosionen sind im Verlauf der astronomischen Geschichte mehrmals beobachtet worden. Derartige Ereignisse finden auch in unserer Milchstraße statt, das letzte wurde von Johannes Kepler im Jahr 1604 beschrieben. Der Stern von Bethlehem war möglicherweise die Supernova, die im Jahre 6 vor Christus von chinesischen Astronomen beobachtet wurde.

Manche Himmelsforscher halten ein anderes astronomisches Ereignis für das Phänomen, dem nach den Worten des Evangelisten Matthäus die Weisen aus dem Morgenland folgten. Alle 300 Jahre stehen die Planeten Erde, Jupiter und Saturn in einer solchen Konstellation, daß es wegen ihrer unterschiedlichen Bahngeschwindigkeit von der Erde so aussieht, als nähere sich Jupiter Saturn, ziehe an ihm vorbei und bewege sich dann in einer scheinbaren Rückwärtsbewegung wieder an dem Nachbarplaneten vorbei. Diese im Jahr 6 vor unserer Zeitrechnung beobachtbare Erscheinung muß für die Sternenkundler im damals hochzivilisiertem Mesopotamien, der nahöstlichen Großlandschaft zwischen den Flüssen Euphrat und Tigris, von außerordentlicher Bedeutung gewesen sein.

Bei der Berechnung der Jahre, die seit der Geburt Christi verstrichen waren, hat dann ein Mönch im Mittelalter einen Fehler gemacht, so daß die Jahreszählung sechs Jahre zu spät beginnt.

Etwa 15 Milliarden Jahre nach dem Urknall, dem Beginn von Zeit und Raum, entdecken Lebewesen auf einem kugelförmigen Himmelskörper, der sich um einen Stern bewegt, eine Restwärme im Universum von drei Grad über dem absoluten Nullpunkt von minus 273 Grad Celsius, und sie beginnen, den Werdegang dieses Universums zu rekonstruieren. Ein Universum, das inzwischen aus vielen Milliarden zumeist scheibenförmigen Sternenansammlungen, sogenannten Milchstraßensystemen (griechisch: Galaxien), besteht, die sich wiederum aus Milliarden Sternen und anderer kosmischer Körper zusammensetzen. Das Ganze verteilt auf einen vierdimensionalen Raum, dessen Gestalt und Ausmaß jenseits jeglichen Vorstellungsvermögens dieser Wesen liegt.

100 Milliarden Sterne und 50 Milliarden Planeten in nur einer von Milliarden Milchstraßen

Die Dimensionen des Universums sind für uns unbegreiflich, sie entziehen sich jeglicher Vorstellungskraft. Die Sternexplosion in der Magellanischen Wolke, die 1987 beobachtet wurde, fand vor 160 000 Jahren statt, aber erst jetzt erhalten wir Informationen darüber. Mit empfindlichen Teleskopen ist es möglich, eine Sternenansammlung wahrzunehmen, der die Astronomen den Namen *Andromedanebel* gegeben haben. Das Licht, das in einer Sekunde eine Strecke zurücklegt, die länger ist als der siebenfache Erdumfang, benötigt von dort bis zu uns 2,3 Millionen Jahre. Je weiter die Sterne von uns entfernt sind, um so älter sind die Informationen, die wir über sie erhalten. Mit dem Blick in die Tiefe des Universums betrachten wir einen Querschnitt der Vergangenheit, zurück in Richtung Urknall. Die aktuellen Bilder von Sternenansammlungen, die die Wissenschaftler mit speziellen Teleskopen zusammensetzen, indem sie einzelne Lichtteilchen über mehrere Nächte sammeln, sind mehr als zehn Milliarden Jahre alt, etwa zwei Drittel der Geschichte des Alls.

Die Erde erscheint, angesichts dieser Entfernungen, verloren in der Weite des Universums. Bereits im Jahr 1918 befreite der englische Astronom Harlow Shapley die Menschheit vom letzten Rest ihres kosmischen Mittelpunktglaubens. Nicht einmal in unserer Milchstraße, einer x-beliebigen von vielen anderen, die sich diskusförmig aus mehr als 100 Milliarden Sternen zusammensetzt und einen Durchmesser von etwa 100 000 Lichtjahren hat, befinden wir uns an einer zentralen Position. Am 26. April 1920 sagte Shapley auf einer Sitzung der National Academy of Sciences in Washington: »Es hat sich gezeigt, daß die Sonne sehr weit vom Zentrum der Galaxis entfernt ist. Es scheint, daß wir uns nahe dem Mittelpunkt eines großen Haufens oder einer Wolke von Sternen befinden; aber diese Wolke ist vom galaktischen Zentrum mindestens sechzigtausend Lichtjahre entfernt (heute geht man davon aus, daß es nur etwas mehr als die Hälfte ist)... Wir sind das Opfer einer zufälligen Position der Sonne nahe dem Mittelpunkt eines untergeordneten Systems geworden, und die daraus folgenden Phänomene haben uns zu der falschen Annahme verleitet, wir wären von Gott in ganz besonderer Weise bevorzugt und deshalb genau in die Mitte aller Dinge versetzt worden.«[25]

Doch kehren wir zurück zu unserer Sonne mit ihrem Planetensystem, deren Entstehung, wie Altersbestimmungen von Erde, Mond und Meteoriten ergeben, ziemlich genau 4,6 Milliarden Jahre zurück liegt. Die physikalischen und chemischen Prozesse, die hier am Werk waren, um schließlich unser Planetensystem zu bilden, dürften recht kompliziert gewesen sein, und es ist noch nicht ganz klar, wie diese Vorgänge im einzelnen abgelaufen sind. Doch ist der heutige Kenntnisstand, nicht zuletzt durch die Weltraumflüge, so weit fortgeschritten, daß die gegenwärtigen Vorstellungen von der Entstehung unseres Planetensystems und insbesondere des Erde-Mond-Systems nicht mehr allzuweit von den Tatsachen abweichen dürften.

Bereits Kant hatte 1755 in seiner »Allgemeinen Naturgeschichte und Theorie des Himmels« eine Theorie über die Entstehung des Planetensystems entwickelt, die zumindest äußerlich den heutigen Vorstellungen ähnlich ist.

Ein riesiger rotierender Nebelballen aus kosmischen Gas- und Staubwolken verdichtet sich im Laufe von 100 000 Jahren soweit, daß in seinem Innern ein Vorstadium der Sonne entsteht. Aus dieser Ursonne bildet sich in weiteren 30 Millionen Jahren unter dem Einfluß der auf die Materieteilchen wirkenden Anziehungskräfte die Sonne in ihrer heutigen Form. Aus den scheibenförmig um sie rotierenden Staubwolken formen sich zunächst kleine und größere Körper, die schließlich zu den heutigen Planeten zusammenwachsen. Tatsächlich ist es mit der modernen Beobachtungstechnik gelungen, sehr junge Sterne zu entdecken, die von umlaufenden Staubwolken umgeben sind.

Es ist anzunehmen, daß es sich dabei um werdende Planetensysteme handelt.

Da Planeten selbst keine nennenswerten Mengen an Energie abstrahlen, sind sie aus größerer Entfernung nur schwerlich auszumachen, und so waren unsere Nachbarplaneten bis vor kurzem die einzigen, von denen wir wußten. Bis dann im Oktober 1995 Michel Mayor und Didier Queloz vom Schweizer Observatorium in Genf den ersten Beweis dafür entdeckten, was Himmelsforscher längst als kosmische Zwangsläufigkeit vorhergesagt hatten, manche aber, die sich an die Vorstellung klammerten, wir seien die einzigen *höheren Wesen* im weiten Universum, nicht wahrhaben wollten, nämlich daß es außerhalb unseres Sonnensystems noch eine Vielzahl anderer Planeten gibt. Die Schweizer entdeckten einen Trabanten, der 45 Lichtjahre von uns entfernt um den Stern *51 Pegasus* kreist. Die Bedingungen auf seiner Oberfläche sind allerdings höchst lebensfeindlich. In nur vier Tagen dreht sich die über tausend Grad heiße Kugel aus glühendem Gestein in geringem Abstand um ihren Mutterstern.

Schon fünf Monate später, im Januar 1996, sorgten die amerikanischen Astrophysiker Geoffrey Marcy und Paul Butler für eine weitere Sensation. Um *70 Virginis* im Sternbild Jungfrau und um *47 Ursae Majoris* im Großen Bären, beide Sterne gerade mal 35 Lichtjahre von der Erde entfernt, kreisen zwei dicke Materiebrocken. Der um 70 Virginis rotierende Planet hat den Messungen zufolge etwa die neunfache Masse von Jupiter, dem größten Planeten unseres Sonnensystems. Auf einer elliptischen Bahn rast der neuentdeckte Riese in 116 Tagen um den fernen Stern. Seine Oberfläche hat eine Temperatur von nur zirka 85 Grad Celsius. Kalt genug, daß dort komplexe Moleküle existieren könnten, es wäre möglich, daß es auf ihm Wasser gibt. Die Verhältnisse auf dem zweiten, kleineren identifizierten Himmelsobjekt sind ähnlich. Seine Oberfläche ist wahrscheinlich kühler, etwa minus 80 Grad.

Allein in unserer unmittelbaren kosmischen Umgebung, der Milchstraße mit ihren 100 Milliarden Sternen, so errechnete der britische Himmelskundler David Hughes von der Universität Sheffield, wird wahrscheinlich jede 24. Sonne im Schnitt von mehr als zehn Planeten umrundet. Das wären hochgerechnet mindestens 50 Milliarden Planeten. Daß darunter auch einige sind, auf denen Leben existiert, ist mehr als wahrscheinlich. Und wenn es vielleicht schon in einigen Jahrzehnten der Wissenschaft gelingt, die Existenz von Leben außerhalb unseres Sonnensystems nachzuweisen, wird der Glaube an die Sonderstellung des Menschen im Universum einen weiteren Riß bekommen.

Eher unwahrscheinlich ist, daß wir je persönlichen Kontakt mit außerirdischen Lebewesen bekommen werden. Aber vielleicht gelingt es eines fernen Tages, Informationen mit anderen intelligenten Zivilisationen auszutauschen. Es wäre allerdings eine sehr schleppende Unterhaltung, denn mit einer Antwort aus dem Sonnensystem 70 Virginis wäre beispielsweise aufgrund der Entfernung frühestens nach 70 Jahren zu rechnen.

Mörderische Verhältnisse auf der Venus – Lebensspuren auf dem Mars

Neun Planeten verschiedener Größe sowie einige Kleinstplaneten umrunden auf mehr oder weniger kreisförmigen Bahnen in unterschiedlicher Entfernung, aber in gleicher Ebene unseren Stern, die Sonne, einer davon ist die Erde, die mit einem mittleren Sonnenabstand von 149 Millionen Kilometern (eine Strecke, für die das Licht nicht viel mehr als acht Minuten benötigt) Bedingungen bietet, die offensichtlich für die Entstehung biologischer Systeme prädestiniert war. Bereits unsere nächsten Nachbarn *Venus* und *Mars* haben Bedingungen, die nach unserem Ermessen nicht sehr einladend sind.

Das für uns nach Sonne und Mond hellste Gestirn am Himmel ist unser Nachbar mit dem Namen der altitalienischen Gartengöttin, später der Göttin für Schönheit und Liebe: die Venus. Die Babylonier nannten sie »die Himmelsgebieterin«, und für die Chinesen war sie »der schöne Weiße«. So romantisch der Anblick dieses auch als Abend- oder Morgenstern bezeichneten Wahrzeichens der Liebe auch sein mag, ein Besuch ist bei den dort anzutreffenden atmosphärischen Verhältnissen, auch im Schutze eines Raumanzuges, nicht zu empfehlen.

Die Venus ist ein Planet unseres Sonnensystems, kein selbststrahlender Stern, sondern wie der Mond und die anderen Planeten nur durch die Reflexion des Sonnenlichtes sichtbar, der Sonne 40 Millionen Kilometer näher als wir. Die dichte Atmosphäre der Venus blieb auch für noch so leistungsfähige Teleskope undurchsichtig, ein Umstand, der die Phantasie der Wissenschaftler besonders herausforderte. Wie mochte es unter der Hülle aussehen? War die Oberfläche ein einziges brodelndes Meer oder eine riesige urwaldähnliche Landschaft, in der primitive Wesen lebten, oder bestand sie aus einer öden Sandwüste? Erst die mit Radar ausgestatteten russischen *Venera*- und amerikanischen *Pioneer*-Weltraumsonden konnten die dichte Wolkendecke der Venus durchdringen und Bilder der Oberfläche zur Erde senden. Die amerikanische *Magellan*-Sonde lieferte schließlich eine fast vollständige Kartierung unseres Nachbarplaneten.

Noch vor einigen Jahrzehnten galt die Venus als Schwesterplanet der Erde, von dem man annahm, daß auf ihm ähnliche Bedingungen wie bei uns vorzufinden sein könnten. Doch weit gefehlt. Unter der undurchsichtigen Wolkenhülle, die auf Satellitenfotos so ausnehmend schön aussieht, herrschen mörderische Umweltbedingungen. Die *Luft* besteht aus etwa 96 Prozent Kohlenstoffdioxid, und sie ist vor allem wegen des Treibhauseffekts an der Oberfläche des Planeten im Mittel 460 Grad heiß. Der Atmosphärendruck ist neunzigmal höher als bei uns, das entspricht einem Druck wie in 900 Meter Meerestiefe auf der Erde. Orkane mit Geschwindigkeiten von 360 Kilometern pro Stunde treiben die Wolken in vier Tagen einmal um den Planeten. Freigesetzte Schwefelgase hüllen die Venus in einen dichten Schleier aus Schwefelsäure-Wolken.

Die Bilder von der Venusoberfläche gaben zudem ein Rätsel auf, das bis heute nicht ganz entschlüsselt ist. Genau wie die Erde produziert die etwa gleich große Venus in ihrem Inneren durch radioaktive Abläufe große Mengen an Wärmeenergie. Diese innere Wärme wird auf der Erde vor allem durch die Tätigkeit der Vulkane, die dort, wo die Erdkruste besonders dünn ist, auftreten, nach außen abgeführt. Auf der Venus dagegen lassen sich keine Anzeichen für einen nennenswerten Vulkanismus entdecken. Wo also bleibt die Wärme? Die plausibelste Erklärung: Aufgrund einer sehr dicken unnachgiebigen äußeren Kruste wird die Wärme über Jahrmillionen im Inneren gestaut, bis schließlich die Drücke soweit angestiegen sind, daß sich in einem gewaltigen, den gesamten Planeten umfassenden Vorgang im wahrsten Sinne des Wortes das Innere nach außen kehrt und ein Großteil der Oberfläche durch flüssige Gesteinsmassen einebnet. Ein solches Ereignis muß sich vor etwa 500 Millionen Jahren abgespielt haben. Wie Radarbilder zeigen, ist die Anzahl großer Krater, wie sie von Meteoriteneinschlägen hervorgerufen werden, wesentlich geringer als auf dem Mond. Von dem heftigen Meteoritenbeschuß, der, wie Untersuchungen der Mondoberfläche belegen, vor vier Milliarden Jahren stattgefunden haben muß, fehlt jede Spur. Die ältesten Gesteinsformationen der Venusoberfläche sind maximal eine Milliarde Jahre alt.

Die Radarbeobachtungen brachten noch andere Merkwürdigkeiten an den Tag. Zum Beispiel geht die Sonne auf der Venus im Westen und nicht wie auf allen anderen Planeten im Osten auf, denn sie dreht sich andersherum, und zwar extrem langsam. Ein Tag auf der Venus ist länger als ein Venus-Jahr. Um sich einmal um sich selbst zu drehen, benötigt sie 243

Erdentage, während sie die Sonne in 225 Erdentagen umrundet. Wie es scheint, lassen die Bedingungen auf der Venus ein Leben, wie wir es kennen, nicht zu. Aber auch unsere Erde bot, wie wir noch sehen werden, zu Beginn der biologischen Evolution keineswegs das Bild, das uns heute geläufig ist.

Ein Besuch bei dem anderen Nachbarn mit dem Namen des römischen National- und Kriegsgottes Mars, der 78 Millionen Kilometer weiter von der Sonne entfernt ist als die Erde, ist dagegen durchaus realisierbar, wenn auch die dünne Atmosphäre aus 95 Prozent Kohlenstoff sowie Stickstoff und nur wenig Sauerstoff die Verwendung eines Raumanzugs in jedem Fall erforderlich macht. Die Temperaturen auf dem Mars schwanken zwischen plus 25 Grad am Äquator und minus 130 Grad Celsius an den Polen, und wegen seiner Äquatorneigung zur Sonne hat er wie die Erde einen Jahreszeitenwechsel.

In der Frühzeit des Sonnensystems waren das Klima des Mars und das der Erde wahrscheinlich sehr ähnlich. Offensichtlich hat es zu jener Zeit auf dem Mars auch Wasser gegeben. Die von amerikanischen Weltraumsonden aufgenommenen Bilder zeigen viele Kanäle, die von fließendem Wasser geformt zu sein scheinen. Heute ist der Mars viel zu kalt für Flüsse und Meere, immerhin ist er etwa anderthalbmal so weit von der Sonne entfernt wie wir, und sein Durchmesser ist nur etwa halb so groß wie der der Erde. Im Winter gefrieren an den Polen zwanzig Prozent des Kohlenstoffdioxids, die im Sommer wieder verdampfen. Die Folge sind deutliche Schwankungen des Atmosphärendrucks, ein einzigartiges Phänomen in unserem Planetensystem. Daß es auf dem Mars Leben oder zumindest Spuren davon gibt, konnten auch die mit Spannung verfolgten Marslandungen der amerikanischen *Viking*-Sonden nicht bestätigen. Es konnten weder sich bewegende Lebewesen gesichtet noch lebende oder tote Mikroorganismen entdeckt werden.

1969 fanden japanische Wissenschaftler in den schneefreien Eiswüsten des Südpols eine Vielzahl kosmischer Gesteinstrümmer. Die trockene Kälte dort sorgt dafür, daß die außerirdischen Brocken über Jahrtausende hinweg unverändert erhalten bleiben. Nahezu 10 000 sind inzwischen aus der Antarktis geborgen worden, darunter zwölf Steine, die in ihrer chemischen Zusammensetzung den von Viking-Landern eingesammelten Marsproben gleichen. Mit Hilfe moderner Elektronenmikroskopie und Massenspektroskopie hat ein von der amerikanischen Weltraumbehörde NASA finanziertes Forscherteam die steinernen Marsboten untersucht und an einem mit der Kennzeichnung ALH 84001 röhrenförmige Strukturen ausgemacht, von denen man annimmt, daß es fossile primitive Bakterien sind, wie sie in ähnlicher Form auch in Milliarden von Jahren alten irdischen Kalksteinablagerungen gefunden wurden. (Die Buchstaben der Bezeichnung geben Auskunft über den Fundort, und die Zahlen bedeuten, daß es sich um Fund Nummer 1 im Jahr 1984 handelt.) Die Forscher haben ihn als einen über drei Milliarden Jahre alten Gesteinsbrocken identifiziert, der vor rund 16 Millionen Jahren durch einen Einschlag eines Asteoriden, eines Kleinstplaneten also, aus der Kruste des Mars herausgerissen und auf eine Bahn in unserem Sonnensystem geschleudert wurde. Dort geriet er dann vor etwa 13 000 Jahren in das Schwerefeld der Erde und stürzte als Sternschnuppe über dem Südpol ab, wo er, kartoffelgroß, aufschlug.

Wie David McKay, einer der am Projekt beteiligten Wissenschaftler, berichtete, wurden außerdem Kohlenstoff-Wasserstoff-Verbindungen entdeckt sowie ungewöhnliche Mineralien, die typische Ausscheidungsprodukte von archaischen Bakterien darstellen. Die Kombination dieser Fakten haben ihn überzeugt, tatsächlich auf die Spuren von Leben gestoßen zu sein. Für die Amerikaner interessant genug, ein neues Raumfahrtprogramm aufzulegen mit dem Ziel, unseren Nachbarplaneten mit automatischen Fahrzeugen intensiv unter die Lupe zu nehmen. Manche Wissenschaftler sagen bereits die Bevölkerung des Mars durch den Menschen voraus.

Wäre der Abstand zwischen Erde und Sonne auf Dauer um sechs Prozent geringer gewesen, bestünde unsere Atmosphäre jetzt aus dichten Wolken von Kohlenstoffdioxid und wir hätten einen Treibhauseffekt wie auf der Venus mit den für biologische Organismen ungeeigneten hohen Temperaturen. Dagegen hätte die Entfernung zur Sonne nur um ein Prozent größer ausfallen müssen, um bereits vor mehr als 1,5 Milliarden Jahren die Ozeane der Erde bis auf den Grund zufrieren zu lassen.

Paradox: Das Fehlen von Sauerstoff war die Startbasis des Lebens

Die Planeten, so auch die Erde, entstanden also aus Materiepartikeln, die um die Sonne kreisten und zu Klumpen zusammenbackten. Mit dem Anwachsen der Erdmasse nahm die Anziehungskraft zu, und die Abstürze kosmischer Brocken auf den wachsenden Planeten Erde wurden immer heftiger. Durch die gewaltigen Aufschläge, denen wir auch die Schiefstellung der Erdachse und damit den Jahreszeitenwechsel zu verdanken haben, erhitzten sich die oberen Schichten und schmolzen schließlich. Auch gasförmige Substanzen wurden von der Erde angezogen, sie bildeten die erste Atmosphäre, ein Gemisch aus Wasserdampf und Wasserstoff sowie Anteilen von Stickstoff, Ammoniak und Kohlenstoffdioxid. Diese Uratmosphäre war nicht von Dauer, chemische und mechanische Vorgänge zerstörten sie. Die dabei entstandenen leichten chemischen Elemente verflüchtigten sich in den Weltraum, die schweren verschwanden in der Erde. Wahrscheinlich wurde auch ein Teil der Atmosphäre von elektrisch geladenen Materieteilchen, wie sie die noch junge Sonne in starkem Maße abgestrahlt hat, fortgeblasen.

Der Beschuß des Erdmantels ließ schließlich langsam nach, und die rotglühende verflüssigte Erdkruste kühlte ab. Eine große Anzahl von Vulkanen spie nicht nur glühende Lavamassen aus, sondern auch große Mengen an Wasserdampf sowie Stickstoff und Kohlenstoffdioxid und geringe Mengen Methan und Ammoniak. Ganz allmählich bildete sich eine neue Atmosphäre, unter chaotischen Verhältnissen. Der Wasserdampf kondensierte zu Wassertropfen, die auf die noch über 100 Grad Celsius heiße Erdoberfläche fielen und dort sofort wieder verdampften. Die Erde war von einer dichten Atmosphäre mit hohem Wasserdampfgehalt eingehüllt, die keine Sonnenstrahlen durchließ. Die ständige Besprühung der Erdkruste mit Wassertropfen beschleunigte deren Abkühlung. Pausenlos tobten Gewitter, Blitze entluden sich. Insgesamt ein Zustand, der denkbar ungünstig für die Entstehung von Leben scheint. Keines der irdischen Lebewesen hätte in dieser Umgebung bestehen können, aber es waren genau die Bedingungen, die eine der vielen Voraussetzungen dafür waren, daß das Leben, so wie es heute existiert, entstehen konnte.

Als die Erdoberfläche sich endlich soweit abgekühlt hatte, daß der zu Wasser kondensierende Dampf aus der Atmosphäre mehr und mehr verschwand und in den sich bildenden Ozeanen einfachste organische Formen Fuß faßten, begann ein Prozeß, den wir *biologische Evolution* nennen.

Mit der Entstehung der Ozeane begann auch eine Umwandlung der Atmosphäre. Das verdunstende Wasser, das als Niederschlag wieder zur Erde fiel, nahm Kohlenstoffdioxid auf, das sich mit Mineralien verbunden als Kalkstein auf dem Boden der Ozeane ablagerte. So wurde der Atmosphäre der größte Teil des Kohlenstoffdioxids (CO_2) entzogen.

Die Pflanzen taten ein übriges, sie zerlegten die Kohlenstoffdioxid-Moleküle in Kohlenstoff und Sauerstoff, banden den Kohlenstoff in ihrem Inneren und gaben den Sauerstoff an die Atmosphäre zurück. Riesige Wälder wuchsen heran, die zum Teil durch massive Verschiebungen und Faltungsvorgänge in der Erdkruste in untere Schichten versenkt wurden, so daß ein weiterer Teil des Kohlenstoffs verschwand. Die Atmosphäre reicherte sich im Laufe von Jahrmillionen mit Sauerstoff an, jenem Stoff, der Existenzbasis derer ist, die nun dabei sind, die unter Druck und Temperatur zu Kohle oder Erdöl gewordenen Pflanzenteile auszugraben und durch Verbrennen Kohlenstoff und Sauerstoff wieder zu Kohlenstoffdioxid zu vereinen. Damit nicht genug, um der sich immer weiter ausbreitenden Menschheit zusätzliche Ackerflächen zu erschließen, werden jedes Jahr riesige Waldflächen abgebrannt, wodurch auch noch der Kohlenstoff-Puffer, den die lebende Pflanzenwelt bietet, immer kleiner wird.

Die Anreicherung der Atmosphäre mit Sauerstoff verlief zunächst außerordentlich langsam, da alle an der Oberfläche liegenden Elemente, die sich so spontan mit Sauerstoff verbinden wie Eisen oder Silizium, der Luft jedes Sauerstoffmolekül entrissen. Erst als alles *verrostet* war, stieg der Sauerstoffzuwachs an. Aus der ursprünglichen Atmosphäre übriggebliebenen ist vor allem der Stickstoff, ein chemisch träges und in Wasser schwer lösliches Gas, es stellt fast 79 Prozent unserer Lufthülle. Daß knapp 21 Prozent der heutigen Atmosphäre aus Sauerstoff bestehen, haben wir also ausschließlich den Pflanzen zu verdanken. Sie sind Wegbereiter und Nahrungsquelle allen tierischen und menschlichen Lebens.

Doch gerade das Fehlen von freiem Sauerstoff in der Ausgangsatmosphäre war ein wichtiger Faktor für die Startbedingungen des Lebens. Jedes Entstehen von komplizierten organischen Molekülen, die Voraussetzung für die Bildung noch so primitiver Lebensstrukturen sind, wäre bei Anwesenheit des reaktionsfreudigen Sauerstoffs unmöglich gewesen.

Nimmt die Faszination eines nächtlichen Sternenhimmels nicht noch zu bei dem Gedanken, daß die vielen Milliarden Sterne, von denen unsere Augen nur einen winzigen Bruchteil wahrnehmen, genauso wie unsere Erde und alles, was darauf lebt, so auch wir, aus Bausteinen bestehen, die einen gemeinsamen kosmischen Ursprung haben? Und ist das christliche Postulat, der

Mensch sei als *Gottes Ebenbild* das alleinige Ziel und die *Krone der Schöpfung*, nicht doch sehr vermessen?

Die Annahme, hinter dem Ablauf aller Dinge verberge sich die lenkende Hand Gottes, ist mit den dem Menschen zur Verfügung stehenden Mitteln weder zu beweisen noch zu widerlegen, und es wird für immer das unwiderrufliche Recht eines jeden bleiben, daran zu glauben oder es nicht zu tun.

Viele, die den Evolutionsgedanken an sich akzeptieren, können von der Idee eines zielgerichteten stetigen Fortschritts, der von den einfachsten Organismen zu höheren Lebewesen führt und in der Entwicklung des Menschen gipfelt, nicht lassen.

Von kirchlichen Ideologen wird nach wie vor die Zufallskomponente in der Evolutionstheorie als Argument für die Gottlosigkeit dieser Lehre herangezogen; zum Teil auch hinter dem Deckmantel eines wissenschaftlichen Anspruchs, indem durch Zahlenbeispiele aus der Wahrscheinlichkeitsrechnung belegt wird, daß die Entstehung solch komplexer Systeme, wie es Lebewesen sind, durch zufällige Ereignisse nicht möglich sind. Ich frage Sie, was ist so schwierig daran zu verstehen, daß die natürliche Auslese nichts mit Zufall zu tun hat?

Bis auf den heutigen Tag stößt die Vorstellung einer von Umweltbedingungen abhängigen biologischen Entwicklung auf heftigen Widerstand. Selbst bei Biologen setzte sich die Erkenntnis von der natürlichen Auslese erst in den dreißiger Jahren dieses Jahrhunderts durch. Bei Nichtbiologen wird sie zum Teil bis heute entweder wie in der Philosophie ignoriert oder aus unterschiedlichen Gründen nicht akzeptiert. Für eine konservativ christlich geprägte Weltanschauung, wie sie bei uns heute noch vorherrscht, ist sie eine durch und durch unmoralische Theorie; ersetzt sie doch den göttlichen zielgerichteten Plan durch einen selbstablaufenden scheinbar ziellosen Prozeß.

Und es wird wohl immer wieder Leute geben, die sich auf die Suche machen, um Spuren der Arche Noah zu entdecken, und wen wundert es, daß sie dann auch etwas finden.

7. »Nichts bleibt dort, wo es begonnen hat«

Die ersten Stufen zum Leben

Wir sind bei der Beschreibung des Werdegangs unseres Planeten jetzt an einer Stelle angekommen, an der es unvermeidbar ist, auf zwei Fragen einzugehen, die auch heute noch in aller Regel dem Bereich religiöser Zuständigkeit zugeordnet werden. Zwei Fragen, die den Kirchen, auf ihrem dauernden Rückzug vor der Wissenschaft, als letzte Bollwerke im Kampf um die Glaubwürdigkeit der biblischen Schöpfungsgeschichte dienen müssen. Zwei Fragen, die meist so formuliert werden, daß die vermeintlichen Antworten bereits in ihnen enthalten sind und eine Beantwortung gar nicht erwartet wird.

Die erste Frage lautet: »Wie sonst, als durch Gottes Eingreifen, kann aus unbelebter Materie Leben entstehen?« Und die zweite Frage: »Wie sonst, als durch Gottes Fügung, sollen die vielen Voraussetzungen geschaffen worden sein, die notwendig waren, um unsere, des Menschen, Existenz zu ermöglichen?«

Wenden wir uns zunächst der ersten Frage zu. Generationen von Wissenschaflern hatten sich, auf der Suche nach einer *natürlichen* Erklärung für die Enstehung des Lebens, den Kopf darüber zerbrochen, wie aus den Grundsubstanzen der Ausgangsatmosphäre – nämlich im wesentlichen Kohlenstoffdioxid, Wasser, Wasserstoff, Methan und Ammoniak – die komplizierten Bausteine des Lebens, wie die Aminosäuren der Proteine, die heute ausschließlich in den Körpern von Pflanzen und Tieren erzeugt werden, entstanden sein könnten. Doch keine der vielen wissenschaftlichen Hypothesen kam zu einem belegbaren Ergebnis. Immerhin war es dem deutschen Chemiker Friedrich Wöhler schon 1828 gelungen, im Labor Harnstoff aus anorganischem Material herzustellen, jenen Stoff, der als ein Endprodukt des Stoffwechsels bei Säugetieren, also auch beim Menschen, entsteht. Damit hatte er die sogenannte *Lebenstheorie* widerlegt, nach der für die Umwandlung von nichtorganischen Stoffen in organische Verbindungen eine besondere *Lebenskraft* erforderlich sein sollte.

Im Jahr 1953 führte in Chicago der Chemiestudent Stanley L. Miller, angeregt von Ideen des russischen Biochemikers A. I. Oparin, einen Versuch durch, der genauso simpel wie logisch war. Er füllte ganz einfach Methan, Ammoniak, Wasserstoff und Wasser in einen Glaskolben und setzte dieses Gemisch Gewitterblitzen in Form von Funkenentladungen aus einer Hochspannungsleitung aus. Und siehe da, als er nach nur 24 Stunden seine Mischung untersuchte, fand er bereits drei von den 20 Bausteinen, aus denen alle Eiweißarten, die es auf der Erde gibt, zusammengesetzt sind. Er fand ausgerechnet jene Aminosäuren, die in den heutigen Lebewesen am häufigsten vorkommen. Wie die Versuche anderer, die Millers Experiment überprüften, zeigten, ist es weitgehend unwichtig, in welcher Form dem Atmosphärengemisch Energie zugeführt wird. Ultraviolettes Licht, das auf der frühen Erde intensiver war als heute, denn es gab kaum eine Atmosphäre, die den ultravioletten Anteil des Sonnenlichtes herausgefiltert hätte, bewirkt dasselbe wie Blitze. Auch Röntgenstrahlen oder einfach große Hitze führen zum gleichen Ergebnis.

Bei Tauchfahrten im Ozean hat man in 3000 Metern Tiefe Bakterien entdeckt, die in extrem heißem Wasser leben können. Dieses Wasser wird durch das glühende Erdinnere aufgeheizt. Auch dort könnten sich durch hohen Druck und Hitze die Reaktionen abspielen, die zu den ersten biologischen Teilchen hätten führen können. Eine andere vieldiskutierte Version ist, daß die ersten organischen Moleküle aus dem Weltall auf die Erde kamen. Tatsächlich hat man sowohl außerhalb der Erdatmosphäre als auch in Meteoriten, die auf der Erde eingeschlagen sind, solche Verbindungen gefunden. Dennoch gilt diese außerirdische Variante als unwahrscheinlich und wird nicht mehr ernsthaft in Erwägung gezogen.

Gleichgültig, welche Herkunft das Ausgangsmaterial irdischen Lebens tatsächlich hat – der Beweis ist erbracht, daß der erste Schritt auf dem Weg zum Leben nicht das *persönliche* Eingreifen von Gott erforderlich machte.

Doch nicht nur dieser erste Schritt auf dem Weg zur Lebensentstehung, sondern auch die folgenden Phasen, in denen sich Proteine und Nukleinsäuren bilden und dann aus deren Wechselwirkungen und unter Einfluß der Sonneneinstrahlung die Entwicklung fortschreitet bis zum Einsetzen von Selektion und der damit beginnenden biologischen Evolution, lassen sich theoretisch und experimentell nachvollziehen. Und es ist nur eine Frage der Zeit, wann es gelingt, künstliches Leben zu erzeugen.

Manfred Eigen, 1927 in Bochum geboren, studierte Physik und Chemie und wurde 1958 wissenschaftliches Mitglied und 1964 Direktor am Max-Planck-Institut für biophysikalische Chemie in Göttingen; 1967 erhielt er den Nobelpreis für Chemie. Seit 1970 beschäftigte er sich mit der *Selbstorganisation der Materie* und der Evolution des Lebens. Er ist einer der maßgeblichen Pioniere, denen es gelungen ist, den historischen Ursprung des Lebens zu rekonstruieren und nachzuweisen, daß die Entstehung des Lebens allein unter dem steuernden Einfluß von Naturgesetzen möglich ist. Ein Beweis für die Unmöglichkeit einer natürlichen Lebensentstehung konnte dagegen von niemanden erbracht werden. Eigen stellt fest: »Die Chemie, die wir in lebenden Organismen vorfinden, ist im Prinzip identisch mit der, die wir in unseren Laboratorien betreiben.«[26]

Die erste Stufe zum Leben wurde erklommen, als in einer chemisch reichhaltigen Umwelt informationsbehaftete Moleküle auftauchten, die die Fähigkeit hatten, sich zu teilen. Sie konnten den erreichten Stand der Entwicklung bewahren und durch ausschließlich Zweckmäßigeres ersetzen. Die Nukleinsäuren stehen an der Grenze zwischen Chemie und Biologie. Ihre chemischen Eigenschaften bildeten die Voraussetzungen, um aus Nicht-Leben Leben zu machen.

Der Übergang von *unbelebt* zu *belebt* ist fließend, es ist eine von uns gezogene künstliche Grenze, die in der Natur nicht wiederzufinden ist, genau wie der Äquator als Trennlinie zwischen nördlicher und südlicher Erdhalbkugel in der Landschaft nicht existiert.

Daß ein Stein leblos und ein Fisch lebendig ist, darüber wird man nicht streiten. Nähert man sich dem Grenzbereich von beidem, kommt man jedoch in Schwierigkeiten. Klassisches Beispiel sind die Viren. Sie als Lebewesen zu bezeichnen, ist angesichts dessen, was wir sonst unter Lebewesen verstehen, nicht gerechtfertigt. Viren bestehen aus je einem programmierten Nukleinsäure-Molekül, das von einer mit Haken versehenen Eiweißhülle umgeben ist. Die hakenförmigen Gebilde ermöglichen es dem Virus, sich an eine lebende Zelle anzuheften und deren Wand anzustechen. Die Eiweißhülle zieht sich zusammen und befördert so das Nukleinsäure-Molekül in die infizierte Zelle. Damit hat sich der Lebensinhalt des Virus bereits erfüllt. Seine Vermehrung wird durch die Wirtszelle ausgeführt, indem deren Programm durch die injizierten Virusgene entsprechend aktiviert wird. Die befallene Zelle produziert nun so lange neue Viren, bis sie selbst zugrunde geht. Da Viren auf die Existenz von Organismen angewiesen sind, können sie keine Vorstufe des Lebens sein. Obwohl sie der Bezeichnung Lebewesen nicht gerecht werden, sind sie, da sie genetische Substanz besitzen, bei deren Kopieren Mutationen auftreten, zur Anpassung an sich verändernde Umgebungsbedingungen fähig. Voraussetzung ist die fortgesetzte Infektion neuer Wirtszellen. Man vermutet, daß es sich bei den Viren um verselbständigte Funktionsprogramme von Wirtsorganismen handelt, aus denen sie sich entwickelt haben.

Manfred Eigen beschreibt die biologische Entwicklung auf unserem Planeten in seiner ihn auszeichnenden Fähigkeit, das Wesentliche auf den Punkt zu bringen, folgendermaßen: »Die Entstehung des Lebens ist nicht einfach durch den Übergang von unbelebter in belebte Materie zu definieren. Zum einen ist der Übergang als solcher kaum auszumachen, denn er verläuft kontinuierlich. Zum anderen ist die Evolution des Lebens damit nicht abgeschlossen, ja, es reiht sich eine nicht abreißende Kette von Entwicklungen an, deren Komplexität die der ersten Stufen zum Leben bei weitem übersteigt. Die frühesten autonomen [selbständigen] Lebewesen sind in der Tat viel weiter vom Menschen entfernt als von jener ›Natur, die nicht einmal verdiente, tot genannt zu werden, weil sie unorganisch war‹. Das spiegelt sich auch offenkundig im zeitlichen Ablauf der Evolution wider. Zelluläres Leben erschien auf unserem Planeten, nachdem dieser abgekühlt war und eine chemische Selbstorganisation zuließ, innerhalb von weniger als einer Milliarde Jahren. Wahrscheinlich wurde der größte Teil dieser Zeitspanne dazu gebraucht, die für den Lebensprozeß erforderlichen Moleküle soweit anzureichern, daß sie in hinreichender Konzentration vorhanden waren, somit einander oft genug begegnen konnten und dabei ein ›Sozialwesen‹, die erste Zelle, organisieren konnten. Demgegenüber verweilte das Leben auf der Stufe des Einzellers für einen Zeitraum von ungefähr drei Milliarden Jahren. Natürlich ist diese Phase in viele Einzelstufen unterteilt. Die Zellen mußten Eigenschaften entwickeln, die später einmal den Aufbau zellulärer Sozialordnungen gestatteten, für die die Amöbe ein klassisches Vorbild liefert. Der Weg führte vom Molekül zum integrierten Molekülsystem, von der einzelnen Zelle zum System integrierter Zellen, vom Zellhaufen zum integrierten Zellstaat, vom Organ zum höheren Organismus. Bis zum Menschen dauerte es dann noch einmal fast eine Milliarde Jahre.«[27]

Auch das Argument, das Alter der Erde reiche nicht aus, um die Entwicklung der heutigen Lebensformen allein durch Evolution hervorzubringen, ist widerlegt. Wie Analysen genetischer Progamme ergeben, ist die wichtigste Voraussetzung für den Beginn des Phänomens *Leben*, also die biologische Fähigkeit,

Informationen zu speichern und an die Nachkommen weiterzugeben, jünger als vier Milliarden Jahre.

Charles Darwin war auch in seinen Überlegungen über die Entstehung des Lebens auf der richtigen Spur, immerhin in einer Zeit, als von Biochemie noch kaum die Rede war und Zweifel an der biblischen Schöpfungsdarstellung als äußerst frevelhaft galten. Er schrieb: »Aber wenn (und o! was für ein großes ›Wenn‹!) wir in irgendeinem kleinen Tümpel, bei Gegenwart aller Arten von Ammoniak, phosphorsauren Salzen, Licht, Wärme, Elektrizität usw., wahrnehmen könnten, daß sich eine Proteinverbindung chemisch bildete, bereit, noch kompliziertere Verwandlungen einzugehen...«[28]

Von den Einzellern bis zum Menschen

Wie sieht es nun mit den Voraussetzungen für unsere Existenz aus? Mußte Gott sich selbst herabbemühen, um in entscheidenden Phasen die Bedingungen auf der Erde so einzustellen, daß die Entwicklung zum Menschen möglich wurde? Natürlich ist die Frage ironisch formuliert, aber sie entspricht durchaus dem kirchlich geprägten Verständnis hierzu und unserem Unvermögen, die Stellung des Menschen im *Schöpfungsplan* objektiv zu beurteilen. Damit soll keineswegs gesagt werden, daß sich hinter all dem nicht etwas *Höheres* verbirgt, aber was immer es ist, es übersteigt unseren geistigen Horizont bei weitem.

Wenn auch nach zähem Ringen zwischen Wissenschaft und Kirche die Erde als Mittelpunkt des Weltalls inzwischen entthront ist, so hat sich das Bild, das den Menschen in seiner Gesamtheit als einzigartig und als Endziel aller göttlichen Planung zeigt, bis in unsere Tage gehalten. Doch wir werden uns damit abfinden müssen, daß wir nur eine der unzähligen Möglichkeiten darstellen, wie unter der Wirkung von Naturgesetzen Bewußtsein entsteht. Wir sind, wie wir sind, weil die

Bedingungen auf dem Weg unseres Werdens so waren, wie sie waren. Und wie durch jedes Individuum nur eine von unzählig vielen möglichen Varianten sichtbar wird, so stellt auch die Existenz unserer Spezies eine von unzählig vielen Möglichkeiten dar; und die Wahrscheinlichkeit, daß die Vielfalt des Lebendigen sich nicht nur auf unseren Planeten beschränkt, sondern auf die unermeßliche Weite des Weltraums erstreckt, ist riesengroß.

Der Mensch ist nicht *das Ziel*, sondern *ein Ergebnis* des 15 Milliarden Jahre währenden Vorgangs, der mit dem Urknall begann und über dessen weiteren Verlauf wir spekulieren können, solange wir existieren. Dabei wird es einfacher sein, mit Hilfe von Technik und Physik etwas über die ferne Zukunft des Universums zu erfahren, als den biologischen Verlauf auf der Erde auch nur für wenige Jahrhunderte vorauszusagen. Die Frage, wie lange die Zukunft des Menschen dauern wird, wieviel Zeit die Menschheit noch vor sich hat, werden nur diejenigen beantworten können, die das Ende miterleben.

Doch drehen wir die Uhr der biologischen Evolution noch einmal um drei Milliarden Jahre zurück, bis zu jener Phase, als die ersten primitiven Algen im Kampf ums Überleben die Fähigkeit erwarben, die Lichtenergie der Sonne zu nutzen, um Kohlenstoffdioxid und Wasser in energiereiche Kohlenhydrate umzuwandeln, eine chemische Reaktion, bei der Sauerstoff entsteht, der von der Pflanze freigesetzt wird. Diese neue Errungenschaft hatte entscheidende Folgen für die weitere biologische Entwicklung.

Die lebensfeindlichen ultravioletten Strahlen der Sonne, vor denen bis dahin nur im Meereswasser in einer Tiefe unterhalb von etwa zehn Metern Schutz bestand, wurde nun mehr und mehr von der Sauerstoffverbindung *Ozon* abgeschirmt, ein Produkt einer durch Sonneneinstrahlung hervorgerufenen chemischen Reaktion in der Atmosphäre. Die zunehmende Sauerstoffkonzentration in der Atmosphäre war gleichzeitig auch eine erneute Herausforderung an die Anpassungsfähigkeit des beginnenden Lebens. Nur diejenigen Zellformen überlebten, die dem reaktionsfreudigen Sauerstoff widerstanden.

Vor 1,3 Milliarden Jahren etwa erschienen die ersten Einzeller, die einen Zellkern besaßen. Meerestiere wie Quallen und Schwämme entstanden vor knapp 600 Millionen Jahren. Die Vielfalt lebender Formen nahm dann rapide zu. Zunächst im Wasser, später, vor ungefähr 400 Millionen Jahren, begannen die ersten Pflanzen, gefolgt von Tieren, auf dem festen Land Fuß zu fassen.

Tropische Wälder und Sümpfe breiteten sich aus und wurden von Würmern, Spinnen, Insekten und später von Reptilien bevölkert. Eine Gruppe der Reptilien entwickelte sich zu Dinosauriern, eine andere zu frühen Säugetieren. Zunächst beherrschten die Dinosaurier die Erde, bis sie vor etwa 65 Millionen Jahren infolge eines dramatischen Ereignisses ausstarben. Nun erst konnten die Säugetiere dominieren, die Vorfahren von solch unterschiedlichen Wesen wie Mäusen, Giraffen, Delphinen, Katzen, Schweinen, Elefanten und – Menschen, die schließlich die Bühne des Lebens betraten und nun damit begonnen haben, das nächste Massensterben einzuleiten.

Wanderung der Kontinente, Erdbeben und Vulkanausbrüche

Veränderungen der geographischen Umgebung sind maßgebliche Faktoren im Evolutionsprozeß, dies ist eine der Schlußfolgerungen, die sich aus Darwins Erkenntnissen ableiten lassen. Welches Ausmaß die Veränderungen auf unserem Planeten im Laufe der Jahrmillionen annehmen, wird uns, die wir nur winzige Bruchteile dieser Zeitspannen leben, in keiner Weise bewußt. Vermittelt die Erde in den wenigen Jahren eines Menschenlebens doch den Eindruck verläßlicher Konstanz. Aber auch hier trügt der Schein.

Wir leben auf einer kosmischen Kugel, die sich in einem andauernden Wandel befindet. Vor allem ihre Oberfläche, die den Lebensraum für uns und unsere tierischen und pflanzlichen Mitbewohner bietet, ist den unterschiedlichsten Kräften ausgesetzt. Ihre Auswirkungen sind eine ständige Herausforderung an die Anpassungsfähigkeit der lebendigen Natur.

Noch vor 200 Millionen Jahren sah die Oberfläche unseres Heimatplaneten ganz anders aus: Der Atlantische Ozean war nicht vorhanden, alle Kontinente waren miteinander verbunden, und als vor zwei Millionen Jahren offenbar Afrika zur Wiege der Menschen wurde, lagen Australien und die beiden Teile Amerikas weit davon entfernt. Sie sind erst in den letzten 55 000 bis 30 000 Jahren von Menschen besiedelt worden.

Die Ursache für die Wanderung der Kontinente ist unter der Erdkruste zu finden. Im Inneren der Erde werden gewaltige Energiemengen durch atomare Vorgänge erzeugt. Das heiße, zähflüssige Material unter den kontinentalen Platten steigt von tieferen Schichten nach oben auf, breitet sich seitwärts aus und übt entsprechende Schiebekräfte auf die Platten aus. Dann kühlt es ab, sinkt nach unten, wo es sich erneut erhitzt und in einem neuen Zyklus aufsteigt. Unterschiedliche Temperaturen und Drücke haben mehrere Schichten, wie bei einer Zwiebel, geschaffen. Fast alles, was man über den Aufbau des Erdinneren weiß, wurde nicht durch Bohrungen, sondern durch das Studium der von Erdbeben ausgehenden Stoßwellen abgeleitet.

Die Kontinente und der Meeresboden werden von der äußeren Kruste gebildet, einer dünnen Schale aus relativ leichtem, festem Gestein. Unter der Kruste liegt der Mantel, eine Schicht, die sich fast bis zur Hälfte des Erdradius erstreckt und in der mit zunehmender Tiefe Druck und Hitze ansteigen. In den höheren Bereichen bildet der Mantel zusammen mit der Kruste eine feste Region. Darunter ist das Gestein aufgrund der hohen Temperatur mehr oder weniger flüssig. Bis zum Erdmittelpunkt sind es circa 6400 Kilometer. In 2900 Kilometern Tiefe geht der Mantel in den Kern über, der im äußeren Bereich wahrscheinlich flüssig und im inneren fest ist. Der Erdkern, über den man weniger weiß als über das Universum, besteht mit hoher Wahrscheinlichkeit im wesentlichen aus Eisen und weist eine Temperatur von schätzungsweise 6000 Grad Celsius bei einem Druck von sage und schreibe drei bis vier Millionen Atmosphären auf. Ein Druck, bei dem Eisen selbst bei so hoher Temperatur fest ist. Weder ein Mensch noch eine Maschine werden jemals imstande sein, bis zu ihm vorzudringen.

Die Wanderung der Kontinente ist keineswegs zu Ende. In etwa 50 Millionen Jahren werden Nord- und Südamerika nicht mehr miteinander verbunden sein. Afrika und Asien sind dann am Roten Meer auseinandergedriftet. Ostafrika wird eine Insel sein, und Australien, das sich um fünf Zentimeter pro Jahr nach Norden schiebt, ist dann mit Indonesien zusammengestoßen.

Die Erdkruste besteht aus mehreren Platten, die sich gegeneinander bewegen und an deren gezackten, sich berührenden und verhakenden Rändern es immer wieder zu Erdbeben und Vulkanausbrüchen mit zum Teil katastrophalen Folgen für die dort lebenden Menschen kommt.

Allein in diesem Jahrhundert sind im pazifischen Raum zahlreiche verheerende Beben aufgetreten. 1906 wurde San Francisco von einem Erdbeben erschüttert, das Gebäude zusammenfallen ließ und ein Feuerinferno auslöste. Über 700 Menschen starben. 1923 bebte die Erde in Tokio, die Stadt geriet in Brand, über 100 000 Bewohner wurden durch einstürzende Häuser und Feuer getötet. Mexiko-Stadt liegt über 300 Kilometer von der Nahtstelle zwischen der Pazifischen und der Nordamerikanischen Platte entfernt, doch der weiche Boden eines ehemaligen Sees, auf dem die Stadt errichtet ist, verstärkte die 1985 von einem Beben ausgelösten Erschütterungen. Viele Gebäude im Stadtzentrum stürzten ein, 10 000 Menschen verloren ihr Leben.

Ähnlich schlimme Folgen können Vulkanausbrüche nach sich ziehen. In der Nacht zum 14. Juni des Jahres 1991 brach auf der philippinischen Insel Luzon der Vulkan Pinatubo aus – es war die größte Eruption dieses Jahrhunderts. Die Westküste der Insel wurde völlig zerstört. Asche fiel wie grauer Schnee auf Pflanzen und Tiere, um alles Leben unter sich zu ersticken. Dank einer raschen Evakuierung kamen »nur« 350 Menschen ums Leben. Noch schrecklicher war im Jahr 1883 der Ausbruch des Krakatau, eines Vulkans in der Meeresstraße zwischen Java und Sumatra. 40 000 Menschen kamen dabei um.

Beim Zusammenstoß der Platten oder beim Auseinanderdriften durch austretenden Gesteinsfluß aus dem Erdinneren kann es zur Bildung von Gebirgen kommen. Auf diese Weise entstanden der Himalaja, als Indien (damals ein Teil Afrikas) Asien rammte, und die Alpen, als Italien sich von Afrika löste und mit der damaligen Küste der Schweiz zusammenstieß. Vorgänge, die zwar nicht so dramatisch wie ein Erdbeben oder ein Vulkanausbruch verlaufen, weil sie sich über Millionen Jahre erstrecken, deren Auswirkungen für die umgebende Landschaft und damit für die lokale Fauna und Flora aber um so einschneidender sind. So unglaublich es auch klingt: Die Gebirgsauffaltungen in Ostafrika waren, wie Sie noch sehen werden, einer der Auslöser für die Entwicklung der menschlichen Art.

Die rastlose Bewegung der Erdkruste hat Kontinente verschoben, die meisten der heutigen Bergketten aufgefaltet und ehemalige Meeresbecken als trockenes Land zurückgelassen. Doch das, was sich dort an den Plattenrändern der Erdkruste abspielt, ist nur ein Teil der umweltverändernden Ereignisse.

Alles Wasser ist Teil eines einzigen dynamischen Systems

Die Kräfte des Regens, der Flüsse, des Eises und des Windes arbeiten ständig daran, Berge, Täler und Ebenen unseres Planeten abzutragen. Sie greifen den Boden an, zerbrechen ihn mechanisch in immer kleinere Stücke oder lösen ihn auf chemischem Wege auf. So entstehen Geröll, Kies und Sand, die mit chemisch gelösten Substanzen weite Entfernungen zurücklegen, um entweder Landschaften zu bilden oder ins Meer gespült zu werden. Sedimente sammeln sich allmählich auf dem Meeresboden an und werden in Jahrmillionen zusammengepreßt, verformt und zu Bergketten aufgefaltet, um einen neuen Zyklus zu beginnen.

Selbst die größten Gebirge können nicht ewig den Erosionskräften von Wind, Wasser und Eis widerstehen. Alte Bergketten wie die Appalachen in Nordamerika oder der Ural in Rußland waren früher ebenso hoch wie heute der Himalaja, doch sie wurden zu mittelhohen, verhältnismäßig sanft geschwungenen Bergen ausgewaschen. Im Verlauf der 4,6 Milliarden Jahre dauernden Erdgeschichte hätten die Erosionskräfte alle Kontinente abtragen können, so daß der gesamte Globus schon lange unter einem einzigen Ozean verschwunden wäre – wenn nicht ständig neue Berge entstanden wären, die die Erde vor diesem Schicksal bewahrten.

Die Oberfläche der Erde ist zu drei Vierteln mit Wasser bedeckt. Die Gesamtmenge des Wassers bleibt konstant, aber seine Form ändert sich ständig. Ob als Meerwasser oder Eis, Wolke, Schnee, Regen, Quelle, Fluß oder See – alles Wasser ist Teil eines einzigen, dynamischen Systems. In einem endlosen Kreislauf bewegt es sich zwischen Land, Meer und Atmosphäre. Etwa drei Prozent allen Wassers besteht aus Süßwasser. 75 Prozent davon ist in Eiskappen eingefroren, 95 Prozent des Restes ist als Grundwasser im Boden gespeichert. Das meiste Grundwasser war ursprünglich Regen oder Schnee, der durch ein Netzwerk von Poren zwischen den Bodenpartikeln versickert ist. Dort, wo Wasser in eine Vertiefung oder eine Senke mit einem nichtporösen Boden fließt oder sich hinter einem Damm sammelt, bilden sich Seen. Die meisten Senken und Dämme sind durch Bewegungen der Erdkruste oder die Tätigkeit von Gletschern entstanden. Nicht ganz Land noch ganz Wasser sind die Sumpf-

und Feuchtgebiete, die aus verschlammten Seen oder an Küstenrändern und in Flußmündungen durch häufige Überschwemmungen entstehen.

Gerade der Grenzbereich zwischen Wasser und Land ist in besonderer Weise Ausgangspunkt folgenreicher biologischer Veränderungen.

Die amerikanische Biologin Loren Eiseley beschreibt in großer Anschaulichkeit diesen fortwährenden Wandel: »Manche Teile [der Erde] sind weder Land noch See, und so bewegt sich alles aus dem einen Element ins andere und trägt mit Unbehagen die seltsamsten Übergangsformen, die das Leben an solchen Orten annimmt. Einige Fische kommen aus dem Wasser und atmen Luft und sitzen da und schauen dich an. Pflanzen gehen dazu über, Insekten zu fressen, Säugetiere gehen ins Wasser zurück und entwickeln einen länglichen Fischkörper, Krebse klettern auf Bäume. Nichts bleibt dort, wo es begonnen hat, weil in der instabilen Umwelt alles ständig zwischen den Elementen hin- und herkriecht.«[29]

Im Regenschatten von Bergen oder im Inneren der Kontinente sind Wüsten entstanden, die so unterschiedlich sind wie die in der Sonne glühende Sahara und die eisbedeckte Antarktis, und sie können am Tage heiß und in der Nacht kalt sein wie die Kalahari in Afrika.

Die Wirkung der Schwerkraft führt dazu, daß an den Hängen von Hügeln die obere Schicht des Bodens nach unten gleitet. Schwankungen der Temperatur und der Luftfeuchtigkeit führen abwechselnd zur Ausdehnung und Zusammenziehung des Bodens, der sich dann fast unmerklich mit einer Geschwindigkeit von einigen Zentimetern im Jahr abwärts bewegt.

Meeresströmungen üben einen starken Einfluß auf das Klima der benachbarten Kontinente aus. So bewirkt der warme Golfstrom, daß Nordwesteuropa sich eines vergleichsweise milden Klimas erfreut, während der kalte Humboldtstrom vor der Küste Chiles die Lufttemperatur absenkt. In den Tiefen der

Meere fließen langsame, aber mächtige Strömungen, die sich mit den Oberflächenströmen zu einem ozeanischen Netzwerk zirkulierender Wassermengen verbinden und Energie, mineralische Ablagerungen und organische Nährstoffe austauschen.

Durch die Anziehungskraft des Mondes bilden sich in den Meeren der Erde zwei Flutberge aus: einer an der dem Mond zugewandten Seite, ein zweiter auf der entgegengesetzten Seite des Globus. Die Höhe der Flutberge wird von der Schwerkraft der Sonne, je nach Stellung, verstärkt oder abgeschwächt. Während die Erde sich in 24 Stunden einmal um sich selbst dreht, erfährt jede Küste zwei Hochwasser und zwei Niedrigwasser. Der ständige Strom von Ebbe und Flut führt zu Wirbeln im Wasser, die wiederum Reibung erzeugen und auf Kosten der Erdrotation Energie verbrauchen. Die Gezeiten wirken wie Bremsen auf die sich drehende Erde. Der morgige Tag wird 45 Milliardstel Sekunden länger sein als der heutige. Das ist wenig, aber schon in etwa 220 Millionen Jahren ist eine Stunde daraus geworden, und wenn wir um knapp 900 Millionen Jahre zurückrechnen, stellen wir fest, daß der Tag zu jener Zeit nur 20 Stunden und das Jahr dementsprechend 438 statt 365 Tage hatte.

Endlos weite Landschaften aus Schnee, Eis und Wasser beherrschen die polaren Breiten. Nur langsam verändert sich diese Szenerie, wenn das aus dünnen Schollen bestehende Eis sich um die Pole ausdehnt oder zurückzieht und Eisberge sich von den Küstengletschern lösen, um mit den Meeresströmungen fortzutreiben.

Der Nordpol liegt mitten in dem von einer dünnen Eisdecke überzogenen Nordpolarmeer, während sich der Südpol auf der Landmasse der Antarktis befindet. Dieser Kontinent, der doppelt so groß wie Australien ist, wird fast völlig von einer durchschnittlich 2000 Meter mächtigen Eiskappe bedeckt. Würde das gesamte Eis der Antarktis schmelzen, stiege der globale Meeresspiegel um 55 Meter an.

In den Ländern, die am Rande der nördlichen und südlichen Eisgrenze liegen, wirkt sich die extreme winterliche Kälte, verbunden mit sommerlichen Auftauperioden, entscheidend auf die Geländeform aus. Gletscher gehören zu den mächtigsten Werkzeugen der Landschaftsgestaltung. Sie bilden sich oberhalb der Schneegrenze, indem sich Schneeschichten aufeinandertürmen, die die sommerliche Schmelze überstehen. Durch den Druck der Schneemassen werden die Schneeflocken in Eis verwandelt. Über 17 Millionen Kubikmeter Gletschereis bedecken heute etwa elf Prozent der Erdoberfläche. Das meiste davon entfällt auf die gewaltigen Eisdecken Grönlands und der Antarktis; der Rest verteilt sich auf Berggletscher, von denen es über 100 000 auf der Erde gibt. Sie sind auf allen Kontinenten, mit Ausnahme Australiens, zu finden.

Das bloße Gewicht eines Berggletschers verformt die Eiskristalle, so daß sie zu fließen beginnen und übereinandergleiten. Auf ihrem Weg talwärts tragen sie Geröll mit sich, das in den oberen Bereichen von den steilen Talwänden herabgestürzt ist oder das sie vom Grundgestein abgeschabt haben. Wenn das Eis schmilzt, wird das Geröll am vorderen Gletscherrand abgelagert und bildet einen Wall quer durch das Tal. Hinter solchen Geröllwänden, die Hunderte von Metern hoch sein können, entstehen nicht selten Seen.

Kontinentale Eisdecken haben im Laufe von mehr als 50 Millionen Jahren große Teile des Planeten überzogen. Nach erdgeschichtlichen Begriffen sind Eiszeiten jedoch eher seltene Ereignisse. Die erste Eiszeit fand vermutlich vor 2000 Millionen Jahren statt, die nächste begann 1300 Millionen Jahre später. In jüngerer Zeit sind sie häufiger aufgetreten. Bis zu drei Kilometer dicke Eisdecken haben sich fünfmal nach Süden vorgeschoben. Es hat zehn größere und bis zu 40 kleinere Eiszeiten gegeben. Das Eis blieb gewöhnlich 80 000 bis 100 000 Jahre liegen; die Zwischenzeiten dauerten 10 000 bis 20 000 Jahre. Der moderne Mensch tauchte erst in der letzten Eiszeit auf.

Einen Eindruck von der letzten Eiszeit vermitteln die Mikrofossilien (darunter Pollen) in den beiden aus dieser Zeit noch bestehenden Eisdecken der Antarktis und Grönlands. Die Eiszeit trat plötzlich ein, mit dramatischen Wirkungen. Das globale Klima änderte sich, regional unterschiedlich, aber überall mit Kälteeinbrüchen. Die Stürme wurden stärker, die Niederschläge erhöhten sich, und eine dichte Wolkendecke baute sich auf, die die Sonnenstrahlen reflektierte. Die mittlere Temperatur fiel um drei bis acht Grad Celsius und die Oberflächentemperatur der Meere um zwei bis sechs Grad Celsius. Die polaren Eiskappen dehnten sich aus, und Eisdecken überzogen die kontinentalen Hochebenen, um schließlich den größten Teil der gemäßigten Breiten unter sich zu begraben.

Mehr als ein Drittel des Landes lag unter einer 2000 Meter dicken Eisschicht. Zugleich sank der Meeresspiegel um 60 bis 120 Meter, da das Wasser durch das Eis gebunden wurde. Die Küstenlinien verschoben sich um 160 Kilometer und mehr. Großbritannien war mit dem europäischen Festland, Alaska mit Sibirien verbunden. Winde trugen die ungeschützten Meeresböden ab, so daß die Luft zehnmal mehr Staubpartikel enthielt als heute.

In den eisfreien Tropen, der Klimazone beiderseits des Äquators, war es kälter und trockener als heute; die Subtropen, die Übergangszonen zwischen den Tropen und den gemäßigten Zonen, waren feuchter, mit großen Seen in Nordafrika. In Nordamerika schürfte das Eis die Becken der großen Seen aus. Die Platten der Erdkruste sanken unter dem gewaltigen Gewicht der Eisdecken ab. Als das Eis sich zurückzog, begannen sie wieder aufzutauchen – ein Prozeß, der heute noch nicht beendet ist. Große Gebiete wie Kanada und Skandinavien, die mitten unter der Eisdecke lagen, heben sich immer noch. Kanada gewinnt jedes Jahr mehr Land und wird sich vermutlich noch weiter heben, nur nicht die Ostküste, die offenbar langsam absinkt.

Noch ist nicht endgültig geklärt, was eine Eiszeit auslöst. Milutin Milankovic, ein serbokroatischer Geophysiker, stellte 1924 die These auf, daß die Eiszeiten das Ergebnis von Veränderungen in der Umlaufbahn der Erde um die Sonne seien. Nach seinen Berechnungen entsprachen diese Veränderungen den Temperaturänderungen zu jener Zeit, als sich die Eisdecken vorschoben und wieder zurückzogen. Heute ist diese Theorie allgemein anerkannt.

Nichts bleibt so, wie es ist: Magnetfeld, Erdatmosphäre, Wind und Klima

Es ist nicht nur das Klima, das im Laufe der Jahrtausende erheblichen Schwankungen unterworfen ist, selbst auf das Magnetfeld der Erde ist kein Verlaß. Untersuchungen von altem magnetischen Gestein deuten darauf hin, daß das Erdmagnetfeld nicht immer dieselbe Richtung besaß. Wenn geschmolzenes Gestein an die Oberfläche fließt, richten sich die magnetischen Teilchen nach dem globalen Magnetfeld aus. Diese Ausrichtung bleibt nach dem Abkühlen und Erstarren der Gesteinsschmelze erhalten, so daß die Richtung und Intensität des Erdmagnetfeldes gespeichert wird. Die Auswertung vieler solcher Lavaproben verschiedenen Alters und von unterschiedlichen Orten brachte eine derjenigen Überraschungen ans Tageslicht, mit denen die oft mühevolle Arbeit der Forscher manchmal belohnt wird: Das Erdmagnetfeld hat in den vergangenen 3,6 Milliarden Jahren neunmal die Richtung gewechselt. Es gab also Zeiten, in denen eine Kompaßnadel wie heute zum geographischen Nordpol gezeigt hätte, und es gab Zeiten, in denen sie die entgegengesetzte Richtung angezeigt hätte. In den letzten 4000 Jahren ist das Erdmagnetfeld um mehr als 50 Prozent schwächer geworden, das bedeutet, die Erde steuert auf eine erneute Umpolung in einigen tausend Jahren zu. Dann werden Kompaßnadeln ihre Richtung umkehren, und Tierarten, die das Magnetfeld zur Orientierung benutzen, müssen sich einem veränderten Feld anpassen.

Die Erdatmosphäre ist für uns lebensnotwendig: Weil sie uns mit Sauerstoff versorgt und weil sie uns vor schädlichen Strahlen sowie Gesteinsbrocken und anderen Körpern aus dem Weltall schützt. Überdies ist sie für den Austausch von Energie und Wasserdampf zuständig und sorgt dafür, daß der relativ enge Temperaturbereich, innerhalb dessen der Mensch leben kann, nicht über- oder unterschritten wird. Die Atmosphäre besteht aus verschiedenen Schichten mit jeweils charakteristischen Merkmalen. Die untere Schicht enthält den größten Teil des atmosphärischen Wasserdampfs, der auch als Wasser oder Eis vorhanden sein kann. Die über ihr liegende Schicht ist trocken und enthält größere Mengen von Ozon. Darüber ist die Dichte der Gase so gering, daß wir, abgesehen von den durch Ultraviolettstrahlen hervorgerufenen schweren Verbrennungen, in dieser Umgebung nicht überleben würden.

Winde, Wolken und Stürme transportieren die Wärme aus den Regionen des Äquators über den Globus. Warme Winde kommen aus äquatorialen Gebieten, kalte aus Polarregionen. Die Klimazonen der Erde werden bestimmt durch die Intensität der Sonneneinstrahlung, durch das weltweite Windsystem und den Einfluß der Gebirge, Kontinente und Meeresströmungen. Wenn das globale Klima sich ändert, beginnen die Klimazonen zu wandern. Als vor etwa 18 000 Jahren die Kontinente unter gewaltigen Eisdecken lagen, verschoben sich die Klimazonen in Richtung Äquator und verengten sich. Die gegenwärtige globale Erwärmung infolge des durch Zunahme von Kohlenstoffdioxid wachsenden Treibhauseffektes beginnt die Klimazonen polwärts zu schieben. Derartige Veränderungen können sich so schnell vollziehen, daß ein Teil der Pflanzen und der Tiere, die sich in bestimmten Klimazonen entwickelt haben, nicht mehr imstande sind sich anzupassen und aussterben.

Ob als leichte Brise oder als mächtiger Sturm: Winde wehen immer aus einem Gebiet hohen Luftdrucks in ein Gebiet niedrigen Luftdrucks. Dabei tauschen sie Wärme zwischen dem Äquator und den Polen aus, bewegen die Oberflächenströme der Meere, bringen mit ihren Wolken Regen und Schnee, treiben die gegen die Küste schlagenden Wellen an und formen die Landschaften der Erde. Die polaren Ostwinde, die Passate und die Westwinde der mittleren Breiten verdanken ihr Entstehen letztlich den Temperaturunterschieden zwischen den Polen und dem Äquator.

Zu den heißen Winden, die aus den Wüsten wehen, gehören der Schirokko in Nordafrika, der Brickfielder im Süden Australiens und der Santa Ana in Kalifornien. Der aus der Mojave Desert nach Westen wehende Santa Ana erreicht Geschwindigkeiten von fast 100 Kilometern in der Stunde. 1982 fachte er ein Feuer an, das 500 Wohnungen in der kalifornischen Stadt Anaheim zerstörte. Wüstenwinde legen oft große Strecken zurück. Die mit rotem Sand beladenen Winde der Sahara sind gelegentlich bis nach Großbritannien vorgedrungen. In enge Täler einfallende Winde können sehr heftig werden, wie der Mistral in Frankreich. Eisige Winde fegen manchmal im Vorfrühling durch das Rhônetal und vernichten das auf dem Halm stehende Getreide.

Das Leben von drei Milliarden Menschen, der Hälfte der Weltbevölkerung, ist vom jahreszeitlichen Zyklus des Monsuns abhängig. Ein Wind, der durch die jahreszeitlich bedingte ungleichmäßige Erwärmung der tropischen Landmassen und Meere durch die Sonne entsteht. Sechs Monate des Jahres leiden die Länder Südostasiens unter Dürre. Gegen Ende der Trockenzeit werden die Nahrungsmittel knapp, die Wasservorräte schwinden dahin, und die Generatoren der Wasserkraftwerke können nicht mehr genügend Strom erzeugen. Dann, mit dem Beginn der Regenzeit, fallen plötzlich sintflutartige Niederschläge auf das ausgedörrte Land. Die bäuerlichen Gemeinden erwachen zu neuem Leben; Wasser und Strom stehen wieder reichlich zur Verfügung.

Schnell aufsteigende Warmluft, die zu einem Gewitter führt, bildet gelegentlich eine schmale Säule heftig rotierender Winde aus: einen Tornado. Die wirbelnde Luft erreicht Geschwindigkeiten zwischen 160 und 480 Kilometern pro Stunde. Die Vereinigten Staaten werden alljährlich von 700 bis 1200 Tornados heimgesucht. 50 bis 100 Menschen finden dabei gewöhnlich den Tod. Im April 1974 fegte ein 19 Stunden währender Supersturm mit 148 Tornados über 13 Staaten hinweg und richtete einen Schaden in Höhe von 600 Millionen Dollar an. 315 Menschen wurden getötet und über 6000 verletzt. Die rotierenden Winde eines Tornados können auf ihrer oft nur weniger als 100 Meter breiten Bahn Häuser zerstören, Autos umwerfen und Bäume entwurzeln, Fahrzeuge, Dächer, Menschen und Tiere in die Höhe reißen und über beträchtliche Entfernungen mit sich forttragen.

Tropische Wirbelstürme entwickeln sich während der heißesten Monate des Jahres über den warmen Meeren. Im Atlantik werden sie nach dem Windgott der Maya Hunrakan als Hurrikane, im Indischen Ozean als Zyklone (zusammengerollte Schlange) und im westlichen Pazifik nach Tai Fung, dem chinesischen Wort für »großer Wind«, als Taifune bezeichnet.

Ständig entladen sich rund 2000 Gewitter über unserem Planeten. Die zahllosen Blitze, die auf die Erde schlagen, sind Teil eines gewaltigen globalen Stromkreises. Bei schönem Wetter lädt sich die Luft elektrisch auf, Blitze gleichen das elektrische Feld zwischen Luft und Erde wieder aus. Ein Gewitter erzeugt ohrenbetäubende Donnerschläge, Sturzregen, Windböen und Hagel.

Durch die Schräglage der Erdachse zur Sonnenumlaufbahn kommt es bei der ein Erdenjahr dauernden Umrundung der Sonne dazu, daß sich der Winkel, mit dem die Sonnenstrahlen auf einen bestimmten Ort der Erde auftreffen, während des

Jahres von Tag zu Tag verändert. Je steiler dieser Winkel ist, um so größer ist die Wärmemenge pro Fläche. Mit anderen Worten: Die Neigung der Erdachse – das ist die gedachte Linie, um die sich die Erde um sich selbst dreht – ist dafür verantwortlich, daß es jahreszeitliche Temperaturschwankungen gibt, die um so ausgeprägter sind, je weiter man sich vom Äquator entfernt. So kann es zum Beispiel im Norden von Kanada oder Sibirien zu Temperaturdifferenzen zwischen Sommer und Winter von mehr als 60 Grad Celsius kommen.

Das sind Voraussetzungen, die der dortigen Pflanzen- und Tierwelt erhebliche Anpassungsanforderungen abverlangen, entsprechend dünn ist die Besiedelung in diesen Regionen. Im Gegensatz dazu kommt es in den feuchtwarmen tropischen Gebieten, in denen nahezu konstante lebensfreundliche klimatische Bedingungen herrschen, zu einer unermeßlichen Mannigfaltigkeit des Lebens. Dort gibt es eine Vielzahl von unterschiedlichen Arten in jeder Tierfamilie, wie zum Beispiel bei den Affen, den Papageien, den Kolibris und anderen mehr, Hunderte von verschiedenen Käfer- und Mückenarten und gar Tausende von Schmetterlingsarten. Doch auch die Graslandschaften und Wälder in den gemäßigten Klimazonen, ja sogar die Wüsten tragen zur biologischen Vielfalt maßgeblich bei. Nimmt man die Pflanzenarten in unseren Breiten, die hier wegen der jahreszeitlichen Klimaänderungen zu verschiedenen Zeiten im Jahr auftauchen, zusammen, so kommt man bei den Gattungen auf annähernd die gleiche Anzahl wie in den immergrünen tropischen Regenwäldern. Dort sind eher die verwandten Arten innerhalb einer Gattung oder Familie zahlenmäßig größer, das gilt vor allem für die Insekten, wie Spinnen und Termiten.

Die Ursachen, die zu Veränderungen der physikalischen Umweltbedingungen führen, können auch ganz anderer Natur sein. Jedes Jahr zieht die Erde mehr als eine Million Tonnen Material aus dem Weltall an. Die meisten der Materieteile verglühen in der Atmosphäre, bevor sie den Boden erreichen. Größere Brocken, die die Atmosphäre durchdringen und auf die Erde auftreffen, werden Meteoriten genannt. Bisher sind etwa 2000 Meteoriten gefunden worden. Je nach Art ihrer Zusammensetzung werden sie in drei Arten eingeteilt: Sie bestehen entweder überwiegend aus Eisen, überwiegend aus Eisen und Mineralien oder überwiegend aus Gesteinsmaterial. Jeder Art entspricht eine Schicht im Erdinneren. Das legt die Vermutung nahe, daß diese kosmischen Teile während der Geburt des Sonnensystems beim Auseinanderbrechen planetenähnlicher Körper entstanden, die groß genug waren, um Schichten aufzubauen, wie sie die heutige Erde hat. Das große Bombardement endete, als die Erde noch jung war. Das bedeutet nicht, daß riesige Meteoriten der Vergangenheit angehören. Statistisch gesehen ist es nur eine Frage der Zeit, wann der nächste große Brocken auf die Erde trifft.

All diese Einflüsse verändern fortwährend den Lebensraum auf unserem Planeten. Damit entpuppt sich die biblische Darstellung der Schöpfung auch im Bereich der unbelebten Natur als unrichtig. Die Erde ist kein unveränderliches Gebilde mit festgefügter Gestalt, sondern genau wie die lebende Natur einem ständigen Wandel unterworfen. Sowohl die geologischen, geographischen und klimatischen Wandlungen als auch die durch die lebendige Natur selbst hervorgerufenen Umweltveränderungen waren die treibenden Kräfte der biologischen Evolution – und sie sind es selbstverständlich heute noch und auch zukünftig.

8. Fahren wir mit der Zeitmaschine zurück...

Die Zeit der Einzeller und Mehrzeller, der Wasserpflanzen und Wirbellosen

Lassen Sie uns die Jahrmillionen der biologischen Entfaltung in großen Zeitschritten durchwandern, um zumindest die herausragenden Erfindungen der Evolution aufzuspüren, jene Errungenschaften, die es dem Leben ermöglichten, Wasser, Land und Luft zu erobern.

Funde von Mikrofossilien belegen, daß es bereits vor drei Milliarden Jahren mehrere unterschiedliche Formen bakterienähnlicher Organismen gab. Um uns eine annähernde Vorstellung von dem relativen Zeitablauf der wichtigsten Phasen dieser unser Begriffsvermögen übersteigenden Zeitspanne zu verschaffen, wollen wir die Gesamtzeit mit einem Erdenjahr vergleichen. Damit es sich leicht rechnen läßt, nehmen wir einfach an, daß das Leben vor genau 3,65 Milliarden Jahren begann, so daß zehn Millionen Jahre einem Tag entsprechen, und scheren wir uns nicht um die, wie wir wissen, schwierige Definition des Begriffs *Leben.* Setzen wir uns in eine Zeitmaschine, und fahren wir zurück in den Januar unseres biogeschichtlichen Kalenders (siehe Seite 300), die Zeit, in der es bereits Formen einfachster Organismen gibt. Einige ähneln Algenfäden, während einige mit keinen der uns bekannten Mikrolebewesen Ähnlichkeiten aufweisen, andere scheinen mit Bakterien identisch zu sein.

Die Bakterien ernähren sich anfänglich von den verschiedenen Kohlenstoffverbindungen des Urmeeres, die viele Millionen Jahre gebraucht haben, um sich dort anzureichern. Als die Nahrung für die üppig gedeihenden Formen knapper wird, beginnen einige von ihnen, statt fertige Nahrung aus der Umgebung aufzunehmen, in ihren Zellen selbst organische Verbindungen überwiegend aus Kohlenstoff und Wasserstoff herzustellen. Die dafür notwendige Energie liefert die Sonne. Es sind die *Blau-*

algen, die ein Verfahren »erfinden«, bei dem sie den benötigten Wasserstoff aus dem Wasser beziehen. Ein Vorgang, welcher Sauerstoff freisetzt, der, wenn die Grenze seiner Löslichkeit im Wasser überschritten ist, in die Atmosphäre entweicht.

Die Anreicherung der Atmosphäre mit Sauerstoff war eine der entscheidenden Weichenstellungen in der Geschichte des Lebens. Und es resultiert eine weitere Konsequenz aus dem Auftreten sauerstofffreisetzender Organismen. Der von ihnen produzierte Sauerstoff schließt jede Möglichkeit aus, daß Leben auf der Erde noch einmal in derselben Weise entstehen könnte. Sein heftiges Reaktionsvermögen würde die Entstehung jeglicher komplizierter organischer Verbindungen verhindern.

Das Leben bleibt für einen beträchtlich langen Zeitraum in diesem Entwicklungsstadium, bis ein weiterer Sprung gelingt. Beispiele für die Art von Lebewesen, die damals entstanden, lassen sich in jeder Pfütze finden. Ein Tropfen davon unter dem Mikroskop betrachtet zeigt, daß es in ihm von winzigen Lebewesen wimmelt. Manche drehen sich, andere kriechen und wieder andere schießen wie Raketen durch das Blickfeld. Sie sind alle einzellig, aber sie haben einen viel komplizierteren Aufbau als Bakterien, sie besitzen bereits einen Zellkern. Mikrofossilien beweisen, daß Zellen von dieser Kompliziertheit vor etwa 1,3 Milliarden Jahren auftauchten, also erst Ende August unseres erdachten Bio-Jahres.

Tausende von unterschiedlichen *Einzellern* bilden sich, und es manifestiert sich die von den Blaualgen eingeleitete Teilung im biologischen Werden. Eine Teilung, die den weiteren Weg des Lebendigen gravierend bestimmt. Einige dieser Einzeller können die organischen Baustoffe, die sie für ihren Stoffwechsel benötigen, mit Hilfe von Sonnenenergie aus Wasser und Kohlenstoffdioxid selbst erzeugen, andere sind dazu nicht in der Lage, sie ernähren sich von den organischen Substanzen, die andere Organismen produziert haben. Die einen sind die Urzellen der Pflanzenwelt, die anderen die Urzellen des Tierreiches, beide haben den gleichen Ursprung. Es läßt sich nicht leugnen: Voraussetzung für unser Dasein und das unserer tierischen Verwandten ist die Existenz von Pflanzen, sie sind der Anfang jeder Nahrungskette.

Bei dem Versuch, eine allgemein gültige Definition dafür zu finden, was Tier und was Pflanze ist, kommt man in Schwierigkeiten. Diese unserer Denkstruktur entsprechende Vorliebe, alles in abgegrenzte Kategorien einzuteilen, stößt wieder einmal auf Widerstand. Ein Beispiel für das Problem, welches sich in diesem Fall auftut, ist eine dritte Gruppe von Organismen, die überwiegend ein recht unauffälliges Leben führen und dennoch wichtige Funktionen im Zusammenspiel der belebten Umwelt ausüben. Es sind die Pilze, von denen es heute die verschiedensten einzelligen und mehrzelligen Formen gibt. Sie werden zwar in der Regel dem Pflanzenreich zugeordnet, ernähren sich aber wie tierische Lebewesen von organischen Substanzen lebender oder toter Organismen. Sie sind weder Tier noch Pflanze.

Ein weiterer entscheidender Schritt im Ablauf der biologischen Geschichte folgt. Es entstehen *Mehrzeller*, sowohl pflanzliche als auch tierische. Warum? Welche Vorteile in der Auseinandersetzung mit den konkurrierenden Einzellern sind damit verbunden? Der wesentliche Grund dafür ist leicht einzusehen: Durch die Möglichkeit zur Arbeitsteilung können sich die Zellen eines Zellenverbandes auf bestimmte Aufgaben spezialisieren und diese dadurch effizienter bewältigen als Einzeller, die immer Alleskönner bleiben müssen.

Der Weg zur Vielzelligkeit begann bei Pflanzen und Tieren vermutlich, indem die Tochterzellen nach der Zellteilung zusammenblieben, und sobald sie es »gelernt« hatten, mit Hilfe von chemischen Stoffen miteinander zu kommunizieren, konnte die Arbeitsteilung beginnen.

Daß diese Hypothese nicht unbegründet ist, beweisen die *Schwämme*, die zu den ersten vielzelligen Tieren gehörten. Trennt man die Körperzellen eines Schwammes, indem man ein solches Tier durch ein Sieb drückt, und führt sie anschließend erneut zusammen, so erkennen sich die vereinzelten Zellen, verbinden sich und bauen einen neuen Körper auf. Dabei kann jede Zelle jede Funktion übernehmen. Doch nur Zellen, die von einem Exemplar stammen, können sich wieder vereinen, Zellen verschiedener Individuen stoßen sich ab.

Mit der Spezialisierung der Zellen hat die Evolution eine neue, eine höhere Plattform der biologischen Entfaltung erreicht, auf der die Formenvielfalt der Organismen gravierend zunimmt. Sinneszellen sowie Organe zum Beutefang und zur Fortbewegung im Wasser bilden sich, Geschlechts- und Verdauungsorgane werden komplizierter. Diese biologischen Veränderungen nehmen viele Millionen Jahre in Anspruch, sie bilden die Basis für weitere Entwicklungen, die sich um so rascher vollziehen, je umfangreicher und vielseitiger die Lebensbausteine werden.

Es ist die Zeit der Schwämme, der Hohltiere (Nesseltiere, Rippenquallen) sowie der Würmer und anderer *Wirbelloser*, bei denen sich nun eine bevorzugte Bewegungsrichtung einstellt, was dazu führt, daß am vorderen Körperteil eine Kopfregion entsteht, in der sich Sinnesorgane und Nervenzellen konzentrieren. Da Körperwendungen nach beiden Seiten gleich wahrscheinlich sind, werden die linke und die rechte Körperhälfte gleichermaßen mit Muskeln, Nerven und Sinnesorganen ausgestattet. Innerhalb dieser sogenannten *Zweiseitentiere* trennen sich bald zwei Entwicklungslinien. In der einen Linie entstehen die *segmentierten Gliedertiere* mit den Insekten und in der anderen die *Wirbeltiere*.

Wenn ich bei der Schilderung des Evolutionsverlaufs hin und wieder den Begriff Entwicklung verwende, sollte Sie das nicht dazu verleiten, eine wesentliche darwinsche Erkenntnis aus den Augen zu verlieren. Die zunehmende Komplexität der Organismen beruht nicht darauf, daß der Evolutionsprozeß einem bestimmten Ziel zustrebt, sondern darauf, daß komplizierte

Systeme einfacheren oft überlegen sind. Es gibt aber auch eine Vielzahl entgegengesetzter Entwicklungen. Lebewesen sind nur in dem Maße kompliziert, wie sie es zum Überleben sein müssen, und die Richtung der biologischen Veränderungen wird allein durch den Erfolg bei der Bewältigung der Umweltanforderungen bestimmt.

Drei Viertel der Erde gehören den Fischen

In 540 Millionen Jahre alten Gesteinen (das wäre aus der ersten Novemberwoche unseres Evolutionskalenders) finden sich Überreste von Wesen, denen man die Bezeichnung *Protofische* gegeben hat. Bei manchen Arten sind Kopf und Körper mit knöchernen Platten bedeckt, sie haben am Vorderende zwei Augen, und am Hinterende des Panzers entspringt ein muskulöser Schwanz mit einem Flossensaum. Mit Schwanzschlägen konnten sie sich zwar im Wasser fortbewegen, aber ihr schweres Vorderteil drückte ihren Kopf nach unten dicht an den Grund. Ohne Kiefermaul waren die Protofische nicht in der Lage, beschalte Tiere zu verspeisen, statt dessen durchstöberten sie den Meeresboden, indem sie mit ihrem Rundmaul Schlamm und Wasser aufnahmen, die verwertbaren Teile herausfilterten und den Rest durch die Spalten auf jeder Körperseite wieder abgaben.

In den folgenden 100 Millionen Jahren erscheinen die *Korallen* und beginnen Riffe zu bauen. Einige der segmentierten Tiere wandeln sich zu Formen, die bald das Wasser verlassen werden; aber auch bei den Protofischen gibt es Veränderungen. Sie bekommen Kiefer, und die knöchernen Schuppen in der Haut, die diese Kiefer bedecken, werden größer und schärfer und entwickeln sich zu Zähnen. Nun sind sie keine primitiven Schlammfilterer mehr, sie können beißen. Die Hautlappen, die ihnen auf beiden Seiten des Körpers gewachsen sind und das

Steuern erleichterten, werden zu Flossen. Zum ersten Mal beginnen von Flossen angetriebene Jäger geschickt und zielsicher im Meer zu schwimmen.

Etwa Mitte November unseres Kalenders, also vor 400 Millionen Jahren, kommt es zu einer Spaltung der Fischgesellschaft in *Knorpel-* und *Knochenfische.* Eine Gruppe verliert fast den gesamten Knochenanteil und entwickelt ein viel elastischeres und leichteres Material, nämlich Knorpel. Nachkommen dieser Gruppe sind *Haie* und *Rochen.* Genau wie ihre Vorfahren schwimmen sie, indem sie die hintere Körperhälfte kräftig bewegen und mit dem Schwanz schlagen. Die zweite große Fischgruppe behält ihr Knochengerüst. Ihre Nachkommen beherrschen heute die Weltmeere.

Wie Sie wissen, ist der Energiebedarf eines Autos, sprich: Benzinverbrauch, um so höher, je größer der zu überwindende Luftwiderstand ist. Der Luftwiderstand wiederum hängt von der Fahrgeschwindigkeit und der Form des Fahrzeugs ab. Die physikalischen Bedingungen beeinträchtigen ganz wesentlich die Form einer Autokarosserie, vor allem dann, wenn das Fahrzeug für hohe Geschwindigkeiten konzipiert und Benzin teuer ist.

Das gleiche Problem stellt sich den Fischen, und zwar in verschärfter Form, denn die Dichte des Wassers ist etwa achthundertmal so hoch wie die der Luft, so daß schon der kleinste strömungsungünstige Vorsprung als Bremse wirkt. So wie Autos mit geringerem Benzinverbrauch durch die Auslese der Käufer bevorzugt werden, genauso wird ein stromlinienförmiger, also Nahrung sparender Körperbau bei schnell schwimmenden Fischen von der natürlichen Auslese mit besseren Überlebenschancen belohnt.

Oder, um es anders, pointiert mit den trefflichen Worten des englischen Zoologen und Schriftstellers David Attenborough zu sagen: »Sobald sich eine Art in das offene Meer begibt und sich auf große Geschwindigkeiten verläßt, entweder um zu fressen oder um nicht gefressen zu werden, verfeinert die unbarmherzige Auslese im Zuge der Evolution die Fischgestalt bis zu dieser leistungsfähigen und strömungstechnisch günstigen Form.«[30]

Daß dies so ist, bestätigt die Tatsache, daß Arten, die zu den verschiedensten Familien gehören, jeweils eine hohe Vollkommenheit der Körperform entwickelt haben, wodurch diese Arten einander sehr stark ähneln. (Das gilt übrigens – um bei unserem Beispiel zu bleiben – in gleicher Weise für Automobile, deren Formen, unabhängig vom Fabrikat, mit dem Ansteigen der Benzinpreise einander immer ähnlicher wurden.)

Nicht anders als das feste Land, bietet das Wasser die verschiedensten Lebensräume. Von den filigranen Bauten der Riffs zu den Gebirgen und Ebenen auf dem Meeresgrund, von den Wäldern aus Tang zu den blauen, lichtdurchfluteten Gewässern der Ozeane und zu der ewigen Finsternis in Meerestiefen bis jenseits von 2000 Metern, von den stillen Seen zu den reißenden Flüssen, überall haben sich Fische den speziellen Bedingungen angepaßt und zum Teil erstaunliche Fähigkeiten entwickelt. Ihr Geruchssinn ist gut ausgebildet; schon in einer frühen Stufe ihrer Entwicklung vermochten sie Geräusche wahrzunehmen; auch ihr Sehvermögen haben sie früh erworben.

Während die Knorpelfische überwiegend nur schwarzweiß sehen können, ist die Farbwahrnehmung der Knochenfische dagegen meistens ausgezeichnet. Fische besitzen außerdem einen Sinn, der den Menschen fehlt: Sie können mit ihrem Körper Druckveränderungen im Wasser wahrnehmen, was besonders für solche Arten wichtig ist, die in Schwärmen leben und vermeiden müssen, ständig miteinander zu kollidieren. Andere Fähigkeiten, zum Beispiel was die Orientierung oder die Kommunikation mit Artgenossen betrifft, sind uns noch weitgehend unbekannt.

Drei Viertel der Erdoberfläche sind mit Wasser bedeckt, drei Viertel der Erde gehören den Fischen.

Die ersten Landpflanzen, Landtiere und Pioniere der Luft

Zu jener Zeit, als sich die ersten Knorpelfische bildeten, tauchten die ersten Landpflanzen auf, die wir kennen. Es sind blattlose, sich verzweigende Fasern, die als Kohleablagerungen in Mittelwales und im Feuerstein in Schottland gefunden wurden. Ähnlich den Moosen besaßen sie keine Wurzeln. Wenn man ihre Stengel unter dem Mikroskop untersucht, sieht man, daß sie Strukturen enthalten, die Moose dagegen nicht besitzen: lange dickwandige Zellen, die als Wasserleitung im Stengel dienen. Diese Konstruktion gab ihnen Halt und ermöglichte ihnen, mehrere Zentimeter aufrecht zu stehen. Das klingt nicht aufregend, bedeutet aber einen wichtigen Fortschritt.

Derartige Pflanzen bildeten zusammen mit Moosen dichte verfilzte Teppiche, Miniaturwälder, die sich von Buchten und Flußufern in das Landesinnere ausbreiteten und den ersten Tieren, die das Land besiedelten, eine Lebensgrundlage boten. Diese ersten Landtiere waren wirbellose, segmentierte Wesen, die Vorfahren der heutigen *Tausendfüßer*. Zunächst ohne Feinde und mit üppigem Nahrungsangebot, gediehen sie prächtig. Einige dieser Arten, die sich durch die feuchten, grünen Sümpfe hindurchfraßen, brachten es auf die beachtliche Länge von zwei Metern.

Der Wechsel vom Leben im Wasser zum Landleben war mit der Lösung einiger Probleme verbunden. Die gravierendsten Schwierigkeiten waren die Umstellung der Atmung auf Luftsauerstoff und die Bewerkstelligung der Fortpflanzung außerhalb des Wassers. Wie wir wissen, gelang beides. Statt der fiedrigen Kiemen, die bei den im Wasser lebenden Vorfahren, den *Krebsen*, mit einem Stiel am Bein befestigt waren, entwickelten die Tausendfüßer ein System von Atemröhren. Jede Röhre beginnt mit einer Öffnung an der Seite ihres Chitinpanzers (Chitin: stickstoffhaltige Zuckerverbindung) und verzweigt sich im Körperinneren in ein feines Netzwerk, das alle Organ- und Gewebezellen mit gasförmigem Sauerstoff versorgt und auf entgegengesetztem Wege das Kohlenstoffdioxid nach draußen transportiert.

Was die Fortpflanzung betrifft, so war klar, daß die Männchen und Weibchen nun zusammenkommen mußten, um die Samenzellen direkt auf die Eier zu übertragen, da das Wasser als Transportmittel der Samen ausschied. Und genau das tun die Tausendfüßer, die übrigens nicht, wie ihr Name verspricht, tausend, sondern maximal 680 Beine haben, manche bringen es nur auf acht.

Als dann einige der Landbewohner dazu übergingen, Jagd auf andere Tiere zu machen, um sie zu verspeisen, trat ein neues Problem auf. Für sie bestand nun die Gefahr, bei der Fortpflanzung nicht als Sexualpartner, sondern als Nahrung angesehen zu werden. Eine Gruppe dieser räuberischen Wesen waren die Vorfahren der heutigen *Skorpione.* Sie erfanden Rituale und Beschwichtigungsgesten, die den andersgeschlechtlichen Artgenossen davon abhielten, den paarungswilligen Bewerber zu töten. Eine entscheidende Neuheit im Repertoire des Lebens.

Während die ersten segmentierten Tiere ihre Anpassung an ein Leben auf dem Land, fern der Feuchtigkeit, vervollkommneten, wandelten sich auch die Pflanzen. Weder die Moose noch die anderen Formen hatten echte Wurzeln, um das Wasser zwischen den Teilchen des Bodens zu erreichen. Drei Pflanzengruppen erschienen, die einen solchen Aufbau hatten. Es waren *Schachtelhalme*, *Bärlappe* und *Farne.* Sie haben im Inneren verholzte Gefäße, die das von den Wurzeln aufgenommene Wasser weiterleiten. Die gewonnene Festigkeit ermöglichte ihnen einen höheren Wuchs, und das führte zu einer neuen Form von Wettbewerb unter den Pflanzen.

Alle grünen Pflanzen sind auf Licht angewiesen, die Energiequelle für die chemischen Prozesse, durch die sie ihre Nahrungsstoffe aus einfacheren Substanzen herstellen. Wachsen sie nicht hoch genug, laufen sie Gefahr, von ihren Nachbarn beschattet zu werden. Diese Konkurrenz führte dazu, daß die Bärlappe und Schachtelhalme in dichten Reihen, 30 Meter hoch und mit Stämmen von zwei Metern Durchmesser, die Sumpfgebiete überzogen. Die Überreste ihrer Stämme und Blätter finden sich heute in Form von Kohle. Die Dicke und Ausdehnung der Kohleflöze sind ein eindrucksvoller Beweis für die Ausbreitung und die Lebensdauer der frühen Wälder. Andere Arten dieser beiden Gruppen wuchsen auch weiter landeinwärts und vermischten sich dort mit Farnen, die große, weitausgebreitete, blattartige Strukturen entwickelten, die sehr viel Licht aufnehmen konnten. Auch sie wurden groß, ähnlich den Baumfarnen, die noch heute in tropischen Regenwäldern gedeihen.

Die zunehmende Höhe der Wälder hatte fundamentale Konsequenzen für die tierischen Lebewesen. Einst gab es eine Überfülle von Blättern und Sporen dicht über dem Boden, und nun hatten die hohen Stämme diese Nahrungsquelle weit nach oben entrückt und ein dichtes Blätterdach gebildet, das das Licht fernhielt. Der Boden dieser Wälder war bestenfalls schwach bewachsen. Einige der vielbeinigen Pflanzenfresser fanden nun ihr Futter nur, indem sie an den Bäumen hinaufkrochen.

Doch es mag noch einen anderen Grund gegeben haben, der die Überlebenschancen derjenigen Tiere erhöhte, denen es gelang, auf Bäume zu klettern, denn zu dieser Zeit erschienen landlebende Tiere eines ganz neuen Typs. Sie hatten eine Wirbelsäule, vier Beine und eine feuchte Haut, und sie waren Fleischfresser. Es waren die ersten *Amphibien*, die Vorfahren der *Salamander*, *Molche* und *Frösche*.

Die Vielfalt der Formen als Produkt der biologischen Evolution nahm nun mit steigender Geschwindigkeit zu. Für die primitiven *Insekten*, die ihr Futter fanden, indem sie auf Baumfarne und Schachtelhalme krabbelten, war der Aufstieg mühsam genug, der Abstieg und erneute Aufstieg, um auf einen anderen Baum zu gelangen, zweifellos lästig, oder richtiger ausgedrückt: unwirtschaftlich. Ob die Entwicklung einer bis dahin unbekannten Fortbewegungsmethode mit diesen Hindernissen etwas zu tun hatte, kann niemand beweisen, doch sicher ist: Einige der primitiven Insekten »lernten« vor rund 300 Millionen Jahren zu fliegen. Die fehlende Konkurrenz ermöglichte den frühen Arten, sich zu enormer Größe zu entwickeln, und bald erschienen *libellenartige Insekten* mit einer Spannweite von 70 Zentimetern, die größten Insekten, die es je gab. Solche ausgefallenen Formen verschwanden, als der Luftraum stärker bevölkert wurde.

Nun begannen *Nadelhölzer* ihren Siegeszug. Heute besteht ein Drittel der Wälder auf der Erde aus Nadelhölzern. Der größte lebende Organismus der Welt ist der *Riesenmammutbaum* in Kalifornien, der 100 Meter hoch wird, und ein anderer Nadelbaum, die *Borstenkiefer*, die im trockenen Bergland im Südwesten der USA wächst, besitzt die längste bisher bekanntgewordene Lebensdauer von fast 5000 Jahren. Sie keimten zu einer Zeit, als der Mensch im Nahen Osten gerade das Schreiben erfand, und sie sind während der ganzen Zeit der menschlichen Zivilisation am Leben geblieben.

Nadelhölzer schützen ihre Stämme gegen mechanische Beschädigungen und Einwirkungen von Insekten durch eine gummiartige Substanz, das Harz. Tritt es aus der Wunde aus, ist es zunächst dickflüssig, der flüssigere Bestandteil, das Terpentin, verdunstet, und der zurückgebliebene zähe Klumpen versiegelt die Wunde sehr wirkungsvoll. Gelegentlich wirkt er aber auch als Falle. Insekten, die ihn berühren, kleben daran fest und werden, wenn noch mehr Harz austritt, darin begraben. Derartige Harzklumpen haben sich als das beste Konservierungsmittel aller Zeiten erwiesen. Sie sind als sogenannter Bernstein erhalten, der in seiner durchscheinenden goldenen Tiefe vorzeitliche Insekten eingeschlossen hat. Sie enthalten eine sehr umfangreiche Insektengesellschaft, in der Angehörige aller heutigen

Gruppen vertreten sind. Die ältesten bekannten fossilen Harze mit Insekteneinschlüssen stammen aus dem Libanon; sie sind rund 130 Millionen Jahre alt.

Insekten waren die ersten Tiere, die die Luft besiedelten, und Millionen Jahre waren sie dort allein. Aber ihr Leben war nicht gefahrlos. Ihre alten Widersacher, die Spinnen, entwickelten zwar keine Flügel, aber sie bauten Fallen aus Seide zwischen den Zweigen in den Flugbahnen der Insekten und forderten weiterhin ihren Tribut.

Die Pflanzen begannen schließlich die Geschicklichkeit der Insekten zu ihrem eigenen Vorteil auszunutzen. Die Verbreitung ihrer Geschlechtszellen durch den Wind war vom Zufall abhängig, die Insekten dagegen bieten ein viel sicheres Transportsystem. Es begann eine revolutionäre Entwicklung der Pflanzen: Das Erscheinen der *Blütenpflanzen* veränderte das Aussehen der Erde.

Der Insektenbauplan hat eine fast unermeßliche Vielfalt von Formen hervorgebracht. Nur bei einem Merkmal gibt es eine Begrenzung: bei der Körpergröße. Die größten heute lebenden Insekten sind nicht viel größer als 30 Zentimeter. Aber warum werden Käfer nicht so groß wie Dachse, und warum erreichen Falter nicht die Größe von Schwalben? Der begrenzende Faktor ist das Atemsystem, das wie bei ihren nahen Verwandten, den Tausendfüßern, aus Atemröhren besteht. Über kurze Entfernungen arbeitet dieses System ausgezeichnet, doch wenn die Länge der Röhren zunimmt, wird es immer unwirksamer. Einige haben die Begrenzung ihrer Körpergröße überwunden, indem sie das System der Arbeitsteilung »erfanden«, jenes Prinzip, das sich beim Übergang von Einzellern zu Mehrzellern erstmals offenbarte.

In Kolonien, deren Mittelpunkt eine eierlegende Königin bildet, werden die erforderlichen Arbeiten für den Wohnungsbau, die Nahrungsbeschaffung oder zur Verteidigung der Gemeinschaft gegenüber Feinden von speziell befähigten Individuen ausgeführt. Überall in den Tropen findet man Termitenhügel, die in manchen Gegenden in Gruppen von bis zu 100 Stück dicht gedrängt beieinander angeordnet sind. Ein einziger Hügel kann mehrere Millionen Tiere beherbergen. Eine weitere Gruppe von Insekten hat sich ebenfalls einem Leben in Kolonien verschrieben, das dem der Termiten ähnelt. Es sind Insekten mit schmalen Taillen, häutigen Flügeln und vielfach auch kräftigen Stacheln: *Wespen*, *Hummeln*, *Bienen* und *Ameisen*.

Die Insekten besiedelten das Land schon vor den Wirbeltieren, und sie sind noch heute überaus erfolgreich. Es gibt keinen Organismus, der von ihnen nicht in irgendeiner Weise ausgebeutet wird. Sie werden uns auf jeden Fall überleben.

Die Ära der Amphibien

Nehmen wir den Faden der biologischen Evolution noch einmal zu jenem Zeitpunkt auf, in dem eine weitere Episode in der Geschichte des Lebens begann: als Fische sich auf den Weg machten, das Land zu besiedeln. Das war vor 350 Millionen Jahren, in den letzten Tagen des Novembers unseres erdachten Kalenders. Wie die Wirbellosen mußten auch sie das Problem der Fortbewegung auf dem Land und die Umstellung auf Luftatmung bewerkstelligen. Viele Fossilien aus jener Zeit zeigen primitive Knochenfische mit muskulösen Brustflossen, die geeignet waren, auch auf dem Land vorwärts zu kommen. Die bekanntesten dieser Fische waren die *Quastenflosser*, sie könnten Vorfahren der ersten auf dem Land lebenden Wirbeltiere gewesen sein.

Als außergewöhnliches wissenschaftliches Ereignis wurde im Dezember 1938 der Fang eines fast zwei Meter langen Fisches mit kräftigen Kiefern und Schuppen vor der südafrikanischen Küste gefeiert. Die Mannschaft des Kapitäns Harry Goosen hatte den urigen Fisch aus 75 Metern Tiefe an Bord gehievt. Professor

J. B. C. Smith an der Grahamstown University identifizierte ihn als Quastenflosser, einen Fisch, von dem man angenommen hatte, daß er seit mehr als 70 Millionen Jahren ausgestorben sei. Erst 14 Jahre später ging ein weiteres Exemplar dieser Art Anglern an den Haken, und zwar 3000 Kilometer vom ersten Fangort entfernt, in der Nähe der Komoren, einer Inselgruppe zwischen Madagaskar und der Küste Tansanias. Inzwischen sind dort mehrere Dutzend weiterer dieser *lebenden Fossilien* gefangen und intensiv untersucht worden.

Im Januar 1987 gelangen dem deutschen Verhaltensforscher Hans Fricke in einem Tauchboot erstmals spektakuläre Filmaufnahmen lebender Quastenflosser. Der stahlblaue Fisch mit den weißen Flecken lebt an der Steilhangzone der ozeanischen Inselgruppe, wo er sich tagsüber in rund 200 Metern Tiefe in schützenden Höhlen und Nischen verbirgt und erst nachts auf die Jagd nach kleineren Fischen und Tiefseeaalen geht. Im Zeitlupentempo paddelt er wie ein Vierfüßer durch die Meerestiefen des Indischen Ozeans: linke Brustflosse und rechte Bauchflosse vor, dann rechte Brustflosse und linke Bauchflosse vor, in einem Rhythmus, mit dem sich an Land auch Lurche und Leguane fortbewegen. Die Verwandtschaft der Quastenflosser mit den Vierfüßern scheint offensichtlich.

Viele Sümpfe in den Überschwemmungsgebieten afrikanischer Flüsse werden in der Trockenzeit von der Sonne zu steinhartem Schlamm gebacken. Dennoch lebt hier ein Fisch, der *Lungenfisch*, der die Trockenzeit als Luftatmer übersteht. Wenn die Tümpel eintrocknen, gräbt er sich im Schlamm des Bodens ein, rollt sich zusammen und kleidet seine Höhle mit Schleim aus. Er hat zwei Taschen, die sich vom Darmkanal öffnen und mit deren Hilfe er Luft atmen kann. Diese Säcke sind einfache Lungen, die es ihm ermöglichen, mehrere Monate zu überleben. Wie molekulargenetische Befunde zeigen, könnten auch Lungenfische in die Vorfahrenlinie der landlebenden und über Lungen atmenden Wirbeltiere gehören.

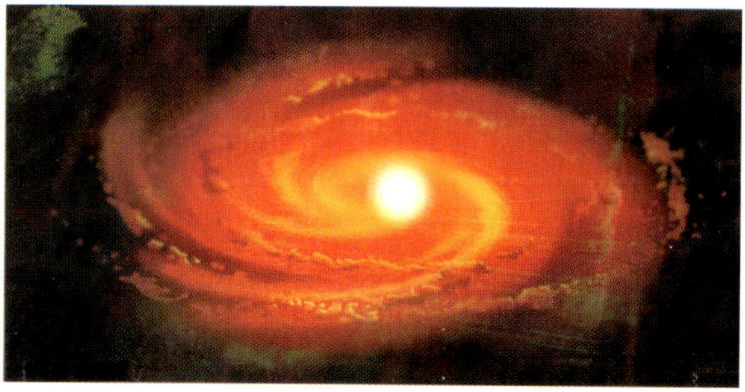

Konzentration von Masse, hervorgerufen durch winzige Dichteunterschiede im formlosen kosmischen Meer aus gasförmigem Wasserstoff und Helium sowie nukleare Vorgänge führten zur Geburt unzähliger Sternenhaufen. Einer der zahllosen Sterne in »unserer« Galaxie ist die Sonne. Sie wird, wie vermutlich viele andere Sterne auch, von kleineren und größeren Planeten und Tausenden von Bruchstücken umkreist, die sich aus Staub und Gasteilchen bildeten.

Viele zigtausend Kleinstplaneten, die Planetoiden, die wegen ihres sternähnlichen Aussehens auch Asteroiden genannt werden, bewegen sich auf langgestreckten elliptischen Umlaufbahnen um die Sonne. Dabei kommt es auch zu Kollisionen mit anderen Planeten. Bisher hat man etwa 100 Krater auf der Erdoberfläche entdeckt, die von solchen Zusammenstößen zeugen.

Wie zahlreiche Krater belegen, unterliegen die Planeten unseres Sonnensystems einem ständigen Beschuß aus dem Weltall. Das gilt auch für die Erde, wenngleich der weitaus größte Teil der kosmischen Trümmer durch die Reibungsenergie in der Atmosphäre verdampft. Hin und wieder geraten jedoch auch größere Brocken in das Schwerefeld der Erde und hinterlassen ihre Spuren.

Nachdem sich unser Planet abgekühlt hatte, dauerte es viele Millionen Jahre, bis sich in einer vielfältigen chemischen Umgebung in den Urmeeren organische Molekülstrukturen bildeten, die in der Lage waren, Informationen über ihren Aufbau zu speichern und diese Informationen durch Teilung weiterzugeben. Nun konnte eine Entwicklung beginnen, die jeweils auf dem erreichten Stand aufbaute. Eine Entwicklung, die unter dem Druck konkurrierender Systeme zu immer komplizierteren Organismen und schließlich zu einer unglaublichen biologischen Vielfalt führte.

Ein Ergebnis dieses evolutionären Vorgangs, dessen Zielrichtung im wesentlichen durch die Fähigkeit des Überlebens bestimmt wird, ist der Mensch. Sein Werdegang verlief keineswegs geradlinig. Nur einer der zahlreichen von der Evolution hervorgebrachten Menschentypen blieb übrig. Auch unsere Vettern, die Neandertaler, die sich über mehrere Hunderttausende von Jahren auf der Erde behaupten konnten, blieben vor rund 40 000 Jahren auf der Strecke.

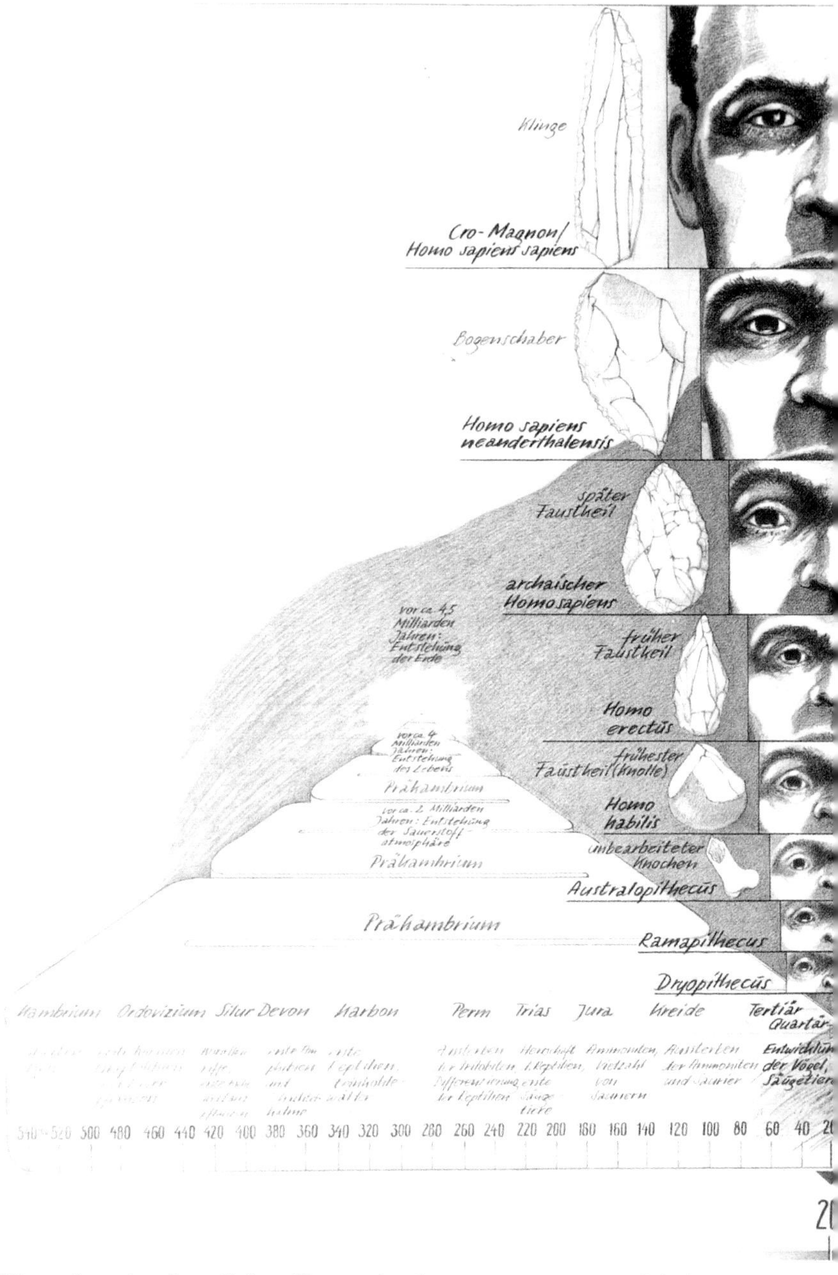

Die äußerst beschwerlichen Umstände, denen unsere vor- und frühmenschlichen Vorfahren ausgesetzt waren, setzten eine verlustreiche Entwicklung in Gang, die zu einer rasanten Zunahme des Gehirnvolumens und schließlich zu der dominierenden Stellung des Menschen führte.

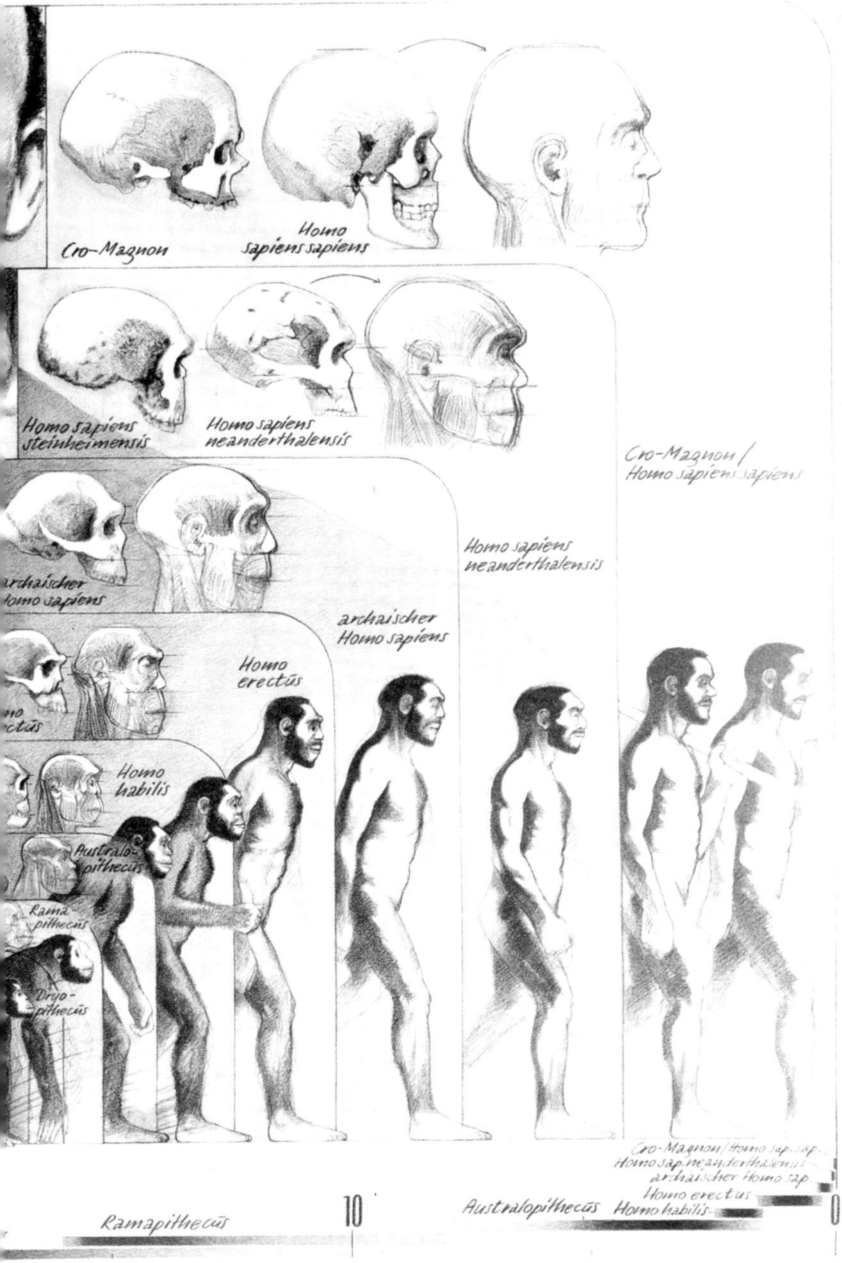

Cro-Magnon
Homo sapiens sapiens
Homo sapiens steinheimensis
Homo sapiens neanderthalensis
Cro-Magnon / Homo sapiens sapiens
Homo sapiens neanderthalensis
archaischer Homo sapiens
Homo erectus
Homo habilis
Australo-pithecus
Rama-pithecus
Dryo-pithecus
Cro-Magnon / Homo sap. sap.
Homo sap. neanderthalensis
archaischer Homo sap.
Homo erectus
Homo habilis
Australopithecus
Ramapithecus
10
0

Saurier in einer ungeheuren Artenvielfalt beherrschten weit über hundert Millionen Jahre lang den Planeten Erde, bis drastische Umweltveränderungen ihrer Vorherrschaft ein Ende setzten und der Aufstieg der Säugetiere begann.

Die nach frühmenschlichen Skelettfunden rekonstruierte Szene einer Bestattung dokumentiert die zu jener Zeit zunehmenden persönlichen Bindungen zwischen den Gruppenmitgliedern und ein wachsendes ethisches Empfinden. Der Übergang vom Tier zum Menschen war vollzogen.

Die lebendige Natur ist ein Geflecht von Abhängigkeiten. Jeder Baum bietet die Existenzgrundlage für zahllose kleinere und jedes Stück Wald den Lebensraum für viele größere Lebewesen. Wälder sind mehr als nur Sauerstoffspender, Kohlenstofflagerstätten, Klimaregulatoren und Baustofflieferanten.

Vom Aussterben bedrohte Tiere und Pflanzen. Im Wasser hatte das Leben seinen Ursprung. Wasser ist auch heute noch Lebensraum für eine von uns weitgehend unbemerkte tierische und pflanzliche Vielfalt, und oft werden nur dort, wo Wasser und Land aufeinandertreffen, die schädlichen Folgen des menschlichen Wirkens in ihrer ganzen Dramatik wahrgenommen.

In besonders überzeugender Weise demonstrieren sogenannte Übergangsformen, wie im Laufe der biologischen Evolution neue Typen schrittweise entstehen. Ein berühmtes Beispiel dafür sind die fossilen Spuren des »Urvogels«, des Archaeopteryx, der zum Teil noch Reptilienmerkmale aufwies, zum Beispiel Zähne, aber auch schon Vogelmerkmale, wie Federn und Flügel besaß. Ein Beweis dafür, daß sich die Vögel aus einer Gruppe der Reptilien entwickelt haben.

Fossile Funde zeigen einen dritten Fisch, den *Eusthenopteron*, der zur selben Gruppe wie der Quastenflosser und der Lungenfisch gehört. Er hatte die kräftigen zur Fortbewegung auf dem Land geeigneten Brustflossen, und wahrscheinlich hatte er ebenfalls die zur Luftatmung geeigneten Darmtaschen. Und: sein Schädel weist das entscheidende Merkmal auf, das alle Landwirbeltiere besitzen und das seine Verwandtschaft mit deren Vorfahren bestätigt, nämlich die Verbindung der Nasenhöhlen mit der Mundhöhle. Untersucht man die Fossilien dieses Eusthenopteron, so ist ein Knochenbaumuster zu erkennen, das bei allen Landwirbeltieren wiederzufinden ist. Welches die entscheidenden Vorteile waren, die dazu führten, daß sich die Nachkommen des Eusthenopteron aufs Land begaben, läßt sich nicht mehr nachvollziehen. Vielleicht war es das große Nahrungsangebot in Form von Würmern, Schnecken und den Insektenvorfahren, das sie an Land lockte; vielleicht war es auch die hohe Sicherheit vor Freßfeinden, die sich ihnen dort bot, denn Reptilien, Vögel und Säugetiere gab es noch nicht. Möglicherweise aber wurden sie zur Umstellung gezwungen, weil sich ihr Lebensraum durch langsames Austrocknen mehr und mehr einschränkte.

Fest steht jedenfalls, es entwickelte sich eine neue Form von Lebewesen: die *Amphibien*. Sie beherrschten in den folgenden 100 Millionen Jahren das Land, das sind immerhin eineinhalb Wochen in unserem Evolutionskalender. Einige dieser Tiere müssen furchterregend gewesen sein. Sie wurden drei bis vier Meter lang, und ihre Kiefer waren mit Reihen kegelförmiger Zähne gespickt.

Die modernen Amphibien unterscheiden sich von den früheren in vielerlei Form, und die Übergänge zwischen den damaligen und den heutigen Formen geben immer noch breiten Raum für Spekulationen. Den besten Eindruck, wie die frühen Arten aussahen, vermitteln die heute lebenden Salamander und Molche, die zur Gruppe der Schwanzlurche gehören. Den größten noch lebenden Schwanzlurch gibt es in japanischen Flüssen. Er erreicht zwar nur ein Viertel der Größe seiner Vorfahren, aber mit einer Länge von eineinhalb Metern und seiner warzigen Haut, die ihm faltig um den Körper hängt, ist er eine beängstigende Erscheinung. Die meisten der modernen Lurche sind jedoch viel kleiner und werden nur fünf bis höchstens 30 Zentimeter lang.

Die Formenvielfalt der Amphibien ist heute noch bemerkenswert. Allen gemeinsam ist ihre mehr oder weniger große Abhängigkeit vom Wasser. Wie die Fischeier haben auch die Amphibieneier keine wasserdichte Schale, so daß die Weibchen zur Eiablage ins Wasser zurückkehren müssen. Während die meisten Arten ihre erste Lebensphase im Wasser verbringen und als Erwachsene auf dem Land leben, haben einige die totale Rückkehr ins Wasser vollzogen.

Es gibt immerhin etwa 300 unterschiedliche Schwanzlurcharten und rund 160 Arten einer Gruppe, die sich auf ein Leben im Boden spezialisiert haben, die beinlosen *Blindwühler*. Doch die bei weitem größte Anzahl der heute lebenden Amphibien gehört zu einer dritten Gruppe: den *Froschlurchen*. Von ihnen sind etwa 2600 Arten bekannt, die man grob in die mit einer glatten und feuchten Haut versehenen *Frösche* und in *Kröten*, die dagegen eine warzige trockene Haut haben, aufteilen kann.

Im Kampf ums Überleben haben sie einige erstaunliche Fähigkeiten entwickelt. Der größte aller Frösche, der Goliathfrosch in Westafrika, kann rund drei Meter weit springen. Andere auf Bäumen lebende Froscharten segeln mit Hilfe der zwischen ihren Zehen befindlichen Häute, die wie kleine Fallschirme wirken, zehn oder gar 15 Meter durch die Luft, um auf einen anderen Baum zu gelangen. Wer einmal versucht hat, einen Frosch zu fangen, weiß, wie schwierig das ist. Sie springen so plötzlich und überraschend, daß auch ein hungriger Vogel oder ein Nahrung suchendes Reptil oft das Nachsehen haben.

Viele schützen sich durch Tarnung, andere verteidigen sich aktiv, indem sie sich zur Abschreckung aufblähen, Warnfarben zeigen oder mit bitter schmeckendem, giftigem Hautsekret abschrecken.

Von Anbeginn ihrer Geschichte waren die Amphibien Jäger und erbeuteten Würmer und andere Wirbellose, die schon vor ihnen das Land besiedelt hatten. Sie tun es auch heute noch, obwohl im Laufe der Evolution größere und stärkere Jäger als sie erschienen sind. Da sie nicht sehr beweglich sind, mußten sie ein anderes Hilfsmittel für die Jagd entwickeln. Die Lösung, zu der ihnen die natürliche Auslese verhalf, war eine vorschnellbare Zunge, eine spezielle Waffe der Amphibien. Sie ist nicht wie unsere Zunge hinten im Mund befestigt, sondern vorn, was es ermöglicht, sie weit herauszustrecken, um mit der klebrigen Spitze die Beute zu packen und als Ganzes in den Mund zu befördern.

Die Amphibienaugen sind von gleicher Bauart wie die ihrer Fischvorfahren. Optisch funktionieren sie ebenso gut im Wasser wie außerhalb. Die einzige Änderung, die nötig war, damit die Augen genausogut in der Luft brauchbar waren, bestand darin, daß ihre Oberfläche saubergehalten werden mußte. So entwickelten die Amphibien die Fähigkeit, die Augen zu schließen, und ein Häutchen, das über den Augapfel gezogen werden kann.

Auch ihre Methode, Schallwellen wahrzunehmen, ist völlig neu. Geräusche durch den Körper wahrzunehmen, funktioniert in der Luft nicht besonders gut. Die meisten der Frösche und Unken besitzen deshalb ein Trommelfell. Parallel zur Verbesserung des Hörvermögens bildete sich die Fähigkeit heraus, Stimmen zu erzeugen. Die Varianten der Töne sind sehr verschieden und die Lautstärken zum Teil beträchtlich.

Die Befruchtung der Amphibieneier erfolgt nach wie vor im Wasser, indem die Samen zu den Eiern schwimmen. Danach folgt in der Regel die Phase des großen Sterbens. Von keiner

Schale geschützt, sind die Eier für viele Insektenlarven und Würmer eine leichte Beute. Auf diejenigen, die bis zum Schlüpfen kommen, stürzen sich Wasserkäfer, Libellenlarven und alle möglichen Fische.

Die Sterberate ist gewaltig, aber auch die Anzahl der gelegten Eier ist riesig. Ein Krötenweibchen kann während ihres Lebens eine Viertelmillion Eier legen. Nur zwei davon müssen sich zu geschlechtsreifen Tieren entwickeln, um den Populationsstand zu erhalten. Diese alte auch von den Fischen angewandte Methode ist simpel, aber verschwenderisch.

Einige Frösche haben ein anderes Verfahren eingeführt. Sie legen vergleichsweise wenige Eier, kümmern sich aber um sie und schützen sie vor räuberischen Tieren. Das geschieht auf unterschiedlichste Weise. Viele Arten sind dazu übergegangen, die Eier mit sich herumzutragen oder sie zu bewachen, bis die Kaulquappen ausschlüpfen. Einige in den Regenwäldern Südamerikas lebende Froscharten wohnen in Baumkronen, wo sie ihre Eier in die mit Wasser gefüllten Blattrosetten ablegen. Bei einer nur zwei Zentimeter langen Krötenart in Westafrika erfolgt die Befruchtung der Eier im Körper des Weibchens, dort leben die ausgeschlüpften Larven bis zur Geburt, die mit dem nächsten großen Regen einsetzt.

Doch wie einfallsreich die Verfahren auch sind, mit denen einige Froschlurche, auf der Flucht vor Feinden, ihre Abhängigkeit vom Wasser im Laufe der Zeit auf ein Minimum reduziert haben, sie bleiben dennoch allesamt darauf angewiesen, daß es manchmal regnet.

Der Erwerb zweier neuer Merkmale, um in Gegenden zu überleben, in denen es keine offenen Gewässer und nur wenig oder gar keinen Regen gibt, stellte den nächsten großen Fortschritt in der Geschichte des Lebens dar. Die ersten Lebewesen, die nicht nur eine wasserdichte Haut besaßen, sondern auch wasserdichte Eier produzierten, beendeten die Ära der Amphibien und leiteten das Zeitalter der *Reptilien* ein.

Reptilien erzeugen ebenso wie Amphibien ihre Körpertemperatur nicht selbst, sie sind von den Temperaturbedingungen ihrer Umgebung abhängig; allerdings können sie sich wegen ihrer wasserundurchlässigen Haut im Gegensatz zu Amphibien auch der direkten Sonnenstrahlung aussetzen. Durch gezielte Aufwärmphasen in der Sonne und Abkühlungen im Wind oder im Wasser gelingt es ihnen, eine annähernd konstante Körpertemperatur einzuhalten.

Die wasserdichten Eierschalen ermöglichen den Reptilien einerseits, sich auch an wasserlosen Orten zu vermehren, andererseits erfordern sie eine neue Art der Befruchtung; die Eier müssen vor Bildung der Schale im Körper des Weibchens besamt werden. Um dieses Problem zu lösen, ist das Männchen mit einem Penis ausgestattet. Ausnahmen sind die in Neuseeland beheimateten Brückenechsen, die ähnlich wie die Salamander und manche Frösche bei der Begattung ihre Geschlechtsöffnungen gegeneinander pressen. Der männliche Samen schwimmt bei der Brückenechse dann in den weiblichen Eileiter. Der Knochenbau dieser primitiven Echse ist nahezu identisch mit Reptilien, von denen man Fossilien in 200 Millionen Jahre altem Gestein gefunden hat, jenem frühen Stadium ihrer Entwicklung, als sie sich zu Beginn ihres goldenen Zeitalters, Anfang der zweiten Dezemberwoche unseres erdachten Bio-Kalenders, in einer gewaltigen Artenvielfalt weiterentwickelten.

Die vierfüßigen, rauhhäutigen, eierlegenden und von der Umgebungstemperatur abhängigen Lebewesen paßten sich mit Ausnahme der Polargebiete allen Lebensräumen an. Einige lebten im Wasser, wie die *Ichthyosaurier* und die *Plesiosaurier*, ihre Beine wurden zu Paddeln umstrukturiert. Andere wie die *Pterosaurier* entwickelten an den Vorderbeinen verlängerte Zehen, zwischen denen segelähnliche Lappen aus ledriger Haut entstanden, die sie durch die Luft trugen. Und das Land wurde von den *Dinosauriern* beherrscht. Manche waren nicht größer als ein Huhn, andere waren die größten Lebewesen, die es je auf der Erde gab. Der pflanzenfressende *Apatosaurus* (auch *Brontosaurus* genannt) wurde 25 Meter lang und hatte ein Gewicht von wahrscheinlich 30 Tonnen.

Die Saurier haben wie keine andere Tiergattung die Phantasie der Menschen immer wieder angeregt, und so ist ihr Aussterben stets ein bevorzugtes Thema wissenschaftlicher und nichtwissenschaftlicher Spekulationen. Inzwischen sind die Indizien für die Rekonstruktion ihres Abgangs ziemlich vollständig. Anhand pflanzlicher Fossilien läßt sich nachvollziehen, daß es damals vor ungefähr 65 Millionen Jahren eine Veränderung der Flora gegeben hat, und zwar hin zu jenen Pflanzen, die ein kühleres Klima bevorzugten. Daraus läßt sich schließen, daß die Temperatur zu jener Zeit absank. Ein Vorgang, der die wechselwarmen massigen Tiere in Schwierigkeiten bringen mußte.

Ein großer Körper hält die Wärme zwar lange Zeit, aber er braucht auch lange, um sie wiederzugewinnen, wenn er sie verloren hat. Selbst wenn einige Dinosaurier die Fähigkeit hatten, in gewissem Umfang Wärme selbst zu erzeugen, konnte eine Reihe bitterkalter Nächte einem großen Dinosaurier die Wärme unwiederbringlich entziehen. Mit dem stark unterkühlten Körper besaß er dann nicht mehr genügend Energie, um sich zum Grasen aufzuraffen. So könnten eine ständige Abkühlung des Klimas und die zunehmende Ausprägung von Jahreszeiten mit strengen Wintern zum Aussterben der großen Pflanzenfresser geführt haben. Mit ihnen verschwanden schließlich auch die fleischfressenden Arten, die auf sie Jagd machten und daher auf sie angewiesen waren. Die auf den Felsen kauernden *Flugsaurier* waren wohl noch schwerer in Mitleidenschaft gezogen, sie waren bereits viele Millionen Jahre früher ausgestorben.

Es gab zwei Möglichkeiten, der zunehmenden Kälte zu entfliehen. Eine war, sich in Felsspalten zu verbergen oder sich einzugraben, um vor dem stärksten Frost geschützt zu sein, und dann in einer Art Scheintod zu überwintern. Eine Lösung, die nur für kleinere Tiere anwendbar ist. Die andere Möglichkeit war, ins Wasser zu gehen. Da Wasser die Temperatur länger hält als Luft, ist die Auswirkung einer plötzlichen Abkühlung wesentlich geringer, und die Folgen einer langen kalten Jahreszeit sind vermeidbar, wenn man in wärmere Breiten schwimmt. Dieser Ausweg stand großen Tieren offen. Es kann nicht überraschen, daß die drei Hauptgruppen der Reptilien, die aus den Zeiten der Saurier überlebten – *Krokodile*, *Schildkröten* und *Echsen* – sich einen dieser Auswege zunutze machten.

Die Krokodile sind die größten der heute lebenden Reptilien. Die Männchen der großen im Meer vorkommenden Arten in Südostasien sollen mehr als sechs Meter lang werden. Krokodile betreiben teilweise eine intensive Brutpflege, indem sie die Jungen in deren ersten Lebensmonaten ständig bewachen.

Die Vorfahren der Schildkröten stammen aus ebenso alter Zeit wie die Krokodile. Schon früh in ihrer Geschichte entwickelten sie einen besonders wirksamen Schutz: einen aus Hornplatten gebildeten Panzer, der bei Gefahr auch für Kopf und Beine Platz bietet. Das große Gewicht dieser Rüstung führte dazu, daß einige von ihnen ins Wasser gingen, das sie nur zur Ablage ihrer Eier verlassen müssen.

Die dritte Gruppe der überlebenden Reptilien, die Echsen, ist heute viel artenreicher als die der Krokodile und Schildkröten. Sie haben sich gegenüber ihren Vorfahren auch viel stärker verändert. Es gibt viele verschiedene Familien: *Leguane*, *Chamäleons*, *Skinke*, *Warane* und andere. Ihre Körper sind mit Schuppen bedeckt, die wegen ständiger Abnutzung regelmäßig durch neue ersetzt werden und die ihnen aufgrund ihres schlecht verdaulichen hornigen Materials einen gewissen Schutz gegen Freßfeinde bieten.

Im Laufe der Entwicklung haben die Echsen ähnlich wie einige Salamander offenbar dazu geneigt, ihre Beine zu verlieren. Mehrere heutige Arten lassen verschiedene Stadien dieses

Vorganges erkennen. Vor 100 Millionen Jahren, am Ende der dritten Dezemberwoche in unserem Bio-Kalender, muß ein solcher Prozeß bei einigen der Echsenvorfahren stattgefunden haben. Die Folge davon war das Auftreten der *Schlangen*. Wer diese Vorfahren genau waren, ist eine noch immer umstrittene Frage. Der Verlust ihrer Beine scheint jedoch mit einer grabenden Lebensweise zusammenzuhängen. Es gibt zahlreiche Hinweise darauf, daß die unmittelbaren Vorfahren der Schlangen einst im Boden gelebt haben. Solche Tiere neigen auch dazu, ihre Ohren zu verlieren. Vermutlich haben deshalb Schlangen kein Trommelfell, so daß sie praktisch Schallwellen, die durch die Luft übertragen werden, nicht wahrnehmen können, wohl aber Schwingungen im Boden, wie sie etwa durch Fußtritte entstehen.

Nach Meinung einiger Forscher liefern auch die Augen der Schlangen weitere Hinweise auf im Boden lebende Vorfahren. Möglicherweise haben sich die Augen bei der Umstellung auf ein Leben in der Erde zunächst zurückgebildet, und als dann spätere Generationen wieder zu einer Lebensform auf der Erde wechselten – vielleicht weil sich das Nahrungsangebot durch die Zunahme von Säugetierpopulationen merklich verbessert hatte – und damit ein funktionierendes Sehorgan erneut vorteilhaft war, entstand aus den Überresten ein neues sehfähiges Auge. Wahrscheinlich unterscheiden sich Schlangenaugen aus diesem Grund erheblich vom Bau anderer Reptilienaugen. Fest steht, daß die Schlangen einst Beine hatten. Bei verschiedenen Arten sind noch immer Reste von Hüftknochen festzustellen.

Einige *Boas* und *Pythons* erreichen eine derartige Länge, daß sie so große Tiere wie Ziegen und Antilopen angreifen können. Haben sie ihre Beute mit dem Maul gepackt, umschlingen sie sie und verengen ihre Windungen, bis das Opfer seinen Brustkorb nicht mehr ausdehnen kann und erstickt. Die Schlange zieht dann durch Bewegungen der locker miteinander verbundenen Kiefer die Beute in sich hinein. Höher entwickelte Arten töten nicht durch Einschnüren, sondern durch Gift, das sie mit Hilfe ihrer Zähne in das Opfer spritzen.

Schlangen waren die letzte große Reptiliengruppe, die erschien. Ihr biologischer Werdegang bestätigt in überzeugender Weise Darwins Feststellung, daß der Evolutionsprozeß nicht auf ein Ziel gerichtet ist, sondern allein den Anforderungen der Umwelt folgt.

Flucht auf die Bäume, Heil in der Luft: Der Urvogel und seine Nachkommen

Als 1860 in Sonthofen in einer Kalksteinplatte der zarte und unverkennbare Abdruck einer einzelnen, sechs Zentimeter langen Feder gefunden wurde, war das eine wissenschaftliche Sensation. Der Abdruck auf dem Felsen bewies eindeutig, daß hier vor 150 Millionen Jahren ein Vogel existiert hatte.

Welcher Vogelart hatte die Feder gehört? Die Wissenschaftler gaben ihr allein aufgrund der Feder den Namen *Archaeopteryx* (Urvogel). Ein Jahr später entdeckten Sammler das fast vollständige fossile Skelett eines gefiederten Wesens von der Größe einer Taube. Es lag mit ausgestreckten Flügeln im Gestein, ringsum fanden sich unbestreitbar deutliche Abdrücke von Federn (siehe Abbildung Seite XVI).

Das Tier besaß nicht nur an den Füßen, sondern auch an den Zehen der Vordergliedmaßen Klauen, und der lange gefiederte Schwanz wurde von einer knöchernen Verlängerung der Wirbelsäule gestützt. Es war fast ebenso Vogel wie Reptil, und seine Entdeckung zwei Jahre nach der Veröffentlichung von Darwins Hauptwerk »Über die Entstehung der Arten« war eine zeitlich geglückte Bestätigung seiner Behauptung, daß eine Tierart sich über Zwischenformen in eine andere entwickeln könne.

Inzwischen haben andere Funde urzeitlicher Vögel die Fossilienlücke zwischen dem Urvogel und den rund 100 Millionen

Jahre alten Skeletten moderner Vogelahnen geschlossen. In der Provinz Liaoning im Nordosten Chinas wurden die fossilen Überbleibsel eines spatzengroßen Vogels gefunden, dessen Anatomie darauf schließen läßt, daß er bereits über erstaunliche Flugeigenschaften verfügt haben muß; wenn auch primitive Merkmale, zum Beispiel eine kurze, reptilienartige, mit Zähnen bestückte Schnauze, nicht zu übersehen sind. Der auf den Namen *Sinornis santensis* getaufte Vogelahne ist mit 135 Millionen Jahren deutlich jünger als der berühmte Urvogel.

Ein weiteres Vogelfossil wurde in Las Hoyas, einem Ort in der spanischen Provinz Cuenca, entdeckt. Auch dieser um weitere zehn Millionen Jahre jüngere fossile Zeuge mit dem Namen *Iberomesornis*, was soviel heißt wie »in der Mitte stehender Vogel aus Iberien«, zeigt neben den typischen Kennzeichen fliegender Vögel noch Hinweise auf die Reptilienverwandtschaft.

Für jedes fliegende Tier ist es überaus wichtig, ein möglichst geringes Gewicht zu haben. Der Archaeopteryx hatte wie Reptilien massive Knochen, und der schwergewichtige Kiefer mit Zähnen war zum Fliegen eher ungeeignet. Bei richtigen Vögeln sind die Knochen hohl und zur Erhöhung der Stabilität zum Teil mit Verstrebungen versehen. Zur Nahrungsaufnahme haben sie eine leichte Hornstruktur entwickelt: den Schnabel. Er verbessert die Gleichgewichtslage beim Fliegen erheblich, und er ist offensichtlich ein flexibles Instrument der natürlichen Auslese. Mutationen, die die Form des Schnabels verändern, scheinen nämlich besonders oft aufzutreten, da spezielle Anpassungen der Schnabelkonstruktion an unterschiedliche Nahrung häufig zu beobachten sind und in relativ kurzen Zeitspannen ablaufen. Manche Vögel haben kurze, dicke Schnäbel, um Körner zu fressen, andere haben lange, dünne, um Insekten aus Baumrinden zu ziehen. Kräftige, hakenförmige Schnäbel sind dafür geeignet, Aas zu zerreißen, und lange, gebogene, um Nektar aus Blüten zu saugen. Die Liste merkwürdiger Schnabelformen ist so lang, wie die Palette verschiedenartiger Nahrung groß ist.

Die Form der Flügel ist den Anforderungen bei der Nahrungssuche angepaßt. Kurze, stumpfe Flügel erlauben es, in Wäldern durch das Unterholz zu flitzen, dagegen besitzen *Geier* und *Bussarde* großflächige Flügel, mit denen sie mit geringer Geschwindigkeit vom Aufwind getragen in der Luft kreisen, ähnlich wie der *Albatros*, der mit einer Spannweite von drei Metern stundenlang ohne einen Flügelschlag über dem Ozean gleiten kann.

Viele Vogelarten machen jährlich lange Reisen. Der *europäische Storch* zieht in jedem Herbst nach Afrika und kehrt im Frühjahr zurück. Er navigiert Jahr um Jahr mit so großer Genauigkeit, daß immer dasselbe Paar dasselbe Nest auf demselben Dach bezieht. Der Energieverbrauch der Zugvögel auf ihren großen Reisen ist gigantisch, aber die Vorteile sind klar. Am Ende eines jeden Wanderzuges können sie ein reiches Nahrungsangebot ausnutzen, das nur ein halbes Jahr lang besteht. Es bleibt jedoch die Frage zu beantworten, wie sie überhaupt die weit auseinanderliegenden Nahrungsquellen entdecken konnten. Die recht plausible Antwort darauf ist, daß diese Reisen nicht immer so lang waren, erst die Erwärmung der Erde am Ende der Eiszeit vor 11 000 Jahren führte zu immer längeren Reisewegen. Vor dieser Zeit brauchten zum Beispiel Vögel in Afrika nur ein Stück nach Norden zu fliegen, um die Grenze des Eises in Südeuropa zu erreichen, wo es einige Sommermonate lang Insekten in Hülle und Fülle gab, aber keine ständig dort lebenden Tiere, die sie fraßen. Als die Gletscher von Süden nach Norden abschmolzen, wurden neue Landstriche eisfrei und von Insekten und beerentragenden Pflanzen besiedelt und das üppige Nahrungsangebot nach Norden verschoben.

Aber wie finden die Vögel ihren Weg? Offenbar benutzen sie unterschiedliche Methoden, einige sind uns immer noch rätselhaft. Viele Vögel orientieren sich an geographischen Merkmalen, zum Beispiel an Küstenlinien, Gebirgszügen oder Tälern, andere, die nachts fliegen, richten sich nach den Sternen, was dazu führt, daß sie sich in wolkigen Nächten gelegentlich verirren. Doch es muß noch andere Fähigkeiten geben. Wie ist es sonst zu erklären, daß manche Vögel, die man mit dem Flugzeug an einen beliebigen Ort transportiert, zielstrebig und auf kürzestem Weg zu ihrem Nest zurückfinden? Wie man herausgefunden hat, können sie sich am Magnetfeld der Erde orientieren.

Das Leben eines Vogels hängt in beträchtlichem Maße von seinen Federn ab. Sie halten ihn warm, und sie ermöglichen es ihm zu fliegen. Entsprechend dem hohen Stellenwert, den die Federn für das Überleben des Vogels haben, wird ein großer Teil der Zeit für die Pflege des Federkleids beansprucht und dabei eine Vielzahl von Reinigungsmethoden angewandt. Es wird gewaschen, mit dem Schnabel gekämmt, geölt oder gepudert und von Parasiten befreit.

Federn dienen nicht nur der Wärmeisolierung und der Fortbewegung, mit ihnen werden ebenfalls Botschaften an die Artgenossen übermittelt. Durch buntes Brustgefieder, farbenprächtige Federbüschel oder Flügelmuster, unterstützt von rituellen Handlungen und stimmlichen Ankündigungen geben die Männchen jedes Jahr zu Beginn der Brutzeit bei den Auseinandersetzungen um das Revier nicht nur zu erkennen, welcher Art sie angehören, sondern sie fordern zugleich ihre Kontrahenten zum Kampf um den Besitz des Territoriums heraus und laden die Weibchen ein, ihnen zu folgen.

Welches Kommunikationsmittel überwiegt, hängt vom landschaftlichen Umfeld ab, das der Vogel bewohnt. Scheue Arten, die gewöhnlich unauffällig in lichten Waldungen oder auch im dichten Forst leben, wie die *Nachtigall*, verwenden ein Minimum an sichtbaren Signalen und konzentrieren sich statt dessen auf einen langen und kunstvollen Gesang. Prächtig herausgeputzte Vögel wie *Papageien* oder *Pfauen* stellen sich dagegen an auffälligen Plätzen zur Schau und protzen mit ihrem Federschmuck. Ihre stimmlichen Fähigkeiten dagegen sind eher dürftig und mißtönig.

Alle Vögel legen Eier. Das ist das einzige charakteristische Erbe, welches von ihren Reptilienvorfahren erhalten geblieben ist. Ein anderes Merkmal dagegen unterscheidet sie von ihren Urahnen in besonderem Maße: Vögel mußten, als Voraussetzung zum Fliegen, die Erzeugung einer konstanten hohen Körpertemperatur entwickeln, und da die Embryonen in ihren Eiern die gleiche hohe Temperatur wie ihre Eltern benötigen, um nicht abzusterben, müssen Vögel ihre Eier warm halten. Dies ist eine sehr gefährliche Angelegenheit, können sie doch nicht, um Feinden zu entkommen, das Nest für längere Zeit im Stich lassen, wenn sie nicht das Leben der Jungen aufs Spiel setzen wollen. Auch für dieses Problem hat die natürliche Auslese eine ganze Reihe von Wegen gefunden, das Risiko für Eltern und Eier zu verringern. Die meisten Vögel schützen sich und ihr Gelege durch Bauten, die sie mühselig errichten. So meißelt der *Specht* Höhlen in Bäume, gräbt der *Eisvogel* Löcher in Uferböschungen, und der *Schneidervogel* in Indien näht lebende Blätter zusammen, indem er am Rand Löcher hineinsticht und sie mit Pflanzenfasern zusammenknotet. Die Vielfalt der Nestkonstruktionen ist unerschöpflich.

Wann immer ein gefahrloses Leben auf der Erde möglich ist, neigen vor allem größere Vögel dazu, diese bequemere Alternative wahrzunehmen. Ein Zeichen dafür, daß das Fliegen mit hohem Energieverbrauch und demzufolge mit großem Nahrungsbedarf verbunden ist. Es müssen die ständigen Belästigungen durch die Dinosaurierverwandtschaft gewesen sein, die den Urvogel zuerst auf die Bäume trieben, und die Bedrohungen durch jagende Säugetiere, die seither seine Nachkommen veranlaßten, ihr Heil in der Luft zu suchen.

In der Zwischenphase von einigen Millionen Jahren, als die Dinosaurier verschwunden waren und die Säugetiere noch nicht dominierten, versuchten offenbar Vögel, die Vorherrschaft auf der Erde zu erringen. Vor 65 Millionen Jahren pirschte ein riesiger flugunfähiger Vogel, man nennt ihn *Diatryma*, durch die Ebenen im Westen von Nordamerika. Er verschwand nach einigen Millionen Jahren, aber riesige flugunfähige Vögel sind noch heute an anderen Orten am Leben: *Strauße*, *Nandus* und *Kasuare*. Sie sind keine nahen Verwandten von Diatryma, aber sie haben eine lange Vorfahrenreihe und stammen von Formen ab, die fliegen konnten.

Letztlich waren Vögel wie Diatryma als Jäger nicht klug genug. Eine Gruppe von Tieren entkam ihnen. Es waren damals kleine, unbedeutende Geschöpfe, aber sie waren sehr aktiv. Wie die Vögel waren sie Warmblüter, doch ihr Wärmeschutz bestand nicht aus Federn, sondern aus Fell: die ersten *Säugetiere*. Ihre Nachkommen waren es schließlich, die die Vorherrschaft auf der Erde übernahmen und dafür sorgten, daß die Vögel mehr oder weniger in der Luft blieben.

Auftritt der Säugetiere – vor 150 Millionen Jahren

So wie der fossile Urvogel in eindrucksvoller Weise den Übergang vom Reptil zum Vogel zeigt, genauso überzeugend belegt ein anderes Tier den Übergang vom Reptil zum Säugetier.

Am Ende des 18. Jahrhunderts gelangte das Fell eines seltsamen Tieres nach London, es kam aus der neu gegründeten Kolonie Australien. Das Wesen, von dem das Fell stammte, hatte die Größe eines Hasen, der Pelz war dicht und fein wie der eines Otters, und die Füße trugen Schwimmhäute und Klauen. Es hatte wie Reptilien nur eine hintere Körperöffnung, die sowohl zur Ausscheidung der Exkremente diente als auch Geschlechtsöffnung war. Am eigenartigsten war der lange, flache Schnabel, der an eine Ente erinnerte. Das Tier war, so unglaublich es schien, tatsächlich echt. Doch in welche Klasse des Tierreiches sollte man es einordnen?

Wie die Federn bei Vögeln sind Haare oder Fell ein Merkmal der Säugetiere, also mußte es zu jener großen Gruppe gehören, der auch wir angehören. Die haarige Bekleidung der Säuger dient der Isolierung des Körpers, also mußte das geheimnisvolle Wesen warmblütig sein. Und es besaß noch ein weiteres Kennzeichen der Säugetiere, es hatte Milchdrüsen. Doch das Tier, dem man im Deutschen die Bezeichnung *Schnabeltier* gab und das von der Wissenschaft den griechischen Namen *Ornithorhynchus* erhielt, was zu deutsch »Vogelschnabel« heißt, wartete noch mit einigen anderen Überraschungen auf.

Die Australier berichteten, daß das Tier in den Flüssen Ostaustraliens lebe, sich von Süßwasserkrebsen, Würmern und anderen kleinen Lebewesen ernähre, daß es nicht nur ein guter Schwimmer, sondern auch ein kräftiger und fleißiger Graber sei, der ausgedehnte Tunnel grabe, und sie behaupteten, die Weibchen bauten aus Gras und Schilf unterirdische Nester und ... legten *Eier* hinein. Viele Zoologen in Europa hielten das für absurd. Kein Säugetier legt Eier. Fast ein Jahrhundert lang stritten Naturforscher über diese Frage, bis 1884 ein Weibchen geschossen wurde, in dessen Körper man ein Ei fand. Nun konnte es keinen Zweifel mehr geben: Hier war ein Säugetier, das wie Reptilien Eier legte. Wie sich durch weitere Beobachtungen herausstellte, bleiben die Jungen, wenn sie nach zehn Tagen aus den Eiern schlüpfen, nicht wie alle jungen Reptilien sich selbst überlassen, sondern sie werden von der Mutter mit einer dickflüssigen, fettreichen Milch versorgt, die von Drüsen abgegeben durch das Fell sickert und von den Jungen von den Haarbüscheln abgeleckt wird. Es gibt keine Zitzen, so daß man beim Schnabeltier nicht von einem echten Gesäuge sprechen kann, das den Säugern den Namen gab; aber es ist ein Anfang. Auch die Warmblütigkeit scheint nur unvollkommen entwickelt zu sein. Fast alle Säugetiere halten eine Körpertemperatur zwischen 36 und 39 Grad Celsius. Die Temperatur des Schnabeltieres beträgt nur 30 Grad Celsius und ist beträchtlichen Schwankungen unterworfen.

Es gibt noch ein anderes Lebewesen auf der Erde, bei dem die Mischung von primitiven Säuger- und Reptilienmerkmalen zu finden ist und das ebenfalls in Australien lebt – es ist der *Ameisenigel.* Er verbringt die meiste Zeit entweder schlafend oder watschelt auf der Suche nach Ameisen und Termiten durch den Busch. Der Ameisenigel ist dem Schnabeltier im Grunde recht ähnlich. Er hat Haare und eine einzige hintere Körperöffnung, seine Körpertemperatur ist niedrig, und er legt Eier. Seine Körpergestalt ist wie die des Schnabeltieres zweifellos sehr altertümlich, aber es gibt keine eindeutigen Beweise, welche fossilen Reptilien seine Vorfahren waren.

Wie immer der Stammbaum aussehen mag, zumindest eine Reptilienart vollbrachte vor etwa 200 Millionen Jahren, in der zweiten Dezemberwoche unseres Evolutionskalenders, den Übergang zum Säugetier. Das früheste vollständige Exemplar eines Säugetieres fand man 1966 im südlichen Afrika. Diese Tiere starben offenbar aus. Dann entdeckten Berliner Paläontologen 1976 in einer portugiesischen Braunkohlengrube ein 150 Millionen Jahre altes Fossil eines mausgroßen Tieres mit Zähnen, das darauf spezialisiert war, Insekten zu fressen, und es hatte einen Beutelknochen, wie ihn die heutigen Beuteltiere haben. Seine Jungen mußten sich also in einem Beutel entwickelt haben und dort gesäugt worden sein.

Die Säugetiere traten also spätestens vor 150 Millionen Jahren auf den Plan. Doch sie mußten noch weitere 85 Millionen Jahre warten, bis die Dinosaurier das Feld räumten. Dann, vor 65 Millionen Jahren, begann ihr unaufhaltsamer Aufstieg.

Die ersten eindeutig als *Beuteltiere* identifizierten Fossilien wurden in Südamerika gefunden, was zu der Vermutung Anlaß gibt, daß diese Säuger dort herstammen. Die größte Anzahl von Beuteltieren lebt aber heute nicht in Amerika, sondern in Australien.

Stellt sich die Frage: Wie konnten sie von einem Kontinent zum anderen gelangen? Wie wir aus dem vorangegangenen Kapitel wissen, waren alle heutigen Kontinente einmal miteinander verbunden. Daher sind Fossilien von nahe verwandten Dinosauriern überall zu finden, in Nordamerika wie in Australien, in Europa wie in Afrika. Gegen Ende der Dinosaurierherrschaft zerbrach die große Landmasse in den nördlichen Superkontinent, der das heutige Europa, Asien und Nordamerika umfaßte, und in den südlichen Teil, der aus Südamerika, Afrika, der Antarktis und Australien bestand. Wenn sich nun die ersten primitiven Säuger in Form von Beuteltieren in Südamerika entwickelten, so konnten sie sich auch auf den australisch-antarktischen Bereich ausbreiten, der zwar schon abgedriftet, aber noch über eine Landbrücke mit Südamerika verbunden war.

Inzwischen entwickelten sich auch auf dem nördlichen Superkontinent primitive Säugetiere, die eine andere Ernährungsweise für ihre Jungen hervorbrachten. Statt sie im sehr frühen Entwicklungsstadium in einem äußeren Beutel unterzubringen, behielten sie sie im Inneren des weiblichen Körpers und ernährten sie mit Hilfe einer Plazenta (Mutterkuchen), die es den Jungen ermöglicht, sehr lange im geschützten Mutterleib zu verbleiben. Zweifellos eine evolutionäre Neuheit, die das Risiko für den Nachwuchs herabsetzte.

Die südamerikanischen Beuteltiere gediehen prächtig. Eine große wolfsähnliche Art trat auf und auch ein leopardenähnlicher Fleischfresser mit säbelartigen Reißzähnen. Ihre goldenen Zeiten waren jedoch vorbei, als sich Nord- und Südamerika bei Panama verbanden. Die plazentalen Säuger aus dem Norden machten ihnen den Besitz im Süden streitig. Im Verlauf dieser Rivalität verschwanden viele Beuteltierarten.

Der mittlere Teil der südlichen Landmasse, die heutige Antarktis, driftete in Jahrmillionen über den Südpol, wo es so kalt war, daß er vergletscherte und das Leben auf dem Lande unerträglich wurde.

Mehr Glück hatten die Lebewesen auf dem dritten Teil des ehemaligen südlichen Superkontinents. Das war Australien, das sich nach Nordosten in den Pazifik verschob und seitdem von jedem anderen Kontinent völlig getrennt blieb. Dort konnten sich die Beuteltiere in den letzten 50 Millionen Jahren isoliert entwickeln.

Das wohl bekannteste ist das *Känguruh*, welches sich einer besonderen Methode der Fortbewegung bedient. Es springt, und zwar in großer Vollkommenheit. Seine Hinterbeine sind ungemein kräftig, der lange muskulöse Schwanz wird steif nach hinten ausgestreckt und wirkt als Gegengewicht. Es kann Geschwindigkeiten von 60 Kilometern in der Stunde erreichen und fast drei Meter hohe Hindernisse überspringen.

Das neugeborene Känguruhjunge muß sich nach Art der Beuteltiere unmittelbar nach der Geburt auf eine gefährliche dreiminütige Reise begeben. Wenn es aus der Geborgenheit des mütterlichen Leibes herauskommt, hangelt es sich allein durch das Fell bis in den Beutel. Dort angekommen, hängt es sich an eine der vier Zitzen und beginnt zu saugen.

Der Säugetierkörper, ob mit Beutel oder Plazenta ausgestattet, ist ein komplizierter Organismus, der lange Zeit zu seiner Entwicklung benötigt. Schon als Embryo ist er warmblütig und hat einen hohen Stoffwechsel. Diese beiden charakteristischen Merkmale erfordern, daß das Junge während seiner Entwicklung mit beträchtlichen Nahrungsmengen versorgt wird. Säugetiere haben einen Weg gefunden, um davon weit mehr zur Verfügung zu stellen, als je in einem beschalten Ei enthalten sein könnte.

Die Methode der plazentalen Aufzucht erspart den Jungen die gefährliche Wanderung außerhalb des mütterlichen Körpers in einem sehr frühen Entwicklungsstadium, und sie ermöglicht es der Mutter, alle Bedürfnisse der Nachkommen in der langen Zeit, die sie in ihrem Körper bleiben, zu befriedigen.

Letztlich sollte sich die Methode der Plazentabildung als einer der Faktoren erweisen, die für den Erfolg der *Säugetiere* bei der Eroberung der ganzen Welt ausschlaggebend waren.

Klein, langschwänzig, bepelzt: Die ersten Säugetiere waren Insektenfresser

Auf Borneo lebt ein Wesen mit dem Namen *Tupaja*. Es sieht aus wie ein Eichhörnchen, hat jedoch keine Nagezähne, sondern statt dessen viele kleine spitze Zähne, mit denen es nicht knabbert, sondern kaut. Als man den Aufbau seines Schädels untersuchte, stellte man fest, daß das Tier ein überraschend großes Gehirn hat, und ordnete es deshalb den Vorfahren der Affen und Menschenaffen zu. Die Tatsache, daß es Wesenszüge vieler verschiedener Säugetiergruppen besitzt, deutet tatsächlich darauf hin, daß es jenem urtümlichen Geschöpf ähnlich sein könnte, von dem alle plazentalen Säugetiere abstammen.

Nach den fossilen Skeletten zu urteilen, müssen die ersten Säugetiere, die durch die von den Dinosauriern beherrschten Wälder sprangen, so ausgesehen haben: klein, langschwänzig, spitznasig, dazu vermutlich bepelzt, warmblütig, aktiv und insektenfressend.

Als die Dinosaurier verschwunden waren, kehrte Stille in den Wäldern der Erde ein. Kein großes Tier mehr bahnte sich dort brachial und lautstark den Weg. Doch im Unterholz waren jene tupajaartigen Säugetiere, die schon dagewesen waren, als hier die Dinosaurier hausten, und sie waren noch immer auf Insektenjagd. Die Szene änderte sich in Hunderttausenden von Jahren kaum. Nach menschlichen Maßstäben sind solche Zeiträume eine Ewigkeit. Geologisch gesehen war es nur ein Augenblick. In der Geschichte der Evolution war es eine Phase voll rascher und verblüffender Erfindungen, denn in dieser Zeit brachten die kleinen Insektenfresser Nachkommen hervor, die nach und nach die von den herrschenden Reptilien freigemachten Lebensräume besiedeln konnten und so alle großen Säugetiergruppen begründeten.

Das Tupaja ist nur eines dieser kleinen insektenfressenden Säugetiere, das bis heute überlebt hat. Man findet viele andere überall auf der Welt. Häufig mit irreführenden Namen, die davon zeugen, wie rätselhaft den Menschen ihr wahres Wesen war. In Malaysia – wo auf Borneo auch die Tupajas leben – gibt es ein struppiges Geschöpf mit einer langen Nase, das unerklärlicherweise den Namen *Haarigel* bekommen hat. Das größte dieser kleinen Säugetiere findet man in Afrika, es heißt *Otterspitzmaus*, weil es schwimmen kann. Ebenfalls in Afrika beheimatet sind mehrere Arten rattengroßer Tiere, die springen können. Sie haben lange elegante Beine und einen dünnen beweglichen Rüssel: die *Rüsselspringer*.

Eine Art mit dem Namen *Schlitzrüßler* lebt auf Haiti; auf Madagaskar gibt es verwandte Arten, die *Tanreks* heißen. Manche sind bepelzt, andere haben Stacheln, und in Europa kennt man den *Igel*. Besonders erfolgreich sind die *Spitzmäuse*, die in vielen Teilen der Erde anzutreffen sind. Zu ihnen zählt eines der kleinsten aller Säugetiere, die *Zwergspitzmaus*. Mehrere Spitzmausarten sind dazu übergegangen, wirbellose Beute im Wasser zu jagen.

Ein anderer Insektenfresser sucht seine Nahrung ausschließlich unterirdisch: der *Maulwurf*. Sein strichloser Pelz, dessen kurze Haare in alle Richtungen zeigen, so daß sie weder beim Vorwärts- noch beim Rückwärtslaufen hinderlich sind, schützt ihn bei niedrigen Temperaturen vor größerem Wärmeverlust. Das Sehvermögen ist stark zurückgebildet; dafür besitzt er nicht nur am Kopf eine Nase mit Sinneshaaren als Geruchs- und Tastorgan, sondern auch sein Stummelschwanz ist mit Sinneshaaren besetzt, mit denen er feststellen kann, was hinter ihm vorgeht.

Manche Insektenfresser haben sich frühzeitig darauf spezialisiert, Ameisen und Termiten zu fressen. Das beste Werkzeug dafür ist zweifellos eine lange klebrige Zunge, weshalb auch viele nicht miteinander verwandte Arten ein solches Organ entwickelt haben. In Afrika und Asien leben verschiedene Arten der sogenannten *Schuppentiere*, die es in dieser Hinsicht besonders weit gebracht haben. Die größte Art vermag ihre schleimige Zunge 40 Zentimeter weit aus dem Maul herauszustrecken.

Südamerika hat seine eigene Gruppe von Insektenfressern, die sich schon sehr frühzeitig von den übrigen trennte. Ihre Vorfahren gehören zu jenen plazentalen Säugetieren, die vor 63 Millionen Jahren aus dem Norden über Panama einwanderten. Zu ihnen zählen die *Gürteltiere*, von denen es heute noch etwa 20 Arten gibt. Sie sind durch einen Panzer geschützt, der aus einer breiten Panzerschale über den Schulterblättern, einer zweiten über dem Becken und einigen Halbringen in der Mitte des Rückens besteht, die ihnen, wie die Gelenke einer Ritterrüstung, eine gewisse Beweglichkeit ermöglichen. Ein gefundener versteinerter Panzer von der Größe eines kleinen Autos ist beredter Zeuge, daß es in vergangenen Zeiten wahre Giganten gegeben haben muß.

In Südamerika kommen drei Arten der stark spezialisierten *Ameisenbären* vor. Der kleinste, der *Zwergameisenbär*, lebt nur auf Bäumen und ausschließlich von Termiten. Er hat die Größe eines Eichhörnchens und ein weiches, goldenes Fell. Der zweite Vertreter dieser Gruppe, der katzengroße *Tamandua*, hat einen Greifschwanz und ein kurzes, borstiges Fell. Auch er bewohnt Bäume, kommt aber oft auf den Boden. In den offenen Savannen, in denen die Termitenhügel dicht an dicht stehen, lebt der größte des Trios, der *Große Ameisenbär*, er ist zwei Meter lang. Seine Vorderbeine sind gekrümmt und die Klauen so lang, daß er sie nach innen einschlagen und auf der Außenkante seiner Füße laufen muß. Mit diesen Klauen kann er mit Leichtigkeit einen Termitenhügel aufreißen. Seine zahnlosen Kiefer bilden eine Röhre, aus der beim Fressen seine Zunge herausschnellt und tief in die Gänge des freigelegten Termitenhügels eindringt.

Nicht nur die kriechenden Insekten sind eine begehrte Nahrungsquelle, auch den fliegenden Arten stellen kleine Säuger nach, und zwar überwiegend nachts, da ihnen am Tag die Vögel hoffnungslos überlegen sind. In Malaysia und auf den Philippinen lebt der *Riesengleitflieger*. Er hat die Größe eines großen Kaninchens, und sein Körper ist vom Hals bis zur Schwanzspitze mit einem Hautmantel bestückt, der es ihm bei ausgestreckten Beinen ermöglicht, durch die Luft zu gleiten. Andere Arten, wie die *Gleithörnchenbeutler*, schweben auf dieselbe Weise durch die Luft.

Zu vollendeten Fliegern unter den Säugetieren haben sich die *Fledermäuse* entwickelt. Auf dem Weg zu ihnen mußte die Evolution verschiedene Schwierigkeiten aus dem Weg räumen, die das Erbmaterial der flugunfähigen Vorfahren in sich barg. Ähnlich wie bei Vögeln sind bei Fledermäusen viele das Fliegen erleichternde Veränderungen zu finden. Die Schwanzknochen, die die Flughaut stützen, sind strohhalmdünn geworden oder ganz verlorengegangen. Zwar haben sie die Zähne nicht eingebüßt, doch die Köpfe sind kurz und oft stumpfnäsig, um Kopflastigkeit in der Luft zu vermeiden.

Im Gegensatz zu den eierlegenden Vögeln ist die Fledermaus gezwungen, mit der schweren Last ihres sich entwickelnden Fötus zu fliegen. Daher ist es nicht verwunderlich, daß die Fledermaus in aller Regel jeweils nur ein Junges je Saison zur Welt bringt. Für den Nachtflug mußten die Fledermäuse anstelle Lichtwellen verarbeitender Augen ein anderes wirkungsvolles Navigationssystem »erfinden«, welches ihnen ermöglicht, auch im Dunkeln zurechtzukommen. Sie orientieren sich, indem sie Töne von sich geben und die an den Hindernissen reflektierenden Schallwellen mit Hilfe höchst empfindlicher Hörorgane aufnehmen. Je mehr sich die Fledermaus einem Objekt nähert, um so schneller kommt das Echo zurück.

Einige Insekten haben Systeme entwickelt, um sich vor den Fledermäusen zu schützen. In Amerika gibt es Nachtschmetterlinge, die sich auf die Frequenz des Fledermaus-Orientierungssystems einzustellen vermögen. Sobald sie hören, daß sich eine Fledermaus nähert, lassen sie sich zu Boden fallen. Andere Arten machen einen spiralförmigen Sturzflug, dem die Fledermäuse nur schwer folgen können. Wieder andere können das Signal blockieren oder hochfrequente Töne zurücksenden, die den Fledermäusen weismachen, daß diese Beute ungenießbar und zu meiden sei.

Nicht alle Fledermäuse fressen Insekten. Einige haben entdeckt, daß Nektar und Pollen sehr nahrhaft sind, und haben daraufhin ihr Flugvermögen so verbessert, daß sie wie Kolibris auf der Stelle in der Luft vor einer Blüte verharren können und Nektar sammeln, indem sie ihre lange, dünne Zunge in die Blüten stecken. Die Pflanzen nehmen die Dienste der Fledermäuse als Bestäuber in Anspruch. Die größten aller Fledermäuse, die *Flughunde*, ernähren sich von Früchten. Flughunde, manche mit einer Spannweite von anderthalb Metern, leben nicht in Höhlen, sondern haben ihre Gemeinschaftsschlafplätze in Baumwipfeln, wo Zehntausende wie riesige schwarze Früchte hängen. Andere Fledermäuse sind Fleischfresser geworden. Einige jagen schlafende Vögel, fangen Frösche und kleine Eidechsen. Eine amerikanische Art kann sogar fischen.

Die in Mittel- und Südamerika beheimateten mausgroßen *Vampirfledermäuse* ernähren sich ausschließlich von Wirbeltierblut. Nachts fliegen sie vornehmlich Rinder, Pferde oder Maulesel an, ritzen mit ihren scharfen Schneidezähnen kleine Schnitte in die Haut der Opfer und saugen das Blut aus der Wunde.

Wie aus Huftieren Wale wurden

Säugetiere haben sich nicht nur in die Luft begeben, sondern sind als *Wale* und *Delphine* auch ins Meer zurückgekehrt, dorthin, wo das Leben einst entstanden ist. Von den tupajaähnlichen Urraubtieren spalteten sich nach dem Abgang der Saurier pflanzenfressende Arten ab, die man wegen der für das Laufen auf Grasflächen angepaßten Gliedmaßen als *Huftiere* bezeichnet. Einige dieser Urhuftiere, die die Ahnen solch graziler Wesen wie Antilopen sind, müssen gleichfalls die Vorfahren der warmblütigen, milchproduzierenden Meeressäuger sein. Aus welchen

Gründen auch immer zogen sie es schon zu jener Zeit vor, ihr Heil im Wasser zu suchen, mit Erfolg, wie wir wissen.

Die Hauptunterschiede zwischen den Walen und den frühen Säugetieren sind den Anpassungen an die schwimmende Lebensweise zuzuschreiben. Die Vorderbeine sind zu Paddeln geworden. Die Hinterbeine sind ganz verlorengegangen, bis auf ein paar kleine Knochen, tief im Körper verborgen, die beweisen, daß seine Vorfahren Hinterbeine hatten. Fossile Funde der letzten Jahre belegen in äußerst beeindruckender Weise den Verlauf der Walevolution, die allmähliche Umwandlung vom auf dem Land laufenden Huftier zum heutigen Meeresbewohner.

1993 stießen Wissenschaftler in Pakistan auf das fossile Skelett eines Wales, der offenbar laufen und schwimmen konnte. Das etwa 52 Millionen Jahre alte Fossil wurde in den Ablagerungen eines vorzeitlichen Meeres entdeckt. Man gab ihm den Namen *Ambulocetus natans*, was sinngemäß übersetzt heißt: »gehender Wal, der zugleich schwimmt«. Er hatte die Größe eines Seelöwen und besaß wie Paarhufer noch komplette Vorder- und Hinterbeine. Dem Bau seiner Wirbelsäule nach zu urteilen, schwamm er bereits durch das Auf und Ab seines Körpers, unterstützt von den Schlägen eines kräftigen Schwanzes und den als Paddeln verwendeten Beinen.

Mit welchem »Einfallsreichtum« die Evolution immer wieder Lösungen zur Bewältigung schwierigster Aufgaben findet, zeigt die Umgestaltung der für das Landleben »konstruierten« Geschlechtsorgane auf die Anforderungen einer sich schwerelos vollziehenden Paarung im Meer. Die Genitalien der Wale sind zwar durchaus mit denen anderer Säugetiere, etwa eines Kamels, vergleichbar, sie sind jedoch im Verhältnis wesentlich länger und überaus beweglich. Der Walpenis kann mit Hilfe kräftiger Muskelstränge nicht nur in den Körper zurückgezogen werden, sondern auch aktive Suchbewegungen ausführen.

Das eigentlich Sensationelle entdeckte der deutsche Walforscher Günther Behrmann, als er einen toten Schweinswal aus der Nordsee sezierte. Was seine mikroskopischen Studien ans Tageslicht förderten, war die verblüffende Feststellung, daß das vordere Ende des untersuchten Walpenis mit feinsten Sinneshärchen besetzt war, ähnlich wie sie bei uns in der Nase, am Gaumen und auf der Zunge zu finden sind. Offensichtlich gelangt der Penis durch die von diesen Chemorezeptoren wahrgenommene Duftfährte gesteuert in die Geschlechtsöffnung des Weibchens.

Fell, ein Kennzeichen der Säugetiere, hat nur dann eine wärmeisolierende Wirkung, wenn zwischen den Haaren Luft eingeschlossen ist, und ist für Wesen, die ständig im Wasser leben, ohne Nutzen. So haben Wale, bis auf einige Borsten an der Schnauze, das Fell verloren und sich eine dicke Speckschicht zugelegt, die das Entweichen der Körperwärme verhindert. Für die Bewahrung der Körperwärme ist zugleich ein großer Körper vorteilhaft. Einige Wale haben es zu gewaltiger Größe gebracht. Der *Blauwal*, der größte von allen, wird über 30 Meter lang.

Daß Säugetiere Luft zum Atmen brauchen, ist für diejenigen, die im Wasser leben, ein wirklicher Nachteil. Wale haben dieses Problem verringert, indem sie der Atemluft viel mehr Sauerstoff entnehmen als Landtiere und teilweise Sauerstoff im Muskelgewebe speichern können. So sind zum Beispiel *Finnwale* in der Lage, auf eine Tiefe von 500 Metern zu tauchen und 40 Minuten lang unter Wasser zu schwimmen, ohne Luft zu holen. Noch große Rätsel geben Wale und Delphine den Wissenschaftlern hinsichtlich ihres Orientierungsvermögens und ihrer Kommunikation untereinander auf. Delphine bringen, abgesehen von Ultraschallwellen, die sie ähnlich wie Fledermäuse zur Ortung ihrer Beute einsetzen, eine Vielzahl von Geräuschen hervor, mit denen sie sich untereinander verständigen. Auch die großen Wale haben Stimmen, mit denen sie für ihre Art charakteristische »Gesänge« erzeugen, deren wahre Bedeutung noch weitgehend unerforscht ist.

Ameisenbären, Fledermäuse, Maulwürfe und Wale sind die so unterschiedlichen Ergebnisse, die die natürliche Auslese in solch unterschiedlichen Lebensräumen – nämlich auf dem Land, in der Luft, unter der Erde und im Wasser – aus jenen frühen, Insekten fressenden Säugern hervorgebracht hat.

Das schwierige Leben der Pflanzenfresser und ihrer Feinde

Nach dem Verschwinden der Dinosaurier wurde noch eine andere Nahrungsquelle frei, die nun von den Säugetieren angezapft werden konnte: die Pflanzen. David Attenborough beschreibt diesen Übergang in besonders anschaulicher Weise: »Unsere heutigen Wälder sind im wesentlichen noch ziemlich genauso wie diejenigen, die bald nach dem Erscheinen von Blütenpflanzen vor 50 Millionen Jahren entstanden. Damals gab es wie heute Dschungel in Asien, feuchte Regenwälder in Afrika und Südamerika und kühle, grüne Forste in Europa. Kräuter mit weichen Stengeln und Farne bedeckten den Boden, wo immer genügend Licht war, hochwachsende Bäume streckten ihre Äste aus und bildeten mit ihren Blättern vielschichtige Dächer. Überall sprossen Blätter, Sommer für Sommer, Jahrhundert für Jahrhundert boten sie ein sich stets wieder erneuerndes, unerschöpfliches Nahrungsreservoir für jedes Tier, das es sammeln und verdauen konnte.«

»Die Dinosaurier hatten von Blättern gelebt, hatten junge Bäume in den Eschen-, Ulmen- und Buchenwäldern Nordamerikas zertreten und waren durch die Palmen und Lianen der Tropen gebrochen. Doch als sie auf so unerklärliche Weise alle verschwanden, senkte sich Stille auf die Wälder der Erde. Unauffällig beanspruchten Insekten nach wie vor ihren Anteil, nagten am Holz und zerschnitten Blätter in kleine Fetzen. Eidechsen zerrten an den Wedeln, und die Vögel, die Geschmack an den neuen Früchten gefunden hatten, waren den Pflanzen gefällig, indem sie ihre Samen verbreiteten. Doch kein großes Tier plünderte so systematisch und gründlich die Blätterspeisekammer, wie es die Dinosaurier getan hatten.«

»Dieser verhältnismäßige Friede dauerte Tausende von Jahren, aber schließlich begannen die kleinen warmblütigen Pelztiere, die zu Füßen der Dinosaurier herumgerannt waren und auf kleine Wirbellose Jagd gemacht hatten, Geschmack an neuer Nahrung zu finden. Während sich einige darauf konzentrierten, Insekten zu fangen, wandten andere ihre Aufmerksamkeit den Blättern zu.«[31]

Diese geradezu poetische Beschreibung täuscht darüber hinweg, welch schwierige Aufgabe dort bevorstand. Pflanzen zu fressen ist keine einfache Sache. Es erfordert zwar keine besondere Intelligenz, wie sie in der Regel für die Jagd auf bewegliche Beute notwendig ist, aber die Verdauung dieser Kost erfordert erhebliche körperliche Umstellungen.

Grünfutter ist nicht sehr nahrhaft, so daß ein Tier Massen davon fressen muß, um die zu seiner Erhaltung erforderliche Energiemenge daraus zu gewinnen. Ausgesprochene Pflanzenfresser müssen bis zu drei Viertel der Zeit, in der sie nicht schlafen, dafür aufwenden, unermüdlich Blätter, Samen und Früchte zu sammeln und zu kauen, wobei sie dann auch noch der Gefahr ausgesetzt sind, von ihren Freßfeinden angegriffen zu werden. Nachdem die Nahrung gekaut, zermahlen und zu Brei geworden ist, muß sie verdaut werden. Auch das wirft Probleme auf. Zellulose, das Material, aus dem die Zellwände der Pflanzen bestehen, ist eine der widerstandsfähigsten aller organischen Substanzen. Kein von irgendeinem Säugetier hervorgebrachter Verdauungssaft vermag sie anzugreifen. Aber wenn die Nährstoffe im Inneren der Zellen freigesetzt werden sollen, müssen die Zellwände irgendwie aufgespalten werden. Sofern sie nicht zu dick sind, kann das bis zu einem gewissen Grad mechanisch durch Kauen geschehen.

Kauen allein reicht aber in der Regel nicht aus, was also tun? Wieder sind es Bakterien, die weiterhelfen. Einige von ihnen besitzen die Fähigkeit, eine Substanz herzustellen, die Zellulose abbaut. Also unterhalten Pflanzenfresser Kulturen dieser Bakterien in ihren Mägen, sie bauen die Zellulose ab und setzen die Nährstoffe frei. Trotz der bakteriologischen Unterstützung ist die Zeit, die die biochemischen Verdauungsprozesse einer rein vegetarischen Kost in Anspruch nehmen, meist sehr lang.

Sehr unwirtschaftlich wäre es, würde die Nahrung halbverdaut wieder ausgeschieden. Es sei denn, man verfährt wie die *Kaninchen*. Sie haben ihre Nahrungsverwertung auf denkbar einfache Weise optimiert: Nachdem die Pflanzenmahlzeit von ihren Schneidezähnen zerkleinert und von den Backenzähnen zermahlen worden ist, wird sie im Magen von den Mikroorganismen und den Verdauungssäften vorverdaut und dann als weiche Kügelchen ausgeschieden. Dann dreht sich das Kaninchen um und verspeist das Ganze noch einmal. Das geschieht, während es geschützt in seinem Bau ruht. Die in der Landschaft zu findenden trockenen Kötel sind dann der nach dem zweiten Verdauungsdurchgang ausgeschiedene uninteressante Rest.

Elefanten haben besondere Probleme, da ihr Futter nicht nur aus zartem Grün besteht, sondern auch eine Menge faseriger Zweige enthält. Obwohl das gewaltige Mahlwerk ihrer Backenzähne die Pflanzennahrung mit großer Kraft zerkleinert, bedarf es dennoch einer langen Verdauungszeit, um einen Großteil des Verwertbaren aus der Nahrung herauszuholen. Die Lösung: ein riesiger Magen, in dem die Mahlzeiten zweieinhalb Tage lang von Bakterien und Magensäften zersetzt werden. Die pflanzenfressenden Dinosaurier hatten dieses Problem in gleicher Art und Weise gelöst, auch sie waren ja Riesen.

Den vollendetsten Verdauungsapparat für pflanzliche Kost haben nicht nur *Antilopen*, *Hirsche* und *Büffel*, sondern auch unsere Haustiere, wie *Schafe* und *Rinder*: die Wiederkäuer, Das abgeweidete Gras wird sofort verschluckt und zur Vorverdauung in eine getrennte Abteilung des Magens befördert, wo besonders wirksame Bakterien zu Werke gehen. Wenn die Tiere dann zur Ruhe kommen, würgen sie ihr Mahl portionsweise ins Maul zurück und zermahlen den Brei mit ihren Backenzähnen. Erst dann gelangt das Ganze in den eigentlichen Magen.

In den gemäßigten Zonen der Erde sind Grünpflanzen während vieler Monate des Jahres fast gar nicht vorhanden, so daß Lebewesen, die davon leben, besondere Vorkehrungen treffen müssen, wenn der Winter naht. Eine der gängigsten Methoden, diese Zeit zu überstehen, ist die, die asiatische Schafe anwenden: Sie wandeln einen Teil ihrer Nahrung in Fett um und reduzieren ihren Bedarf in den folgenden Monaten auf ein Minimum, indem sie einen Winterschlaf halten.

Der Waldboden ist nicht eben reich an Vegetation. Nur dort, wo das Blätterdach dünner ist, können kleine Büsche oder einige bodenbedeckende Pflanzen bestehen. In Afrika und Asien sind derlei Pflanzen das Futter kleiner antilopenähnlicher Tiere in Hundegröße. Sie haben eine lange Ahnenreihe, denn solche primitiven Wiederkäuer streiften schon vor 50 Millionen Jahren durch die Wälder. Um Zweige und Knospen von höheren Büschen abfressen zu können, müssen die Tiere größer sein, wie das sehr scheue *Okapi*, ein kurzhalsiger Vetter der *Giraffe*, das im Kongo lebt.

Alle diese auf dem Boden lebenden Waldbewohner, große und kleine, sind einzeln lebende Tiere. Der schattige Waldboden bringt eben nur selten genug Grün hervor, um eine ganze Gruppe von Tieren auf die Dauer zu ernähren. Auch die Jäger, die ihnen nachstellen, sind Einzelgänger.

Katzen sind besonders darauf spezialisiert, Fleisch zu fressen. Bei der Jagd schlagen sie ihre Krallen in das Opfer und durchtrennen ihm dann mit einem Biß ins Genick das Rückenmark, was zu einem raschen Tod führt. Das ist jedoch kein Gnadenakt, der dem Opfer Leiden ersparen soll, sondern einzig und allein eine für den Jäger sinnvolle Maßnahme, mit der er sich vor Verletzungen schützt. Der große dolchartige Zahn auf jeder Kieferseite unmittelbar hinter den Schneidezähnen, der für Fleischfresser typisch ist, dient dazu, die Haut oder das Fell der Beute aufzureißen. Die gezackten Zähne weiter hinten im Kiefer zerschneiden die Knochen des Opfers. Weder Hunde noch Katzen können richtig kauen. Sie verschlingen einfach große Brocken. Fleisch ist viel leichter verdaulich als Blätter und Zweige. Der Magen eines Jägers braucht wenig Unterstützung.

Bei den einsamen Zweikämpfen aus dem Hinterhalt, wenn die Beute entdeckt ist und ihrer Flucht mit einem Sprung ein Ende bereitet wird, werden die uralten Taktiken befolgt, die bereits in den allerersten Wäldern zwischen Pflanzenfressern und Raubtieren angewandt wurden. Vor etwa 25 Millionen Jahren, in der ersten Dezemberwoche unseres Evolutionskalenders, entwickelten sich ganz neue Techniken. Eine Veränderung des Klimas und der Vegetation lockte einige Nachfahren dieser Kämpfer aus dem Dunkeln ins Freie. Sie folgten den Weidegängern, die die neu entstandenen Graslandschaften bevölkerten. Nur die größten Pflanzenfresser, die *Elefanten* und *Nashörner*, hatten nichts zu befürchten, ihre massige Gestalt und die dicke Haut machten sie für jeden Fleischfresser unangreifbar. Doch für die kleineren Lebewesen waren die Grassteppen, soviel Nahrung sie auch boten, voller Gefahren. Einige suchten Zuflucht in Erdbauten, die sie in den weiten baumwurzelfreien Grasregionen anlegten.

Die *Zebras* teilen sich die großen Grasflächen Afrikas mit anderen Weidegängern, die aus den Nachkommen der kleinen *Waldantilopen* hervorgegangen waren. Schon im Wald hatten sich deren Beine zum Laufen verlängert. Draußen in der Ebene wurden ihre Beine noch länger, und so entwickelten sich die flinken Läufer: *Antilopen*, *Gazellen* und *Hirsche*. Heute sind sie so zahl-, also erfolgreich, daß sie einige der imposantesten Ansammlungen von Tieren in freier Wildbahn bilden, die man auf der Erde sehen kann.

Um Weidegänger zu fangen, mußten die Raubtiere der Steppe ihre Lauftechnik erheblich verbessern. Der *Gepard*, der schnellste Läufer, hat einen schlanken, langgestreckten Körper und erreicht im Spurt Geschwindigkeiten von 100 Kilometern pro Stunde. Aber er verbraucht viel Energie dabei, und wenn er seine Beute nicht nach ein paar hundert Metern eingeholt hat, um sie zu töten, muß er erschöpft aufgeben.

Löwen sind längst nicht so schnell wie Geparden, sie erreichen eine Höchstgeschwindigkeit von etwa 80 Kilometern in der Stunde. Da ihre Beute häufig mindestens genauso schnell läuft, mußten sie listige Jagdtaktiken entwickeln. Manchmal jagen sie allein, den Körper dicht über den Boden, jedes bißchen Deckung ausnutzend, schleichen sie sich an ihr Opfer heran. Doch gelegentlich jagen die Angehörigen eines Rudels zusammen; sie sind die einzigen Katzen, die das tun. Sie gehen dann in einer Reihe nebeneinander vor. Wenn sie sich einer Gruppe von Beutetieren nähern, laufen die äußeren schneller, so daß sie die Herde umzingeln. Schließlich brechen sie aus der Deckung hervor und treiben die Beute ihren Jagdgefährten zu.

Die *Hyänen* sind mit höchstens 65 Kilometern in der Stunde noch langsamer als Löwen. Infolgedessen müssen ihre Jagdmethoden noch raffinierter sein; sie jagen gewöhnlich nachts. Manchmal brechen sie in kleinen Gruppen zu zweit oder zu dritt auf, und dann ist ihr Opfer wahrscheinlich ein *Gnu*. Sie testen die Herden zunächst, indem sie angreifen, dann werden sie langsamer, um die fliehende Herde genau zu beobachten, als versuchten sie, Schwächen bei einzelnen Tieren zu entdecken. Zuletzt wählen sie ein Tier aus und beginnen ihm verbissen nachzujagen, schnappen nach seinen Fersen, bis es schließlich soweit gereizt ist, daß es sich seinen Verfolgern stellt und sich umdreht. Tut es das, ist es verloren. Während eine Hyäne es im Auge behält, stürzt sich die andere auf seine Flanken, schlägt ihre Zähne hinein und hält fest. Das Gnu ist nun angeschlagen. Bald wird ihm der Bauch aufgerissen, und es ist tot.

Angesichts der großen Anstrengungen, die für den Beutefang aufzubringen sind, verwundert es nicht, daß die verschiedenen Jäger sich auch gegenseitig die bereits erlegte Beute streitig machen.

Der Aufstieg der Affen – die Primatenverwandtschaft

Will man auf Bäumen herumklettern, um in ihren Wipfeln nach Früchten und zarten Blättern zu stöbern, sind dafür zwei Talente äußerst nützlich: die Gabe, Entfernungen abzuschätzen, und die Fähigkeit, sich an Ästen festzuhalten. Ein Paar nach vorn blickende Augen, die sich beide auf denselben Gegenstand richten können, ermöglichen das erste, und Hände mit Fingern, die zugreifen können, das zweite. Etwa 200 heute lebende Arten haben diese beiden charakteristischen Eigenschaften. Zu ihnen gehören *Affen*, *Menschenaffen* und wir *Menschen*. Selbstgefällig nennen wir die ganze Gruppe Herrentiere oder *Primaten*.

Es besteht kein Zweifel, daß die frühen insektenfressenden, spitzmausähnlichen Säuger nicht nur die Ahnen so unterschiedlicher Tiere wie Fledermäuse, Wale und Ameisenbären waren, sondern auch die der Primaten. Das wird auch durch einige anatomische Merkmale belegt, wenngleich sie keines der beiden typischen Kennzeichen der Primaten aufweisen. Die langen Finger der Tupajas, den heutigen Ebenbildern jener frühen Säuger, sind zwar voneinander getrennt, doch sie bilden keine echte Greifhand, denn der Daumen kann den Fingern nicht gegenübergestellt werden. Außerdem endet jeder Finger mit einer scharfen Kralle, nicht mit einem flachen stumpfen Nagel, und die Augen sitzen seitlich an der langen Schnauze, so daß sich die Sichtfelder nur teilweise überlappen. Wie nicht anders zu erwarten, klettern diese Tiere auch nicht. Die meisten verbringen ihre Zeit weitgehend auf oder nahe dem Boden. Zugegebenermaßen kommt es einem sehr unwahrscheinlich vor, daß ein Tupaja mit einem Affen nahe verwandt sein soll. Doch es gibt eine ganze Primatengruppe, nämlich die der *Halbaffen*, die einerseits unverkennbar Merkmale der Tupajas aufweist und andererseits affenähnlich ist.

Typisch für diese Gruppe sind die *Kattas* in Madagaskar. Sie sind wie viele Halbaffen Pflanzenfresser und verbringen ihre Zeit sowohl auf dem Boden als auch auf Bäumen. Ihre Hände mit den beweglichen Fingern, die nicht in Krallen, sondern in kurzen Nägeln enden, und mit einem den Fingern gegenüber zu stellenden Daumen, können sicher nach Ästen greifen.

Der größte und der ausgeprägteste Baumbewohner ist der ebenfalls auf Madagaskar beheimatete *Indri*. Er ist der prachtvollste Springer von allen und kommt kaum jemals auf den Boden. Mit aufgerichtetem Körper springt er in hohem Bogen von Baum zu Baum. Ohne sich hoch oben im Geäst Sorgen vor Feinden machen zu müssen, bedient sich der Indri des Gesanges, um seinen Anspruch auf sein Territorium geltend zu machen.

Vor 50 Millionen Jahren gab es nicht nur auf Madagaskar Halbaffen, sondern auch in Europa und Nordamerika. Als dann zehn Millionen Jahre später Madagaskar vom afrikanischen Kontinent getrennt wurde, entwickelten sich auf dem Festland fortschrittliche Primaten, die den Halbaffen im Wettbewerb zumeist überlegen waren. Sie gelangten jedoch nicht nach Madagaskar, dort brachten die Halbaffen, geschützt vom Wasser des Indischen Ozeans, vielfältige Formen hervor. Auf dem Kontinent dagegen konnten nur diejenigen ihrer Vettern überleben, die ihre Aktivitäten in die Nacht verlegten.

Vor 50 Millionen Jahren also, in der letzten Dezemberwoche unseres vereinfachten Evolutionskalenders, begann der Aufstieg der *Affen*. Sie unterscheiden sich deutlich von allen Halbaffen dadurch, daß sie ihre Welt nicht durch den Geruchssinn, sondern mit den Augen beherrschen. Sie können nicht nur gut sehen, auch ihre Farbwahrnehmung ist erheblich verbessert, was ihnen ermöglicht, schon von weitem den Reifegrad von

Früchten und die Frische von Blättern zu beurteilen, und sie können Farben als Erkennungsmerkmale einsetzen. Das ist der Grund dafür, daß Affen zu den am lebhaftesten gefärbten Säugern wurden. In Afrika lebt eine Art mit weißem Bart, einer blauen Brille, einer orangeroten Stirn und einer schwarzen Kappe. Eine andere Art hat ein scharlachrotes und blaues Gesicht, und das Männchen der *Grünen Meerkatze* hat blaue Genitalien. Eine chinesische Art hat ein grünschwarzes Fell mit goldfarbener Unterseite und goldgelbem Kopfhaar, und in den Wäldern des Amazonas lebt eine Art mit einem nackten, scharlachroten Gesicht. Es gibt darüber hinaus noch eine große Anzahl weiterer Affenarten mit farbigem Schmuck.

So verschwenderisch, wie sie Farben verwenden, setzen sie auch ihre akustischen Fähigkeiten ein. Außer Reichweite jedes Raubtieres, brauchen sie keine Hemmungen zu haben, durch ihr Geschrei ihre Anwesenheit zu verraten. Alle Affen haben ein vielfältiges Repertoire an Tönen. Einen stummen Affen gibt es nicht.

Die Affen, die nach Südamerika gelangten und dort vorübergehend vom nördlichen Kontinent abgeschnitten wurden, als die Landbrücke von Panama im Meer versank, haben sich auf eigene Weise entwickelt. Daß sie alle einen gemeinsamen Ursprung haben, geht aus verschiedenen gemeinsamen Merkmalen hervor. Eins davon ist die Form der Nase. Alle südamerikanischen Affen besitzen flache Nasen mit weit auseinanderstehenden Nasenlöchern, die sich zur Seite hin öffnen, während alle anderen Affen auf der Welt schmale Nasen mit nach vorn oder nach unten weisenden Nasenöffnungen haben. Noch ein anderer auffälliger Unterschied besteht. Die südamerikanischen Affenarten entwickelten eine spezielle Methode, um ihre Greifhände zu unterstützen. Ihr Schwanz hat sich in ein fünftes Greiforgan verwandelt, während die afrikanischen Affen ihren Schwanz benutzen, um ihr Gleichgewicht zu bewahren, wenn sie über Äste laufen, oder um beim Springen die Flugbahn zu bestimmen.

Als bei einer Gruppe der Primaten die Körpergröße zunahm, änderte sich die Art und Weise, wie sie sich auf den Bäumen bewegten. Statt auf den Ästen entlangzulaufen, begannen sie sich darunter entlangzuschwingen. Körperliche Veränderungen waren die Folge. Die Arme wurden länger, der Schwanz bot keine Vorteile mehr und verschwand, und die Muskulatur und das Skelett änderten sich, um einen Körper zu stützen, der nicht mehr unter einer waagerechten Wirbelsäule hing, sondern an einer nahezu senkrechten angebracht war. Diese Veränderungen führten zu den *Menschenaffen*, von denen heute noch vier Arten leben: der *Orang-Utan* und der *Gibbon* in Asien und der *Gorilla* und der *Schimpanse* in Afrika.

Der große, rothaarige Orang-Utan auf Borneo und Sumatra ist der schwerste lebende Baumbewohner. Ein stehendes Männchen ist über anderthalb Meter groß, seine Arme haben eine Spannweite von zweieinhalb Metern, und er wiegt 100 Kilogramm. Zwar können die Finger an allen vier Gliedmaßen kräftig zugreifen, so daß man ihn als vierhändig bezeichnen könnte, doch seine Größe, oder besser gesagt, sein Gewicht scheint für eine Lebensweise auf den Bäumen problematisch zu sein. Untersuchungen der Skelette von Erwachsenen zeigten, daß sich über 30 Prozent zu irgendeinem Zeitpunkt einen Knochenbruch zugezogen hatten. Die wegen ihrer Körpergröße notwendigen großen Mengen an Früchten, von denen sie sich ernähren, haben die Orang-Utans zu Einzelgängern gemacht. Nicht nur die Männchen, auch die weiblichen Tiere, die etwa halb so groß sind, leben allein und werden nur von ihren Jungen begleitet. Orang-Utans haben zwar ein vielseitiges Programm unterschiedlicher Lautgebung in Form von Grunz-, Heul- und Quiektönen sowie schweren Seufzern und Sauggeräuschen, doch aufgrund ihrer einsamen Lebensweise sind ihre Monologe leise und nur aus nächster Nähe wahrzunehmen.

Die Entwicklung der ebenfalls von Früchten lebenden Gibbons verlief anders. Sie wurden im Vergleich zu ihren Vorfahren wieder kleiner, was ihnen dazu verhalf, zu den perfektesten Akrobaten zu werden. Mit einer unbeschreiblichen Anmut wirbeln sie in atemraubender Weise bis zu zehn Meter weit durch die Luft, packen einen einzelnen Ast und schwingen sich zu einem weiteren verblüffenden Flug auf. Die Arme, die ihnen das ermöglichen, sind so lang wie die Beine und der Rumpf zusammen. Da ihr Nahrungsbedarf geringer ist, gibt es gewöhnlich genug Früchte auf einem Baum, um mehrere von ihnen zu sättigen. Sie können es sich leisten, in festverbundenen Familien zu leben. Bis zu vier Nachkommen unterschiedlichen Alters begleiten ein Paar, und jeden Morgen singt die Familie einträchtig im Chor.

Die zwei afrikanischen Vertreter der Menschenaffen, die Gorillas und die Schimpansen, sind in ihrer Lebensweise weit mehr dem Boden angepaßt als ihre asiatischen Verwandten. Die großen ausgewachsenen Gorillamännchen sind so riesig, daß nur die stärksten Bäume sie tragen können, sie wiegen bis zu 275 Kilogramm. Sie klettern selten und haben auch kaum Grund dazu, denn obwohl ihre Zähne und ihr Verdauungskanal erkennen lassen, daß sie einst wie die Orang-Utans vor allem Früchte fraßen, ernähren sie sich heute hauptsächlich von Pflanzen, allen möglichen Kräutern und Stauden, die ohne Klettern erreichbar sind. Gewöhnlich schlafen sie auf dem Boden und machen sich ein Bett zwischen den niedergewalzten Pflanzen, von den sie gefressen haben. Nur junge Gorillas klettern oft auf Bäume, aber sie tun das sehr behutsam. Der Gorillafuß ist nicht so zum Greifen geeignet wie der des Orang-Utans, und so müssen im wesentlichen die Arme das Emporziehen des Körpers bewerkstelligen.

Ihr Sehvermögen, ihr Gehör und ihr Geruchssinn gleichen weitgehend den unseren, so daß sie die Welt ziemlich genauso wahrnehmen wie wir. Wie wir leben auch sie in Familiengruppen, und sie haben sogar die gleiche Art der Gebärdensprache. Das sanfte Wesen des Gorillas hängt mit seiner Nahrung zusammen und mit dem, was er tun muß, um sie zu erlangen. Er lebt ausschließlich von Pflanzen, die in unendlicher Menge und leicht erreichbar wachsen. Da er so groß und stark ist, hat er keine echten tierischen Feinde und braucht nicht unbedingt körperlich oder geistig besonders wendig zu sein.

Der andere afrikanische Menschenaffe, der Schimpanse, ernährt sich ganz anders und hat auch ein ganz anderes Temperament. Während der Gorilla vielleicht zwei Dutzend verschiedene Frucht- und Blattsorten frißt, sind es beim Schimpansen etwa 200, und dazu kommen noch Termiten, Ameisen, Honig, Vögel, Vogeleier und sogar Säugetiere wie kleinere Affen. Um an diese Köstlichkeiten zu kommen, muß er flink und außerdem wißbegierig sein.

Schimpansen sind geschickte Kletterer, die auf Bäumen schlafen und fressen, aber gewöhnlich umherwandern und auf dem Boden ruhen. Die Größe der Gruppen schwankt, aber sie sind sehr viel größer als die der Gorillas – sie können bis zu 50 Mitglieder haben. Die sexuellen Beziehungen zwischen den Tieren sind variabel. Manche Männchen und manche Weibchen sind monogam. Andere Männchen paaren sich oft mit vielen Weibchen, und auch die Weibchen paaren sich oft mit vielen Männchen, wenn sie empfängnisbereit sind.

Die Bindung zwischen den Jungen und ihren Müttern ist sehr eng. Wenn die Gruppe wandert, tragen die Mütter ihr Junges auf dem Rücken, das sich mit seinen kleinen Fäusten im Fell festklammert. In den fünf Jahren ständigen Zusammenseins lernt das Junge von der Mutter alles, was für das Leben in der Gruppe notwendig ist, und sie kann es in dieser Zeit ständig im Auge behalten und vor Gefahren bewahren.

In einer ruhenden Gruppe ist ein ständiges Wechselspiel zwischen den einzelnen Individuen im Gange. Neuankömmlinge begrüßen einander, indem sie den Rücken der ausgestreckten Hand anbieten, der beschnüffelt und mit den Lippen berührt wird. Ältere Männchen, grauhaarig und kahlköpfig, sitzen etwas abseits von dem allgemeinen Trubel. Sie können gut und gerne 40 Jahre alt sein. Ihnen wird besonderer Respekt entgegengebracht. Alle Gruppenmitglieder, ob jung oder alt, sind stundenlang mit gegenseitiger Körperpflege beschäftigt, indem sie das schwarze, rauhe Haar nach Parasiten durchsuchen. Eine Geste echter sozialer Aktivität und Freundschaft.

Um die Aufzählung vollständig zu machen, muß noch ein weiterer Menschenaffe erwähnt werden: der *Bonobo*, ein vom Aussterben besonders bedrohter Zwergschimpanse, der im Kongobecken, in den Urwäldern von Zaire beheimatet ist, und dessen eigenständige Entwicklungslinie erst vor einigen Jahren entdeckt wurde.

Die Analyse der DNS ermöglicht sowohl die Ermittlung der Verwandtschaftsverhältnisse zwischen uns und den Menschenaffen als auch mit Hilfe der bekannten Geschwindigkeit, mit der evolutionäre Veränderungen ablaufen, die Bestimmung des Zeitpunktes, zu dem sich die Stammeslinien im Laufe der Evolution jeweils voneinander getrennt haben. Die dabei zutage geförderten Erkenntnisse müssen für diejenigen, die eine fundamentale Kluft zwischen sich und den anderen Primaten wähnten, niederschmetternd sein, denn unsere Gene weichen von denen der Schimpansen in nur dürftigen 1,6 Prozent ab, und der genetische Abstand zu den Gorillas beträgt gerade mal 2,3 Prozent.

Die Abzweigung des Gorillas von unserem Stammbaum muß vor etwa zehn Millionen Jahren erfolgt sein, also zu Beginn des letzten Tages in unserem besser begreifbaren Ein-Jahr-Kalender der Evolution, und erst am Silvestermorgen trennten wir uns von der Schimpansenlinie. Zehn Minuten vor dem Jahresende tauchte dann der *Homo sapiens sapiens* auf.

Nicht Gorillas, sondern Schimpansen sind unsere nächsten Verwandten, genauso wie den Schimpansen nicht Gorillas, sondern Menschen verwandtschaftlich am nächsten stehen. Damit erweist sich die herkömmliche Klassifizierung, wie auch ich sie hier wiederholt angewandt habe, nämlich die Grenzziehung zwischen Mensch und Menschenaffen, zumindest genetisch als nicht gerechtfertigt.

An unserer Primatenverwandtschaft wird in ganz besonderer Weise deutlich, wie auch bei höherentwickelten Arten die Anpassung bei geringsten Unterschieden der Lebensbedingungen die Entwicklung der körperlichen Merkmale und der Verhaltensweisen beeinflußt. Die gleichen biologischen Gesetze, denen sie auf dem Weg ihres Werdens unterworfen waren, haben auch uns geformt. Ihre Gene unterscheiden sich von den unsrigen nur in wenigen Prozenten, und doch stehen sie kurz vor dem Aussterben, während wir in atemraubender Geschwindigkeit diesen Planeten erobert und an den Rand eines Kollapses gebracht haben.

David Attenborough faßt die für uns so entscheidenden Veränderungen im Laufe der biologischen Entwicklung mit folgenden Sätzen zusammen: »Der von den frühen Primaten vor so langer Zeit getane Schritt vom Dasein eines auf dem Boden lebenden, geruchsbestimmten und oft nächtlichen Tiers zu einem Leben in den Bäumen führte zur Entwicklung von Greifhänden, langen Armen, räumlichem und Farbensehen und vergrößertem Gehirn. Dank dieser Fähigkeiten haben Affen und Menschenaffen mit ihrem Leben auf den Bäumen großen Erfolg gehabt. Aber diejenigen Menschenaffen, die später wieder auf den Boden zurückkehrten, stellten fest, daß ihre für das Leben auf den Bäumen entwickelten Fähigkeiten ihnen nun hier neue Möglichkeiten erschlossen. Sie führten zu weiteren Veränderungen. Das vergrößerte Gehirn bewirkte eine erhöhte Lernfähigkeit und den Beginn einer Gruppenkultur. Die greiffähige Hand und die koordinierten Augen machten den Gebrauch und die Herstellung von Werkzeugen möglich. Die Primaten, die diese Fähigkeiten heute anwenden, wiederholen jedoch im wesentlichen einen Prozeß, den ein anderer Zweig ihrer Familie bereits vor 20 Millionen Jahren begann, kurz nachdem die ersten

Menschenaffen-Vorfahren in Afrika erschienen. Dieser Zweig war es, der schließlich aufrecht ging und seine Fähigkeiten so weit entwickelte, daß er die Welt in einer Weise beherrschte und ausbeutete wie kein Tier je zuvor.«[32]

Die natürliche Auslese hat auf unserem Planeten die lebendige Natur zu einem Geflecht aus Abhängigkeiten verwoben. Es gibt Jäger und Gejagte. Die entwickelten Fähigkeiten und Taktiken zum Überleben übertreffen die menschliche Phantasie um ein Vielfaches. Es gibt den Starken und den Listigen, den Spezialisten und den Vielseitigen, den Dieb und den Schmarotzer, es gibt den Einzelkämpfer und den Zusammenschluß von Gleichgesinnten.

Das gilt keineswegs nur für Tiere. In absolut gleichem Umfang sind Pflanzen mit ihrer belebten und unbelebten Umwelt verstrickt, und sie sind gezwungen, sich mit ähnlich schwierigen Problemen auseinanderzusetzen. Sie müssen sich gegen Feinde wehren, mit ihren Nachbarn um den kostbaren Platz zum Wachsen kämpfen und nach Wegen suchen, Nährstoffe und Sonnenlicht in ausreichender Menge aufzunehmen. Auch sie versuchen, andere Lebewesen für ihre eigenen Zwecke zu mißbrauchen, und sie rivalisieren ebenfalls mit Artgenossen um einen Geschlechtspartner.

9. Wir sind nicht dem Paradies entsprungen, sondern eher dem Tal der Leiden entkommen

Fossile Vorfahren: Neandertaler, »Lucy«, Homo habilis, Homo erectus

Wenige Kilometer von Düsseldorf entfernt gibt es ein kleines Tal, das nach dem evangelischen Theologen Joachim Neander, der hier in der zweiten Hälfte des 17. Jahrhunderts seine sonntäglichen Predigten vorbereitete, den Namen Neandertal trägt. In diesem Tal stieß man im Sommer 1856 bei Arbeiten in einer Kalksteingrube auf Überreste menschenähnlicher Skelette, darunter eine Schädeldecke mit Überaugenwülsten, fliehender Stirn und einem kegelförmigen Hinterkopf. Carl Fuhlrott, Präsident eines Naturforschervereins, erkannte ihre außerordentliche Bedeutung sowohl hinsichtlich des Alters als auch in bezug auf die anatomischen Besonderheiten. Er ließ die Funde vom Bonner Anatomen Hermann Schaafhausen untersuchen, der der wissenschaftlichen Welt ein Jahr später die Entdeckung eines Urmenschen mitteilte, dem man den Namen *Neandertaler* gab.

1891 fand der holländische Arzt Eugène Dubios auf der Insel Java ebenfalls eine urmenschliche Schädeldecke und einige Zeit später einen dazugehörigen Oberschenkelknochen. Er beschrieb seinen Fund mit den Worten: »Bedeutend größerer Schädel als der der Großaffen, aber kleiner als der des Menschen; Gehirnkapazität beträgt etwa zwei Drittel von der des Menschen. Stärkere Krümmung der Hinterhauptnackenfläche als bei Großaffen. Anderes Gebiß als bei letzteren, wenngleich archaischer Form. Oberschenkelknochen menschlicher Größe. Befähigt zum aufrechten Gang.«[33]

Ende 1929 entdeckte der chinesische Paläontologe Wen-Chung Pei während eines Ausgrabungsvorhabens, an dem auch andere bedeutende Wissenschaftler, wie Pierre Teilhard de

Chardin, teilnahmen, 40 Kilometer von Peking entfernt einen Schädel in einem Kalksteinblock. Der Schädel wies eine weniger fliehende Stirn als die anderen bisher bekannten Urmenschen auf, hatte ebenfalls Überaugenwülste und ein kegelförmiges Hinterhaupt. Die Forscher brachten an gleicher Stelle weitere Schädelfragmente ans Tageslicht, zuletzt 1966 eine bruchstückhafte Schädeldecke mit ähnlichen Merkmalen wie denen des ersten Fundes.

In den dreißiger und vierziger Jahren unseres Jahrhunderts wurden in Südafrika zahlreiche Skelette gefunden, die als unmittelbare Vorfahren der menschlichen Entwicklungslinie eingeordnet wurden. Einige sind kleiner und zarter, andere größer und robuster. Wenn das Gehirnvolumen auch dem eines Menschenaffen entspricht, so deutet doch die Lage der Hinterhauptgelenkköpfe darauf hin, daß der Schädel auf der Wirbelsäule getragen wurde, wie es beim aufrecht gehenden Menschen typisch ist. Schon 1925 hatte Raymond Dart, Professor für Anatomie in Südafrika, über einen entdeckten Schädel mit gleichen Merkmalen berichtet.

Einige der ältesten menschenähnlichen Fossilien wurden zu Beginn der siebziger Jahre in Hadar, im Norden Äthiopiens, von einem amerikanischen Team unter der Leitung von Donald Johanson geborgen. Die Wissenschaftler entdeckten Skelettfragmente eines jungen weiblichen Wesens, das sie nach dem populären Song der Beatles »Lucy in the Sky with Diamonds« *Lucy* nannten. Ihr wissenschaftlicher Name ist *Australopithecus afarensis* (südlicher Menschenaffe aus der Region Afar).

»Lucy« war etwas über einen Meter groß; sie hatte ein ziemlich affenartiges Gesicht und ein Gehirnvolumen von rund 400 Kubikzentimetern, vergleichbar dem eines Schimpansen. Ihre großen Eckzähne und relativ kurzen Beine waren ausgesprochen affentypisch, die bogenförmige Zahnreihe sowie die vollkommen an den aufrechten Gang angepaßten Beinknochen mit dem entsprechenden Becken dagegen menschenartig.

Dank der viele Jahrzehnte währenden Ausgrabungsarbeiten und der mühseligen wissenschaftlichen Auswertung umfangreicher Funde durch einige emsige Paläontologen ergibt sich, wenn auch noch einige Puzzleteile fehlen, ein Bild, das in groben Zügen den Verlauf des menschlichen Werdens erkennen läßt. Einen gravierenden Beitrag dazu lieferte Louis S. B. Leakey (1903–1972), ein britischer Paläontologe und Anthropologe, der mit seiner Frau Mary Nicol und seinem Sohn Richard in Ostafrika auf bedeutende fossile Reste von Frühmenschen stieß. Sie fanden 1961 und 1963 in der tansanischen Olduvai-Schlucht 1,4 bis 1,6 Millionen Jahre alte Schädel, die auf ein besonders großes Gehirnvolumen schließen ließen, und an gleicher Stelle entdeckte man bearbeitete Steine, die als Werkzeuge gedient haben müssen. Leakey und seine Kollegen gaben diesem Frühmenschentyp die Bezeichnung *Homo habilis* (der geschickte Mensch).

Wie sieht nun das Bild aus, das uns die stummen Zeugnisse unserer fossilen Vorfahren über den Werdegang des Menschlichen zeichnen? Fossile Primaten mit Zügen, die die zukünftige Entwicklung der Menschenaffen und der Menschen ankündigen, werden auf ein Alter von 15 bis 17 Millionen Jahre datiert. Nach der Abspaltung unserer Ahnenlinie von der der Menschenaffen, die irgendwann vor zehn bis sechs Millionen Jahren erfolgte, also nur etwa 55 Millionen Jahre nach dem Aussterben der Dinosaurier, gab es eine Reihe von Veränderungen, die die Entwicklung zum modernen Menschen kennzeichnen. Drei dieser Veränderungen erwiesen sich als besonders herausragende Ereignisse auf dem Weg zur Menschwerdung. Die erste ereignete sich vor mehr als vier Millionen Jahren, als unsere Vorfahren anfingen, auf den hinteren Gliedmaßen zu gehen. Diese Umbildung des Bewegungsapparates zur aufrechten Haltung schaffte die Voraussetzungen für die zwei anderen richtungweisenden Neuerungen: die Herstellung und den regelmäßigen Gebrauch von Werkzeugen sowie die Entwicklung der Sprache.

Vor etwa drei Millionen Jahren gab es mindestens zwei Affenmenschentypen: einen mit robustem Schädel und sehr großen Backenknochen, der offensichtlich ausschließlich von Pflanzenkost lebte, ihm gab man den Namen *Australopithecus robustus* (robuster südlicher Affe) – und einen mit leichter gebautem Schädel und kleineren Zähnen, der sich sowohl von Pflanzen als auch von Fleisch ernährte und *Australopithecus africanus* (afrikanischer südlicher Affe) genannt wird. Aus diesem entwickelte sich im Laufe der Evolution eine Form mit einem größeren Hirnvolumen: der *Homo habilis.* Die Skelettfunde deuten darauf hin, daß es zwei parallele Entwicklungen dieses Typs gab, so daß vor zwei Millionen Jahren (also knapp fünf Stunden vor Ablauf unseres biogeschichtlichen Kalenderjahres) neben dem Australopithecus robustus zwei Homo-habilis-Typen existierten, von denen eine wieder verschwand – ein Schicksal, das auch den Australopithecus robustus vor etwa 1,2 Millionen Jahren ereilte.

Vor ungefähr 1,7 Millionen Jahren hatte sich der Homo habilis soweit verändert, besonderes was das Hirnvolumen betraf, daß man nun von einem neuen Typ spricht: dem *Homo erectus*, dem aufgerichteten Menschen. (Die Bezeichnung ist etwas irreführend, da ja bereits die Vorfahren des Homo erectus aufrecht gingen. Die Erklärung: Seine Skelettreste wurden früher gefunden als ältere Fossilien, und man hielt ihn zunächst für den ersten Urmenschen mit aufrechtem Gang.)

Warum der Homo erectus überlebte und der robuste Affenmensch nicht, läßt sich nur spekulativ beantworten. Es ist anzunehmen, daß der sowohl Fleisch als auch pflanzliche Nahrung verzehrende Homo erectus dank seiner Werkzeuge und seines größeren Gehirns eher in der Lage war, die Herausforderungen der Natur zu meistern, als sein robuster Verwandter. Denkbar ist auch, daß er direkt für dessen Aussterben verantwortlich war, indem er ihn, aus welchen Gründen auch immer, jagte und tötete, vielleicht sogar, um ihn zu verspeisen. Immerhin lebten beide noch etwa 500 000 Jahre nebeneinander, eine so lange Zeit, daß wir sie uns nicht im entferntesten veranschaulichen können, sind doch schon die 2000 Jahre seit Christi Geburt oder zumindest die letzten 5000 Jahre für uns unüberschaulich – und das Aussterben oder Ausrotten von Völkergruppen wird in neugeschichtlicher Zeit in wenigen Jahrhunderten bewerkstelligt.

Alle bisher geschilderten Entwicklungen spielten sich nur in Afrika ab. Dort blieb der Homo erectus am Ende als einziger Urmensch übrig. Vor mehr als einer Million Jahren verließ eine Gruppe des Homo erectus Afrika. Es waren die ersten Vertreter der Gattung Mensch, die auf andere Kontinente vorstießen. Ihre Skelette und Steinwerkzeuge beweisen, daß sie den Nahen Osten erreichten, dann den Fernen Osten, wo sie die berühmten Fossilien als *Pekingmenschen* und *Javamenschen* ausweisen.

Der Homo sapiens verdrängt den Neandertaler

Vor etwa 300 000 Jahren tauchten Angehörige einer neuen Form auf: *Homo sapiens* (der wissende Mensch). Wenngleich ihre Schädel und Augenbrauenwülste immer noch viel massiver waren als unsere heutigen, so sind doch deutliche Veränderungen der Schädelform festzustellen, vor allem ein größeres Hirnvolumen und ein flacheres Gesicht. Das zusätzliche Hirnvolumen jenes frühen Homo sapiens hatte allerdings offenbar keinen großen Einfluß auf seine Lebensweise. Die gesamte Zeitspanne, in der sich Homo erectus und anschließend Homo sapiens außerhalb Afrikas ausbreiteten, war an neuzeitlichen Verhältnissen gemessen eine Zeit unvorstellbar langsamen kulturellen Wandels. Der einzige wichtige Fortschritt war vermutlich die Beherrschung des Feuers, wofür Höhlen des Pekingmenschen eines der frühen Indizien in Form von Asche, Holzkohle und verbrannten Knochen liefern.

Die Übergangsphase vom Homo erectus zum Homo sapiens stellt sich noch nebulös dar, da offensichtlich beide Typen viele tausend Jahre lang nebeneinander lebten.

Ein zweiter Vorstoß von Afrikanern nach Norden erfolgte vor etwa 200 000 Jahren. Sie wurden zu den Vorfahren des Neandertalers, des Homo sapiens neanderthalensis.

Für die Zeit vor ungefähr 100 000 Jahren läßt sich die menschliche Besiedlung der Erde etwa folgendermaßen beschreiben: Nach Nordeuropa, Sibirien, Australien, zu den Inseln Ozeaniens und nach Amerika waren noch keine Menschen vorgedrungen. In Europa und Westasien lebten die Neandertaler, in Afrika Menschen, die dem heutigen Typ anatomisch ähnlich waren, und in Ostasien Menschen, die weder den Neandertalern noch den Afrikanern glichen, von ihnen wurden bisher nur wenige Skelettreste gefunden.

Vor ungefähr 70 000 Jahren begannen die modernen Afrikaner, bei denen zu dieser Zeit auch ein nennenswerter Wandel in der Verhaltensweise einsetzte, erneut nach Europa vorzudrängen. Die dort ansässigen Neandertaler verschwanden danach innerhalb relativ kurzer Zeit.

Was im einzelnen geschehen sein mag, als die Afrikaner bei ihrer Einwanderung in Europa auf die Neandertaler stießen, läßt sich nicht nachvollziehen, doch die Theorie, das Aussterben der Neandertaler sei auf die verheerenden Wirkungen der Eiszeit zurückzuführen, ist völlig absurd. Fest steht vielmehr, daß sie während der letzten Eiszeit ihre Blütezeit erlebten und erst 30 000 Jahre nach Beginn der Eiszeit verschwanden.

Sie müssen also in besonderer Weise an die eiszeitlichen Verhältnisse angepaßt gewesen sein. An Verhältnisse, die im Grunde genommen bessere Lebensbedingungen boten als die afrikanische Heimat ihrer Vorfahren, wo der Mensch mit Hitze und Wassermangel zu kämpfen hatte. Dort verdarb das mit viel Aufwand erbeutete Fleisch sehr schnell, und während der Regenzeit ließ es sich schlecht trocknen; das bereits getrocknete verschimmelte. Die Umstände in der eiszeitlichen Tundra Europas und Westasiens bescherten dem Neandertaler erheblich bessere Lebensmöglichkeiten. Dem geschickten und erfolgreichen Jäger stand Großtierfleisch in Hülle und Fülle zur Verfügung. Es war reich an Fett, und es konnte den Winter über aufbewahrt werden.

Der Neandertaler existierte außerhalb von Afrika viel länger als bisher der Menschentyp, zu dem wir gehören. Er war nicht einfach ein absterbender Sproß an einem Seitentrieb der Menschheitsentwicklung, sondern über Jahrtausende hinweg ein höchst vitaler Vertreter der Gattung Mensch. Erst als sich die klimatischen Bedingungen änderten und sich auf den nun über das Jahr gesehen überwiegend frostfreien Böden wieder Wälder ausbreiteten und damit der Bestand der Großtierherden zurückging, kam er in Schwierigkeiten. Die in sein Territorium eindringenden Afrikaner mit ihrer höherentwickelten Technologie behielten schließlich die Oberhand. Es wird ähnlich geschehen sein, wie auch in jüngster Zeit Völker verdrängt wurden.

Der amerikanische Evolutionsbiologe Jared Diamond sieht das so: »Ich vermute, daß sich die Ereignisse in Europa ... nicht viel anders abspielten als in vielen anderen Teilen der Welt der Neuzeit, in denen ein zahlenmäßig überlegenes Volk mit fortgeschrittener Technologie in das Territorium eines zahlenmäßig und technologisch unterlegenen Volkes eindrang. Als die europäischen Siedler nach Nordamerika kamen, starben viele Indianer an eingeschleppten Krankheiten. Von den Überlebenden wurden die meisten entweder gleich getötet oder von ihrem Land verjagt; einige übernahmen europäische Technologien (Reitpferde und Gewehre) und leisteten noch eine Zeitlang Widerstand; von den übrigen wurden viele in Gebiete abgedrängt, an denen die Europäer kein Interesse hatten, oder sie gingen in Mischehen mit Europäern auf. Die Verdrängung der australischen Ureinwohner durch europäische Kolonisten... verlief nach ähnlichem Muster.«[34]

Offenbar unterschieden sich der Neandertaler und der moderne afrikanische Menschentyp so prägnant in Aussehen und sozialem Verhalten, daß das gegenseitige Verlangen nach engerem Kontakt, etwa mit dem Ziel, gemeinsamen Nachwuchs zu zeugen, sehr begrenzt war. Jedenfalls gibt es keine eindeutigen Nachweise über gemeinsame Abkömmlinge.

Die gleichen Afrikaner drangen auch ostwärts nach Asien und Indonesien vor, wo sie an die Stelle der dort lebenden Menschengruppen traten, von denen wir so wenig wissen. Manche Anthropologen glauben in den heutigen Asiaten und australischen Ureinwohnern Merkmale entdecken zu können, die auf eine Verwandtschaft mit diesen frühen Asiaten hinweisen. Falls das zutrifft, rotteten die afrikanischen Eindringlinge die ursprünglichen Asiaten nicht gänzlich aus, wie sie es mit den Neandertalern machten, sondern zeugten statt dessen gemeinsame Nachkommen mit ihnen. Wie wir gleich sehen werden, sprechen neuere Erkenntnisse eher gegen diese Theorie.

Vor etwa 40 000 Jahren hatte der Mensch in Anatomie, Verhalten und Sprache einen Stand erreicht, der weitgehend dem unsrigen entspricht. Der Menschentyp dieser Entwicklungsphase, dem auch wir angehören, wird *Homo sapiens sapiens* genannt.

Wiege der Menschheit: Unsere Vorfahren kamen aus Afrika

Sicherlich legen die umfangreichen fossilen Funde menschlicher und vormenschlicher Skelette die Vermutung nahe, daß der Ursprung der Menschheit in Afrika lag, aber als Beweis dafür reicht das längst nicht aus, könnten doch fossile Zeugnisse der Menschwerdung noch unentdeckt auch in Europa oder Asien vergraben schlummern. Was macht die Forscher so sicher, den Beginn der menschlichen Geschichte in Afrika zu sehen?

Anfang 1987 wurde in der britischen Wissenschaftszeitschrift »Nature« über eine sensationelle Entdeckung berichtet, die Allan Wilson an der Universität in Berkeley in Kalifornien zutage gefördert hatte und die in überzeugender Weise den afrikanischen Ausgangspunkt der menschlichen Evolutionslinie bestätigen sollte.

Schon vor Wilson hatte man mit Hilfe leistungsfähiger Mikroskope entdeckt, daß sich verteilt in unseren Zellen – wie auch in denen der anderen Lebewesen – kleinste stäbchenförmige Partikel befinden, aber erst die Untersuchungen unter dem Elektronenmikroskop lüfteten das für die Erforschung der menschlichen Stammesgeschichte so bedeutende Geheimnis. Die *Mitochondrien*, wie diese Teilchen von den Wissenschaftlern getauft wurden, spielen für die Wirtszelle eine wichtige Rolle, denn sie wandeln auf chemischem Wege Energie in eine Form um, wie sie von den Lebensprozessen in der Zelle benötigt wird. Als Gegenleistung bietet die Zelle ihren Energiespendern ideale Lebensbedingungen. Eine für beide Seiten vorteilhafte Zweckgemeinschaft also.

Aller Wahrscheinlichkeit nach handelt es sich bei den Mitochondrien um zellfremde Bestandteile, die in ferner Vergangenheit, damals noch als eigenständige Zellen lebend, von größeren Zellen einverleibt wurden, ohne von diesen gänzlich verdaut zu werden. Sie verhalten sich jedenfalls so wie Bakterien, die in eine Zelle eingedrungen sind. Sie haben ihre eigene DNS, die sich in der Weise teilt, wie wir das von DNS kennen, nämlich indem beiden Teilstücken eine vollständige Kopie des Erbgutes mitgegeben wird. Sie teilen sich völlig unabhängig von dem Erbgut, welches sich im Zellkern der Wirtszelle befindet, tausendfach im Leben der einzelnen Zelle und abermillionenfach im Verlauf der Geschichte der Lebewesen.

Und nun kommt das für unsere Betrachtung Entscheidende. Bei einem Befruchtungsvorgang bringt die Samenzelle des Mannes zwar den väterlichen Teil des Erbgutes mit, das bei der

Verschmelzung mit der mütterlichen Eizelle den Beginn des neuen Lebens ausmacht, aber sie fügt der Eizelle keine Mitochondrien zu. Diese stammen alle von der Mutter. Damit ist es gleichgültig, wie oft und wie stark das menschliche Erbgut durchmischt wird, die Mitochondrien bleiben davon unberührt, sie werden in aller Regel unverändert von den Müttern über die Töchter zu deren Töchtern und Enkelinnen weitergegeben, ohne daß dieser Strom jemals abreißt.

Wie wir wissen, kommt es bei der Teilung trotz höchster Präzision des Ablaufs hin und wieder zu Fehlern, zu Mutationen also. Das ist bei der Teilung der mitochondralen DNS, kurz mt-DNS genannt, nicht anders. Treten schädliche Mutationen auf, stirbt das betreffende Mitochondrium ab und wird von der Zelle aufgelöst. Für die Funktion der winzigen Körper unschädliche Kopierfehler dagegen führen im Laufe der Jahrtausende zu gewissen Veränderungen im Aufbau der mt-DNS, die mit ausgeklügelten biochemischen Methoden festgestellt werden können.

Hier setzen nun Untersuchungen von Jim Wainscoat und seinem Team an der Universität von Oxford ein. Da Mutationen an verschiedenen Stellen im Erbgut auftreten, muß es innerhalb einer Bevölkerungsgruppe zu unterschiedlichen Abänderungen in der mt-DNS kommen und, so sagten sich die Forscher, je älter eine menschliche Rasse ist, desto mehr Variationen solcher Veränderungen müssen sich feststellen lassen. Wenn man also die Variationsbreite der mt-DNS bei den verschiedenen Rassen und Verwandtschaftsgruppen des Menschen untersucht, so müßte sich aus dem Ergebnis ablesen lassen, ob der Mensch an mehreren Orten gleichzeitig entstanden ist oder seinen Anfang an einer bestimmten Stelle genommen hat. Die Untersuchungsergebnisse waren eindeutig. Es waren deutlich zwei Gruppen zu unterscheiden. Die eine zeigte eine hohe Variabilität, das waren die Afrikaner. Die andere Gruppe umfaßte alle übrigen Menschen, sie wiesen deutlich weniger Variationen auf.

Dieses Resultat läßt nur eine Erklärung zu: Der heutige Mensch hat sich in Afrika entwickelt, und erst später verließ dann eine kleine Gruppe die afrikanische Heimat und breitete sich nach Vorderasien, Europa, Ostasien und später bis nach Australien und Amerika aus.

Die kalifornische Forschergruppe setzte diesem schon bis dahin begeisterungswürdigen Ergebnis wissenschaftlicher Akribie noch eins drauf, indem sie sich daran machte, auch noch den Zeitpunkt zu bestimmen, an dem unsere afrikanischen Urahnen ihre Heimat verließen. Dabei gingen sie erstens davon aus, daß die minimalen mutationsbedingten Veränderungen des mitochondrialen Erbgutes in etwa konstanten Zeitschritten erfolgen, was aufgrund der Erfahrungen, die man zum Beispiel an Bakterienstämmen gewonnen hat, durchaus gerechtfertigt ist, und sie legten zweitens eine Veränderungsrate zugrunde, bei der die Aufrechterhaltung einer funktionierenden Erbinformationsübertragung gewährleistet bleibt, nämlich zwei bis vier Prozent in einer Million Jahre.

Allan Wilson kam zu dem Schluß, daß die Gruppe afrikanischer Menschen, die die Besiedelung der übrigen Erdteile begründete, Afrika vor 90 000 bis 180 000 Jahren verlassen haben muß. Der größte Teil blieb zurück und legte die Basis für die Vielfalt der heute dort lebenden Rassen.

Der Lebensraum unserer Vorfahren war also für Millionen von Jahren auf Afrika beschränkt, hier stand die Wiege der modernen Menschheit. Aber was hat dazu geführt, die Entwicklung einer neuen, sich auf zwei Beinen fortbewegenden Art in Gang zu setzen? Warum haben die Individuen dieser Art kein Fell, wie all die anderen auf dem Land lebenden Säugetiere, wie zum Beispiel ihre nächsten Verwandten, und wie kommt es, daß sie ein solch großes Gehirn haben?

Wir werden keine Antworten auf diese Fragen finden, wenn wir uns ausschließlich mit den – wie ein Kriminologe sagen würde – *handfesten Beweisen* beschäftigen. Da, wo der Zahn der Zeit alle Spuren vernichtet hat, müssen wir mit anderen Mitteln nach den Puzzleteilen suchen, die im Bild der menschlichen Stammesgeschichte fehlen.

Falls Sie erwarten, daß nun jener göttliche Eingriff aufgedeckt wird, der den Grenzübergang zum Menschen vollzog, so muß ich Sie enttäuschen. Die gleichen Schwierigkeiten, die sich bei dem Versuch ergeben, eine Grenze zwischen unbelebter und belebter Materie auszumachen, bestehen bei der Suche nach einer Grenzlinie, die den Übergang zwischen Tier und Mensch markiert hätte. Auch hier gab es im Ablauf der biologischen Geschichte keinen Sprung, sondern einen kontinuierlichen Verlauf, wenn auch in einem für evolutionäre Zeitmaßstäbe rasanten Tempo.

Dennoch gab es ein Ereignis, das die Bedingungen für die Entwicklung zum Menschen schaffte, zwar kein vom Donnerschlag begleiteter Auftritt der Götter, aber eine gewaltige, über Millionen Jahre ablaufende geologische Veränderung. Afrika befindet sich auf einer Platte, die sich seit 30 Millionen Jahren nicht mehr bewegt hat. Der östliche Teil des Kontinents beginnt unter dem hohen Druck von nach oben quellendem flüssigen Gestein abzubrechen. Der Vorgang hat im Osten Afrikas eine von Süd nach Nord verlaufende 4500 Kilometer lange Grabenstruktur entstehen lassen, an deren Rändern sich zum Teil mehrere hundert Meter hohe Steilhänge entfaltet haben und große Seen entstanden sind.

Diese als Wetterscheide wirkende Barriere sowie überregionale klimatische Veränderungen beeinflußten die Wetterverhältnisse dort derart, daß die regnerischen Regionen im Westen von Wäldern bedeckt blieben, während in den östlichen Gebieten wegen der geringen Niederschläge und des Aufkommens jahreszeitlich wechselnder Winde der Waldbestand abnahm und die Landschaft offener wurde. Dies waren die Voraussetzungen für die getrennte Entwicklung der beiden Stämme: den afrikanischen Menschenaffen in den waldigen feuchten Gebieten westlich der Wetterscheide und den Hominiden, der Familie der Menschenartigen, in den Savannen, den Baumsteppen im Osten, dort wo das Überleben schwieriger war.

Wie kam es zum aufrechten Gang?
Warum hat der Mensch kein Fell?

Um die Fragen zu beantworten, welche Lebensumstände dazu führten, daß sich bei unseren vormenschlichen Ahnen Gene durchsetzten, die den Skelettbauplan zum aufrechten Gang umprogrammierten, lassen Sie uns in jener Evolutionsphase vor mehr als drei Millionen Jahren verweilen, als »Lucy« noch unter den Lebenden weilte. Sie, die bereits den aufrechten Gang beherrschte, jedoch einen Schädel besaß, der in Größe und Gestalt eher dem eines Schimpansen glich, ist stumme Zeugin aus einem Stadium menschlichen Werdens, in dem entscheidende Merkmale angelegt wurden, die heute den Unterschied zwischen Menschenaffen und Menschen ausmachen.

Die konservativen Schlußfolgerungen der Anthropologen, jener Wissenschaftler, die sich mit der Entwicklungsgeschichte des Menschen befassen, basieren überwiegend auf der Auswertung fossiler Funde. Ein Verfahren, mit dem allein man nicht der Beantwortung einiger entscheidender Fragen in befriedigender Weise näher kommt. Das gilt nicht nur für die Frage nach dem aufrechten Gang. Warum zum Beispiel sind wir mehr oder weniger unbehaart? Warum haben wir Schweißdrüsen, die nicht nur zu großen Wasserverlusten, sondern auch zu Salzverlusten führen? Schlimmer noch, warum zeigt uns unser Körper den Verlust der lebenswichtigen Salze nicht einmal an?

Nach herkömmlicher Meinung ist die Entwicklung zur Zweibeinigkeit durch erhebliche Vorteile, die das rechtzeitige Erspähen von Beute oder Feinden sowie die erleichterte Benutzung von Werkzeugen mit sich bringen, hervorgerufen worden.

Und was die Unbehaartheit und die Bildung von Schweißdrüsen betrifft, so ist man üblicherweise der Auffassung, daß es sich dabei um eine Anpassung an das Laufen in der Graslandschaft handelt. Schweiß, so argumentiert man, verbessert die Abfuhr von Körperwärme und trägt so dazu bei, daß bei erhöhter Muskeltätigkeit die Bluttemperatur nicht unzulässig ansteigt. Da Haare die Kühlfunktion des Schweißes herabsetzen, seien sie für unsere bei der Verfolgung von Tieren oder auf der Flucht befindlichen, ins Schwitzen geratenen Vorfahren hinderlich gewesen und mit der Zeit ausgefallen.

Diese Deutungen klingen zwar einleuchtend, werfen jedoch bei genauerer Analyse mehr Fragen auf, als sie beantworten. Wenn starkes Schwitzen vorteilhaft ist, warum wird dann von keinem unserer tierischen Verwandten dieses Prinzip der Temperaturregelung angewandt? Paviane sind durchaus an das Leben in der Savanne angepaßt, und sie laufen, zumindest auf kürzeren Strecken, schneller als der Mensch. Das gleiche gilt für den Husarenaffen, der ebenfalls in der Savanne lebt. Auch er ist ein schneller leichtfüßiger Läufer. Er ist weder nackt, noch läuft er auf zwei Beinen, und er kommt mit sehr wenig Wasser aus. Um über das Gras zu spähen oder um Früchte zu pflücken, richtet er sich mühelos auf.

Kein anderes Landtier verschwendet durch ausgiebiges Schwitzen übermäßig viel Wasser, um sich in die Abhängigkeit von Wasserstellen zu begeben, wo Raubtiere im Hinterhalt lauern. Menschenaffen gehen mit dem Wasser so sparsam um, daß sie nur selten Wasserlöcher aufsuchen müssen, und nur selten gehen sie auf die Suche nach Salzvorräten.

Und damit sind wir bei dem nächsten Rätsel. Die meisten Landsäugetiere zeigen einen regelrechten Hunger nach Salz, wenn ihr Futter nicht genügend Salz enthält. Wenn ihr Salzbedarf gedeckt ist, hören sie auf, salzhaltige Nahrung aufzunehmen. Wir Menschen dagegen zeigen keinen Salzhunger, auch dann nicht, wenn ein weitgehender Mangel eingetreten ist und beispielsweise Muskelkrämpfe einsetzen. Salzmangel ist eine der häufigsten Todesursachen, denn in unterentwickelten Ländern sterben viele Kinder infolge von Durchfall, der verbunden ist mit dem tödlichen Verlust von Körpersalzen. Selbst die Tränen, die sie vergießen, entziehen ihrem Körper Salz.

Tiere, die im Meer leben, haben dagegen das genau entgegengesetzte Problem. Sie müssen ihren Salzgehalt durch Abgabe von Salz regulieren, da alles, was sie fressen, salzig ist. Diese Feststellung ist die Überleitung zu einer These über den Erwerb einiger menschentypischer Körpermerkmale, die manchem abenteuerlich vorkommen mag, sich bei näherer Betrachtung jedoch als völlig plausibel erweist.

Vom Wasser haben wir's gelernt...

Alister Hardy, ein amerikanischer Professor für Physiologie, der sich intensiv mit im Wasser lebenden Säugetieren beschäftigt hat, gelangte zu der Erkenntnis, daß der Mensch einige Merkmale aufweist, die bei jeder anderen Art sofort zu der Vermutung veranlassen würden, sie habe einst an Land gelebt, sei dann gezwungen worden, ins Wasser auszuweichen, um schließlich in die Savanne zurückzukehren, wobei sie ihre Schwimmfähigkeit und andere Anpassungen an das Leben im Wasser beibehielt. Seine Vorstellungen über die Phase, in der sich der menschliche Vorläufer an ein Leben im Bereich zwischen Land und Wasser anpaßte, beschrieb Hardy bereits 1960: »Ich stelle ihn mir watend vor, anfangs vielleicht noch kriechend, fast auf allen vieren, im Wasser nach Schalentieren umhertastend, doch nach und nach wurde seine Geschicklichkeit im Schwimmen größer. Mit der Zeit sehe ich ihn mehr und mehr zu einem Wassertier werden, das sich weiter vom Ufer fortwagt. Ich sehe ihn nach Schalentieren tauchen, Würmer erbeuten, auf den Grund seichter Meere Krebse und zweischalige Muscheln aus dem

Sand graben, Seeigel aufbrechen und schließlich mit wachsender Geschicklichkeit Fische mit den Händen fangen.«[35]

Ein besonderes Argument für die Theorie wasserangepaßter vormenschlicher Ahnen ist unsere dürftige Körperbehaarung. Sie ist der augenfälligste Unterschied zwischen Mensch und anderen Primaten. Bis auf ganz wenige Ausnahmen sind alle unbehaarten Säugetiere Wassertiere, oder sie stammen von solchen ab. Die amerikanische Biologin Ellen Morgan schreibt dazu: »Meistens verlieren Säugetiere, die ins Wasser zurückkehren und lange genug dort bleiben – besonders in warmen Klimata –, ihr Haar als völlig natürliche Folge. Nasses Fell an Land nützt keinem etwas, und Fell im Wasser behindert beim Schwimmen. So verwandelt sich unsere Äffin allmählich in eine nackte Äffin, aus demselben Grund, aus dem sich der Delphin in einen nackten Cetaceen (Gruppe der Wale und Delphine), das Flußpferd in ein nacktes Huftier, das Walroß in einen nackten Flossenfüßler und die Rundschwanzseekuh Manati in eine nackte Sirene verwandelte. Als ihr Pelz zu verschwinden begann, fühlte sie sich immer behaglicher im Wasser, und dort verbrachte sie das Pliozän [etwa die Zeit zwischen zehn und fünf Millionen Jahre vor der Gegenwart].«[36]

Fell dient in erster Linie der Erhaltung der Körperwärme. Wie kann diese lebenswichtige Funktion erhalten bleiben, wenn die Behaarung zurückgeht?

William Calvin liefert folgende Erklärung: »Unbehaartheit ist nur eine der Besonderheiten vieler mariner Säugetiere wie Delphine und Wale. Eine andere besteht darin, daß sie unter der Haut eine dicke Fettschicht ausbilden, die die isolierende Wirkung des verlorenen Haarkleides übernimmt ... Wir haben, genau wie die nackten Meeressäugetiere, aber im Unterschied zu den Menschenaffen, am ganzen Körper eine subkutane [unter der Haut befindliche] Fettschicht. Sie trägt gleichzeitig dazu bei, uns eine für das Schwimmen nützliche Stromlinienform zu geben, nach der man bei dem knochigen Menschenaffen vergeblich suchen wird.«

»Menschenbabys sind bei der Geburt sehr mollig, ein Zuwachs, der auf die letzten Schwangerschaftsmonate zurückgeht (in denen sie auch ihre ursprüngliche Körperbehaarung ... verlieren). Sie sehen ganz anders aus als die ausgezehrten Schimpansenjungen, deren äußere Erscheinung nur mit der von sehr alten oder stark unterernährten Menschen vergleichbar ist. Ist das Fett der Babys vielleicht eine Anpassung an das Leben im Wasser, gibt es ihnen (in Salzwasser) genügend Auftrieb, schützt es sie hinreichend vor Wärmeverlust, so daß sie auf dem Wasser treiben können, während sie sich an dem einzigen Haar, das der Mutter noch geblieben ist, dem Haupthaar festhalten? In den Küstengewässern Feuerlands kann man solche Szenen noch beobachten: An der Oberfläche treibende Indianerbabys, die an den langen Haaren der Mutter hängen, während diese nach Schalentieren tauchen.«[37]

Und wie ist es nun mit dem aufrechten Gang? Gab es für unsere Menschenaffen-Vorfahren, falls sie sich darauf spezialisiert hatten, Schalentiere aus dem Wasser zu fischen, triftige Gründe, sich aufzurichten?

Natürlich, denn besonders bei der Nahrungssuche im flachen Gewässer sind die Vorteile, auf den Hinterbeinen zu gehen, nicht zu übersehen. Ein Landtier, das auf allen vieren ins Wasser watet, gelangt mit der Nase sehr viel schneller ins Wasser, als wenn es aufrecht geht. Überhaupt, alle lebenswichtigen Tätigkeiten lassen sich dort für ein auf Luftsauerstoff angewiesenes Wesen besser in senkrechter Haltung ausführen. Das Aufbrechen und Verzehren der Beute, das Atmen und nicht zuletzt die Betreuung und Versorgung der Jungen.

Daß das Leben in Gebieten, wo der Meeresspiegel langsam steigt und der Lebensraum in Form von Inseln immer kleiner wird, zu körperlichen Veränderungen führt, wie sie bei den vormenschlichen Ahnen zu finden sind, beweisen fossile Knochen eines ausgestorbenen Sumpfaffen, die man in einem italienischen Kohleflöz gefunden hat. Ein im Schlamm konserviertes

Skelett zeigt die auch für »Lucy« typischen Merkmale. Das kurze, breite Becken eines Zweibeiners, die Veränderung der Ellbogen, die kurzen Eckzähne und die gekrümmten Fingerknöchel.

Es ist durchaus denkbar, daß ein solcher Prozeß mehrfach eingeleitet wurde, nur haben sich die natürlichen Bedingungen möglicherweise so schnell geändert, daß das biologische Anpassungsvermögen meistens nicht Schritt zu halten vermochte.

Stellt sich nun die Frage, ob es im Osten Afrikas, dort wo die Entwicklung zum heutigen Menschentyp stattgefunden hat, solche Bedingungen gab, die eine Anpassung an das Leben am oder im Wasser hervorbrachten. Tatsächlich hat man an der Küste des Roten Meeres einen solchen Ort ausgemacht, das Danakil-Gebiet. Es liegt nördlich der Hadar-Region, wo »Lucy« und ihre Familie gefunden wurden.

Das Gebiet gehört zu dem heutigen Eritrea, das wegen ständiger politischer Unruhen für Reisende lange Zeit unzugänglich war. In dieser Region, an den Schnittstellen afrikanischer, arabischer, eurasischer Erdplatten, kam es in den letzten 20 Millionen Jahren zu fortwährenden schwerwiegenden geologischen Veränderungen. Sie gingen einher mit den beschriebenen Verwerfungen, die zur Bildung des Ostafrikanischen Grabens führten. Das Gebiet um das Rote Meer wie auch das Mittelmeer wandelte sich ständig. Landstriche sanken ab, füllten sich mit Wasser und trockneten wieder aus, Salzseen entstanden. Erneutes Absinken der Erdkruste führte wieder zu einer Wasserlandschaft. Diese Vorgänge wiederholten sich mehrfach.

Die DNS-Abweichungen zwischen Schimpansen und Menschen lassen vermuten, daß die Abspaltung dieser beiden Linien vor etwa sieben Millionen Jahren stattfand, in einer Zeit, als das Danakil-Gebiet durch Wasser vom Festland isoliert war. Hat vielleicht zu dieser Zeit die natürliche Auslese unter den Menschenaffen jene Fähigkeiten selektiert, die zum nackten, kurvenreichen, aufrechtgehenden Typus führte, der in der Lage war, zu schwimmen und nach dem reichhaltigen Nahrungsangebot auf dem Meeresgrund zu tauchen, und der seine mit einer Fettschicht versehenen Säuglinge mit ins Wasser nehmen konnte?

Tauchen ist für luftatmende Lebewesen, die sich von im Wasser lebenden Tieren ernähren müssen, eine überlebenswichtige Notwendigkeit. Wie bei allen erfolgreichen luftatmenden Tauchern, zum Beispiel den Fröschen, zeigt sich auch beim Menschen der sogenannte Tauchreflex. Diese Körperreaktion, die beim Untertauchen ausgelöst wird, setzt die Blutzufuhr zur Haut herab und verlangsamt den Herzschlag, um durch die Reduzierung des Sauerstoffbedarfs ein längeres und tieferes Tauchen zu ermöglichen.

Es ist anzunehmen, daß der Aufenthalt im Wasser auch eine erste Zunahme der Hirnmasse zur Folge hatte. Ein Zusammenhang, der bei Säugetieren, die zu einem Leben im Wasser übergegangen sind, generell festzustellen ist. Offenbar als Konsequenz eines sich neu bildenden Steuerungsapparates zur Koordination neuer Bewegungsabläufe.

Die wasserangepaßten Menschenaffen haben sich dann möglicherweise von Danakil aus landeinwärts gewendet, vielleicht dem Flußtal stromaufwärts folgend bis nach Hadar, wo »Lucy« lebte. Von dort könnten sie sich südwärts durch das Omo-Tal bis zum Turkanasee ausgebreitet haben, um weiter durch die Senke bis Olduvai und Laetoli zu gelangen, vielleicht sogar durch den Ostafrikanischen Graben bis hinunter nach Südafrika.

Eine Anpassung an das Wasser ist mit körperlichen Veränderungen verbunden, die sich für überwiegend an Land lebende Nachkommen als negativ erweisen mußten. Sie konnten nicht so schnell laufen wie ihre vierbeinigen Ahnen, sie besaßen Schweißdrüsen, die Salz und Wasser verschwendeten, und sie hatten eine nackte Haut, ein Umstand, der außerhalb des Wassers äußerst lästig sein mußte, konnten sich doch die Jungen nicht wie bei den Schimpansen im Fell festkrallen, ganz zu schweigen von den unangenehmen und gesundheitsbedrohenden Wärmeverlusten bei niedrigen Lufttemperaturen.

Gravierende Nachteile in der biologischen Ausstattung führen im Verlauf der Evolution entweder zum Aussterben oder zu neuen *Erfindungen*, die in aller Regel die biologische Entfaltung auf ein höheres Niveau anheben. Wir sind der lebende Beweis dafür, daß es zumindest einigen von »Lucys« Zeitgenossen gelungen ist, die zweite Alternative zu nutzen.

Unverständlicherweise wird von der Wasseraffen-Hypothese kaum Notiz genommen, obwohl so viele Indizien dafür sprechen. Vielleicht liegt es daran, daß ein solcher Werdegang uns wieder einmal vor Augen führt, wie wenig wir doch etwas Besonderes sind, sondern vielmehr wie jedes andere Lebewesen das Produkt der Evolution, das Resultat der Anpassung.

Befällt uns beim Anblick des Meeres nicht heute noch ein eigenartiges Gefühl, das die amerikanische Anthropologin Loren Eiseley so treffend mit den Worten charakterisiert hat: »wie bei heimwehkranken Vertriebenen eines langen Krieges«? Und würden außerirdische Wesen beim Betrachten unseres Treibens sich nicht darüber wundern, daß diese auf den Hinterbeinen laufenden Säugetiere sich mit solch offensichtlichem Vergnügen am und im Wasser aufhalten?

Gehirnvolumen, »Verjugendlichung« und Probleme der Fleischbeschaffung

Eine der entscheidenden Fragen der Menschwerdung betrifft die Zunahme des Gehirnvolumens. Von vier bis etwa 2,5 Millionen Jahren vor der Gegenwart hatte es konstant bei knapp 500 Kubikzentimetern gelegen, das war bei Berücksichtigung der Körpergröße etwas mehr als bei den heutigen Menschenaffen. Doch dann vergrößerte es sich innerhalb von nicht viel mehr als zwei Millionen Jahren auf fast den dreifachen Wert von 1400 Kubikzentimetern; das Gehirn des Neandertalers erreichte gar die Rekordgröße von 1500 Kubikzentimetern.

Die Homo-erectus-Periode begann vor 1,7 Millionen Jahren mit einem Hirnvolumen von rund 800 Kubikzentimetern und endete spätestens vor 230 000 Jahren mit dem Pekingmenschen, der im Mittel fast 1100 Kubikzentimeter aufwies. Die Zeit zwischen 400 000 und 100 000 Jahren vor der Gegenwart ist eine Phase mit Übergangstypen, deren Zuordnung bislang noch nicht ganz geklärt ist.

Seit etwa vier Millionen Jahren gibt es menschenartige Wesen mit einem aufrechten Gang. Unwiderlegbare Beweise eines Fortschritts tauchen erst zwei Millionen Jahre später auf: steinerne Werkzeuge in Hülle und Fülle und ein Gehirn, das ständig zunimmt. Der Archäologe Glynn Llywellyn Isaac stellte fest: »Eines der spezifischen Kennzeichen der menschlichen Abstammungslinie ist die Neigung, Gerätschaften herzustellen und wegzuwerfen. So entstand eine Spur aus Abfall, die sich zwei bis zweieinhalb Millionen Jahre zurückverfolgen läßt.«

Wahrscheinlich ist, daß schon vor dieser Zeit Werkzeuge benutzt wurden, wenn auch in einer Art und Weise, wie man es bei den Schimpansen beobachten kann, wenn sie einen Stock oder einen unbearbeiteten Stein als Hammer gebrauchen, um eine Nuß zu knacken. Einem solchen Stein sieht man es danach nicht an, daß er als Werkzeug verwendet wurde, und ein Stock ist bald verrottet. Auch die vielen anderen Dinge, die später neben den Steingerätschaften eine Rolle gespielt haben müssen, sind zu Staub zerfallen, ohne Spuren zu hinterlassen. Wasserbeutel, vielleicht aus der Blase eines Tieres angefertigt, und Tragetaschen in jeder Form, zum Tragen der Babys, zum Transport gesammelter Nahrungsmittel oder zum Bereithalten von Steinwerkzeugen, müssen für die nackten, ständig durstigen Hominiden von großer Bedeutung gewesen sein.

Was mag in der Zeit zwischen 2,5 Millionen und 100 000 Jahren vor der Gegenwart für die Auslese größerer Gehirne verantwortlich gewesen sein? War es der Umgang mit Werkzeugen, verbunden mit der Entwicklung der Sprache und einer zum

Überleben erforderlichen Zunahme allgemeiner Intelligenz, wie es von vielen Evolutionsbiologen angenommen wird? Oder waren es die Anforderungen, die das Sammeln der Nahrung oder das Anpirschen und Hetzen von Beutetieren stellten, denn es ist zweifellos von Vorteil, wenn eine Art lernt, sich vielfältig zu ernähren, weil es sie unabhängiger von bestimmten Nahrungsquellen macht, und richtig ist auch, daß die Beschaffung von Fleisch mehr Intelligenz erfordert als die Suche nach vegetarischer Kost. Doch beides können Paviane und Schimpansen fast ebenso gut wie darin geübte Menschen.

Und noch eins: Wir sind keine Weiterentwicklung der Menschenaffen, sondern wir haben gemeinsame Vorfahren. Warum haben wir sie alle, zumindest was die Intelligenz betrifft, so deutlich überholt, obwohl sie die gleiche Zeit zur Verfügung hatten, sich weiterzuentwickeln, wie wir? Es kann doch nur so gewesen sein, daß die Ahnen unserer Stammeslinie aufgrund besonders beschwerlicher Umweltbedingungen der natürlichen Auslese erheblich stärker ausgesetzt waren.

Die konservativen Begründungen, die für gewöhnlich herangezogen werden, um die Größenzunahme des menschlichen Gehirns zu erklären, sind recht unbefriedigend. Natürlich haben all die aufgezählten Anforderungen eine Rolle gespielt, allerdings dürfte das mehr die Entwicklung der sozialen Bindungen als die Größe des Gehirns gefördert haben. Manche menschlichen Talente sind wohl auch als Folge eines vergrößerten Gehirns und nicht als dessen Ursache zu sehen.

Ich möchte zwei andere Spuren verfolgen, die uns meiner Einschätzung nach dem tatsächlichen Verlauf der Menschwerdung näher bringen als die herkömmlichen Theorien. Die eine Spur führt uns zu einer evolutionären Besonderheit, die sich beim Vergleich aufeinanderfolgender Arten erkennen läßt. Sie basiert auf einem Zusammenhang zwischen dem Zeitpunkt der Geschlechtsreife und den Körper- und Verhaltensmerkmalen bei den erwachsenen Individuen.

Die in der DNS gespeicherten Instruktionen enthalten nicht nur die Anweisungen für die Gestaltung von Körpermerkmalen und Verhaltensweisen, sie geben auch die zeitliche Abfolge ihrer Ausbildung vor. Dabei ist der Übergang zur Geschlechtsreife ein gravierender Einschnitt, da sie gleichfalls mehr oder weniger den Abschluß der jugendlichen Entwicklungsphase markiert. Normalerweise ist dieser Zeitpunkt im Rahmen einer Schwankungsbreite artspezifisch festgelegt. Es gibt aber auch Arten, bei denen er variabel, von äußeren Bedingungen abhängig ist. Lurche beispielsweise verlieren in dieser Phase ihre Kiemen und gehen zur Luftatmung über. Einige Arten können bei ungünstigen Wetterbedingungen an Land diese Umwandlungsphase beliebig lange verschieben, um weiterhin im sicheren Wasser zu verbleiben.

In abgeschwächter Form kann man dieses Phänomen auch beim Menschen beobachten: Daß Männer im Mittel größer sind als Frauen, liegt vor allem daran, daß Mädchen früher reifen als Jungen, wodurch das weitere Wachstum verlangsamt wird. Und Mädchen, die überdurchschnittlich früh geschlechtsreif werden, erreichen nicht dieselbe Körpergröße wie Mädchen, bei denen die Menstruation deutlich später einsetzt.

Hier geht es jedoch nicht um Schwankungen bei unterschiedlichen Individuen einer Art, sondern um genetische Veränderungen bei aufeinanderfolgenden Arten, und nicht nur um die verzögerte Geschlechtsreife, denn gleichzeitig findet in noch stärkerem Maße eine Verzögerung der allgemeinen Entwicklung statt. Anders formuliert: Im Zuge der Artenentwicklung mancher Stammeslinien wird bei diesem evolutionären Phänomen das Körperwachstum von Stufe zu Stufe stärker verlangsamt als die Auslösung der Pubertät. Das hat zur Folge, daß bei später auftauchenden Arten zu Beginn der Erwachsenenphase zum Teil noch körperliche Merkmale und Verhaltensweisen aus der Jugendphase vorhanden sind und teilweise erhalten bleiben. Das Erreichen der Geschlechtsreife dauert zwar immer länger, sie tritt aber in einem immer früheren Stadium der körperlichen Entwicklung ein. Würden beide Uhren, die der Geschlechtsreife und die des Körperwachstums, im gleichen Maß verlangsamt, so käme am Ende wohl nicht Neues heraus, nur würde es länger dauern.

Die Auswirkungen auf das Erscheinungsbild des Erwachsenen bei einer verzögerten Pubertät, verbunden mit einer noch stärkeren Verzögerung der allgemeinen körperlichen Entwicklung, lassen sich besonders gut am Primatenstammbaum beobachten. Erwachsene Schimpansen ähneln jugendlichen Affen, und erwachsene Menschen haben Ähnlichkeiten mit jugendlichen Schimpansen. Die *Bonobos* sehen dank dieses Effektes noch menschenähnlicher aus.

Das Gesicht wird immer flacher, die Zähne werden kleiner, und das Gehirn wird im Verhältnis zur Körpergröße immer größer. Ein Affe kann in drei bis vier Jahren geschlechtsreif sein, ein Menschenaffe wie der Schimpanse erst in acht bis neun Jahren, und beim Menschen dauert es noch länger. Verlangsamt wird auch die körperliche Entwicklung. Können ein junger Affe und ein junger Schimpanse zunächst noch miteinander spielen, so kann ein Jahr später der Affe schon sehr viel größer sein, so daß sich das *zurückgebliebene* Schimpansenjunge jüngere Spielkameraden suchen muß. Nicht nur körperliche Merkmale des Erwachsenen verändern sich mit einer verlängerten Jugendphase, sondern auch sein Verhalten.

Wie ist das nun mit der Gehirngröße? Das Gehirn eines Erwachsenen ist doch größer als das des Sprößlings. Das ist richtig. Entscheidend ist aber das Verhältnis zwischen Gehirnumfang und Körpergröße. Der Embryo im Mutterleib besteht am Anfang zur Hälfte aus Kopf, bei der Geburt nimmt der Kopf nur noch ein Viertel der Körperlänge ein und beim Erwachsenen etwa ein Zehntel. Das heißt, je weiter die Geschlechtsreife in die Jugendphase verschoben wird, um so größer ist der Kopf bei der Geburt und damit auch beim Erwachsenen.

Ferner wird hier deutlich, daß mehrere anatomische Faktoren und Verhaltenseigenschaften genetisch miteinander zusammenhängen. Wenn sich eins dieser Merkmale gegenüber der natürlichen Auslese bewährt, dann werden die anderen Merkmale gratis mitgenommen.

Um ein Beispiel zu nennen: Erweist es sich im Hinblick auf den Fortbestand einer Population als vorteilhaft, wenn die jugendliche Neugier und Experimentierlust auch im Erwachsenenalter anhält, dann werden Mutationen, die zu einer Geschlechtsreife in einem früheren Stadium der allgemeinen körperlichen Entwicklung führen, sich bei ausreichend hohem Auslesedruck durchsetzen, und als kostenlose Zugabe werden ein größeres Gehirn, ein flacheres Gesicht und andere damit verknüpfte Merkmale mitgeliefert.

Dieses Phänomen ist keineswegs eine Erkenntnis unserer Tage; schon Darwin hatte die Tendenz zur Verjugendlichung bemerkt. 1884 führte der Zoologe Julius Kollmann aus Basel dafür den Begriff *Neotenie* ein, und 1894 übertrug Havelock Ellis diese Idee auf die Evolution zum Menschen. Eine ganze Reihe von Evolutionsbiologen, Verhaltensforschern und Anatomen – wie der Holländer Louis Bolk, der die Bezeichnung *Fötalisierung* benutzte, Stephen Jay Gould, er nannte es *Kindförmigkeit*, Julian Huxley, der den Begriff *Juvenilisation* (Verjugendlichung) verwendet, und andere mehr – haben sich damit beschäftigt. Auch Verhaltensforscher wie Konrad Lorenz haben sich intensiv damit auseinandergesetzt. Bezeichnenderweise ist dieses Thema bei den Anthropologen kaum bekannt; für sie, das ist mein Eindruck, gilt nichts außer Fossilien.

Es ist gewiß von Vorteil, wenn die im eben genannten Beispiel angeführte jugendliche Neigung, ständig etwas Neues auszuprobieren, bei den Erwachsenen anhält, aber das rasante Tempo, mit dem dies im Verlauf der menschlichen Entwicklung zutage getreten ist, läßt sich durch die gewöhnlichen Vorgänge des Artenwandels nicht erklären.

William H. Calvin hat eine interessante, weil plausible Erklärung für diese beschleunigte Verjugendlichung präsentiert. Damit nehmen wir die zweite Spur auf: Es geht um die Erfindung, aus der Entfernung zu töten.

Für die meisten Menschen in den Industrieländern, vermutlich auch für Sie, besteht die Versorgung mit Nahrungsmitteln im allgemeinen darin, in einem Supermarkt das Notwendige einem Regal oder einer Kühltruhe zu entnehmen und es nach Hause zu transportieren. Für unsere Urahnen aus jener frühmenschlichen Phase waren dagegen die Fähigkeiten, Nahrungsmittel in der freien Natur zu beschaffen, ein entscheidender Teil des Überlebenskampfes.

Versuchen Sie einmal, was nicht ganz einfach ist, sich in die Zeit zu versetzen, als der frühe Mensch, wie jedes Tier auch, von dem leben mußte, was er in der Natur fand. Nehmen wir an, die Lage wird noch dramatischer, weil Sie sich in einer Gegend mit jahreszeitlichem Klimawechsel befinden, wo die Vegetation zeitweise kaum vegetarische Nahrung bietet, so daß Fleisch zur Ernährungsgrundlage wird. Als sich mit den Eiszeiten weltweit das Klima änderte, müssen sich die klimatischen Bedingungen in den Gebirgsgegenden Südafrikas und rings um das Mittelmeer tatsächlich so verschlechtert haben. Stellen Sie sich also vor, Sie müßten, in dieser Situation auf Fleisch angewiesen, ein Tier erlegen. Was glauben Sie, welche Tiere zu erbeuten Sie in der Lage wären, natürlich ohne Gewehr, nicht einmal Pfeil und Bogen waren erfunden?

Sie werden zustimmen, daß die Lebensbedingungen in einer derartigen Situation mehr als schwierig sind. Außerdem lebten diese frühen Menschen unter Tieren, die viel kräftiger waren und die sich weit besser wehren konnten. Besonders die Nächte müssen für diese Wesen voller Schrecken gewesen sein, und es ist anzunehmen, daß viele von ihnen von Löwen, Leoparden und anderen Jägern getötet und gefressen wurden. Sie waren keine Jäger, sie waren die Gejagten.

Welche Fähigkeiten hatte der Homo habilis zur Verfügung, um sich unter diesen Umständen fleischliche Nahrung zu verschaffen, ohne gefressen zu werden?

Den aufrechten Gang beherrschte er perfekt, denn den hatten seine Vorfahren schon eine Million Jahre zuvor eingeübt. Er war also gewohnt, seine Hände zu gebrauchen, Hände, die zielsicher zugreifen konnten, dank eines den Fingern gegenüber zu stellenden Daumens und der Fähigkeit, räumlich zu sehen, das heißt Entfernungen abzuschätzen. Beides ein Erbe von Vorfahren, die dadurch in der Lage waren, auf Bäumen zu klettern. Wenn auch die Steinwerkzeuge, die er benutzte, noch sehr primitiv waren und wohl mehr zufällig entstanden, so war der Zweck, dem sie dienen sollten, zu erkennen.

Die Intelligenz des Homo habilis hatte sich im Vergleich zu den Menschenaffenlinien weiterentwickelt, vielleicht als Erbe seiner im Wasser lebenden Ahnen. Und die Umweltanforderungen, denen diese unbehaarten Geschöpfe ausgesetzt waren, hatten dazu geführt, daß die sozialen Bindungen innerhalb der Familien enger geworden waren. Insbesondere die Entwicklung zu einer permanenten Paarungsbereitschaft der Weibchen hatte bewirkt, daß längerfristige Beziehungen zwischen Männchen und Weibchen aufrechterhalten wurden, was eine gewisse Arbeitsteilung bei der Versorgung und dem Schutz des Nachwuchses ermöglichte.

Für die Teilpopulationen im Norden und Süden Afrikas, die nicht in die tropischen Regionen ausweichen konnten, wurde die Beschaffung von größeren Fleischrationen zu einer Frage von *Sein oder Nichtsein*. Um an die begehrte energiereiche Nahrung zu kommen, gab es für sie nur eine Möglichkeit: Sie waren genötigt, den Geiern die Mahlzeiten streitig zu machen. Dazu mußten sie beobachten, wo diese sich niederließen, um dann dorthin zu eilen, mit Stöcken und Steinen Konkurrenten zu verscheuchen und vor Eintreffen der Löwen soviel wie möglich in Sicherheit zu bringen. Aber auch das von Löwen und Hyänen abgenagte Skelett eines Gnus lieferte noch energiereiche Nahrung, wenn man es verstand, die markhaltigen Knochen mit einem Stein aufzuschlagen.

Krankheiten, Wassermangel, Komplikationen bei Geburten sowie Verletzungen, durch Unfälle zugezogen oder durch Raubtiere zugefügt, führten zumindest in tierreichen Gegenden zu zahlreichen Opfern. Wie sonst hätte sich eine ganze Reihe von Arten auf die Nahrungsquelle *Aas* spezialisieren können? Es kann gar keinen Zweifel geben, daß die Eroberung von frischem Aas auch in der menschlichen Stammeslinie eine häufig angewandte Art der Fleischbeschaffung war, vermutlich schon in der Ära vor dem Homo habilis – aber es ist nicht einzusehen, warum dies die alleinige Triebfeder für die Entwicklung des aufrechten Gangs, den Verlust der Körperhaare und für die enorme Volumenzunahme des Gehirns sein soll. Fernsichtige Augen, ein gutes ausdauerndes Laufvermögen, eine gewisse Befähigung, sich untereinander zu verständigen und etwas Geschick im Umgang mit Hilfsmitteln, um Rivalen zu vertreiben und das Fleisch in transportfähige Brocken zu zerlegen, das allein kann nicht die Ursache dafür gewesen sein. Das sind Leistungen, die nicht oder nicht wesentlich über dem Niveau unserer Vettern, den Menschenaffen, liegen, ohne daß sie ein solch großes Gehirn entwickeln mußten.

Welchen Umständen also haben wir unsere herausragende Intelligenz zu verdanken?

Der Mensch besitzt eine besondere Fähigkeit, der man möglicherweise bisher nicht die gebührende Aufmerksamkeit geschenkt hat. Gemeint ist die Befähigung, zielorientiert zu werfen, das heißt: ein Ziel anzuvisieren und dann auch zu treffen. Auch Menschenaffen benutzen Wurfgeschosse, um damit zu drohen, doch von einem gezielten Einsatz kann nicht die Rede sein.

Was hat nun, so werden Sie sich fragen, das Werfen mit der Entwicklungsgeschichte des Menschen zu tun? Die Hypothese von William H. Calvin gibt eine Antwort darauf.

Die Erfindung, aus der Entfernung zu töten

Die ältesten Gerätschaften aus der frühmenschlichen Phase sind bearbeitete Steine, die als Werkzeuge verwendet wurden, zum Zertrümmern harter Schalen, zum Zerschneiden von Fleisch und anderem mehr. Einige dieser Steine, die man als *Faustkeil* bezeichnet, sind flach, mit konischer Kontur und scharfem Rand – zum Zuschlagen wie mit einem Beil wohl weniger geeignet, da man sich unweigerlich die Hand verletzen würde. Sehr viel näher liegt die Vermutung, daß diese Steine zum Werfen benutzt wurden, die kleinen senkrecht gehalten und über Kopf geworfen und die großen – wie Diskuswerfer es heute noch tun – mit langem Arm aus der Körperdrehung. In beiden Fällen zeigen sie hervorragende Flugeigenschaften. Bezeichnenderweise hat man die meisten dieser Wurfsteine an Stellen gefunden, wo einst ein flaches Gewässer war. Ringsum auf dem Land fanden sich dagegen keine. Man könnte daraus schließen, daß sie dazu benutzt wurden, Tiere, die zum Trinken ans Wasser kamen, aus dem Hinterhalt zu erlegen. Sicherlich hätte ein Jäger versucht, einen guten Wurfstein, dessen Herstellung ihn viel Zeit und Mühe kostete, zurückzuholen, doch wenn er im See gelandet war, war er oft unauffindbar, und auf diese Weise könnten sich mit der Zeit immer mehr dieser Faustkeile im Schlamm angesammelt haben. Ihre optimale Flugform ist ein Zeichen dafür, daß es sich bereits um eine fortgeschrittene Bauart handelte, denn begonnen hat das Werfen sicherlich mit der Verwendung beliebig geformter Steine.

Daß die aassuchenden Hominiden, die durch die Benutzung von steinernen Hilfsmitteln über genug Geschicklichkeit im Umgang mit Steinen verfügten, irgendwann auf die Idee kamen, einen Stein in eine Herde Antilopen oder nach einem Kaninchen zu schleudern, ist naheliegend, und daß unter den beschriebenen schwierigen Umständen bei der Nahrungssuche derjenige die größeren Überlebenschancen hatte, der zielgerecht werfen, das heißt aus der Entfernung töten oder zumindest das Opfer fluchtunfähig machen konnte, ist ebenso einleuchtend; denn es gibt in der Regel nur einen Versuch, ob Treffer oder nicht, die Herde wird sich in jedem Fall augenblicklich aus dem Staub machen. Außerdem verbessern sich die Erfolgsaussichten mit der Fähigkeit, aus größerem Abstand mit der gleichen Genauigkeit zu werfen. Je weiter man von der anvisierten Herde wegbleiben konnte, desto geringer war das Risiko, die Tiere durch den Beginn der Wurfbewegung zu erschrecken und vorzeitig in die Flucht zu treiben.

Die Technik des Werfens stellt hohe Anforderungen an den Werfer, und zwar besonders, was die Koordination der beteiligten Muskeln betrifft. Um das Ziel zu treffen, müssen Geschwindigkeit, Abwurfwinkel und nicht zuletzt der Zeitpunkt, zu dem das Geschoß aus der Hand entlassen wird, genau stimmen. Die verschiedenen Wurfphasen lassen sich an Kindern unterschiedlichen Alters gut beobachten. Anfangs wirft ein Kind Dinge umher, ohne den Wurf zu kontrollieren, ähnlich wie Schimpansen und Gorillas bei ihren Drohgebärden. Später werden kleinere Steine ausgesucht, und das Kind bemüht sich, weit zu werfen und ein Ziel zu treffen. Es lernt mit der Zeit, sich in Position zu bringen, es konzentriert sich auf die Aufgabe und wirft immer wieder in gleichartiger Weise. Dabei wird die Wurfgeschwindigkeit oder der Zeitpunkt, an dem es das Wurfgeschoß losläßt, geringfügig geändert, um den Stein an einem bestimmten Punkt auftreffen zu lassen.

Das spezielle Problem dabei ist, daß für die einzelnen Bewegungsabläufe nur winzige Zeitspannen, Sekundenbruchteile zur Verfügung stehen, was eine bewußte Steuerung der Muskeln während der entscheidenden Phasen beim Werfen aus Zeitgründen nicht zuläßt. Also muß die zeitliche Abfolge, in der die Muskeln aktiviert werden sollen, durch Training im Gehirn gespeichert und dann *am Stück* abgerufen werden. Eine Aufgabe, der kein Gehirn zuvor, im wahrsten Sinne des Wortes *gewach-*

sen war, denn *eine* Gehirnzelle ist nie und nimmer in der Lage, einen Zeitablauf zwischen Muskeln und Gehirn mit der hier erforderlichen Genauigkeit abzufahren.

Die Lösung dieses Problems ist ein Trick, dessen sich auch das Herz bedient. Betrachtet man eine einzige Herzzelle eines Embryos unter dem Mikroskop, so stellt man fest, daß sie ein paarmal pro Sekunde zuckt, aber nicht regelmäßig, manche Pausen zwischen den Schlägen sind doppelt so lang wie andere. Legt man dann eine zweite Herzzelle neben die erste, so daß sie sich berühren, passiert etwas Erstaunliches: Sie schlagen nicht nur im selben Rhythmus, sondern auch regelmäßiger. Die Schwankungsbreite der Pausen wird immer kleiner, je mehr Zellen hinzukommen. Wir haben unseren regelmäßigen Herzschlag Tausenden von Zellen zu verdanken, die im Gebiet des Schrittmachermuskels, durch elektrische Ströme untereinander abgeglichen, die Herzbewegung initiieren.

Nervenzellen sind zwar sehr viel komplizierter als Herzzellen aufgebaut, doch das Präzisionsproblem läßt sich auf ähnliche Weise lösen. Sie zucken auch nicht sichtbar, sie können aber in einem elektrischen Rhythmus schlagen, den man mit Hilfe eines Verstärkers auch hörbar machen kann. Durch die »Verdrahtung« vieler Nervenzellen untereinander erhält man einen sehr präzisen Schlag.

Das Entscheidende beim Werfen ist, daß die gehirnzelleninterne Uhr um so genauer sein muß, je weiter das Ziel vom Standort des Werfers entfernt ist. Warum? Ganz einfach deshalb, weil die Zeiträume, die die Muskeln zu Verfügung haben, um das Geschoß auf die höhere Abwurfgeschwindigkeit zu beschleunigen und um den genauen Zeitpunkt des Loslassens einzuhalten, immer kleiner werden. Legt man die physikalischen Gesetzmäßigkeiten zugrunde, die beim Werfen eine Rolle spielen, so zeigt sich, daß bei einer Verdoppelung der Wurfweite die Genauigkeit der Zellenuhr und die damit verbundene Anzahl der Zellen sich nicht etwa ebenfalls verdoppeln, sondern daß der Schwankungsbereich, also die Ungenauigkeit der Zellenuhr, auf ein Achtel reduziert werden muß, das heißt, die dafür erforderliche Anzahl der Gehirnzellen steigt auf das 64fache. Für die dreifache Wurfweite sind es schon 729mal so viele Zellen, die notwendig sind.

Woher bekommt man so viele zusätzliche Zellen, um das Gehirn in die Lage zu versetzen, die Bewegungsabläufe zeitlich präzise zu steuern? Calvins Hypothese besagt, daß beim Werfen, je nach Bedarf, Zellen anderer Hirnregionen kurzfristig ausgeliehen werden. Die normalen Verbindungen dieser Aushilfszellen sind dann unterbrochen, und an ihrer Stelle werden Verbindungen hergestellt, durch die die Steuerungsgenauigkeit der am Werfen beteiligten Muskeln verbessert wird. Möglicherweise wird auch das Sprachzentrum bei weiten, gezielten Würfen »abgeklemmt« und zur Präzision der Zeitmessung herangezogen, denn man ist nicht imstande, genau zu werfen und gleichzeitig zu sprechen oder Gesprochenes richtig zu erfassen. Probieren Sie es aus.

Zu den Merkmalen, die von der Neotenie, also dem Phänomen der Verjugendlichung bei aufeinanderfolgenden Arten, beeinflußt werden, könnten auch die Verschaltungen verschiedener Gehirnregionen gehören. Jedenfalls zeigen Untersuchungen des Neuroanatomen Sven Ebbesson zur Gehirnentwicklung bei Säugetieren, daß im frühen Stadium sehr weitreichende Verbindungen im Gehirn bestehen, die dann beim Erwachsenen unterbunden sind, indem die verschiedenen Steuerungssysteme klarer abgegrenzt sind.

Wenn das so ist, und wenn das Werfen ein wesentlicher Faktor im Überlebenskampf unserer frühmenschlichen Ahnen in einer lebensfeindlichen Umgebung war, dann spricht vieles dafür, daß die Evolution solche Varianten beschleunigt selektiert hat, bei denen die neotenen Merkmale stärker ausgeprägt waren. Mit einem größeren Gehirn und einer flexiblen Verschaltung der verschiedenen Gehirnregionen müssen sie die besseren Jäger gewesen sein.

Wie die fossilen Hominiden-Schädel zeigen, ist die Zunahme der menschlichen Hirngröße keineswegs stetig verlaufen, die Streuungen bei Zeitgenossen sind zum Teil erheblich. Das könnte darauf hinweisen, daß getrennt voneinander lebende Teilpopulationen der natürlichen Auslese unterschiedlich stark ausgesetzt waren. Die menschliche Entwicklung ist von denjenigen vorangetrieben worden, die besonders schwierige Bedingungen überstanden haben, was uns zu der Schlußfolgerung führt, daß wir durchaus nicht dem *Garten Eden* entsprungen, sondern eher dem *Tal der Leiden* entkommen sind.

Diese Feststellung trifft auf unsere weiblichen Vorfahren in verschärfter Form zu, denn eine Selektion zugunsten eines größeren Kopfumfangs mußte unweigerlich irgendwann zum Tod der Mutter führen, nämlich dann, wenn der Kopf des Babys nicht mehr durch den Geburtskanal paßt. Es gab zwei Möglichkeiten, dieses Problem zu lösen. Entweder die Neotenie kam bei einem maximalen Kopfumfang zum Stillstand, oder es setzte eine weitere Verzögerung der körperlichen Entwicklung ein, so daß zum Zeitpunkt der Geburt der Kopf noch ausreichend klein und verformbar war.

Der zweite Weg, den unsere Vorfahren augenscheinlich gegangen sind, weil die Größenzunahme des Gehirns wohl mit solch gravierenden Vorteilen verbunden war, konnte nur deshalb zum Ausweg werden, weil sich gleichzeitig die elterliche Fürsorge hinreichend ausbildete, um diese *Frühgeburten* am Leben zu erhalten. Tatsächlich beträgt der Entwicklungsstand der Menschenbabys bei der Geburt im Vergleich zu den Menschenaffen nur 60 Prozent, 40 Prozent der fötalen Entwicklung wurden nach außerhalb des Mutterleibs verlegt.

Von wieviel Leid und Tod während des Geburtsvorgangs muß diese Entwicklung begleitet gewesen sein! Eine Entwicklung, die die Neandertaler – aufgrund der eiszeitlichen Verhältnisse in ihrem Lebensraum ebenfalls auf Fleisch angewiesen – in gleicher Weise durchgemacht haben müssen.

Die Idee, daß das Werfen bei der Zunahme des menschlichen Gehirns eine entscheidende Rolle gespielt haben könnte, wird wohl nicht auf große Begeisterung stoßen, und zwar aus unterschiedlichen Gründen. Diejenigen, die sich aus wissenschaftlichem Interesse damit auseinandersetzen müßten, ziehen es vor, ihre eigenen Theorien zu verteidigen, und für andere ist es eine ketzerische Idee, fehlt ihr doch jeder göttliche Funke, außerdem widerspricht sie unserem Selbstverständnis von einer menschlichen Sonderstellung innerhalb der Schöpfung. Doch es kommt noch schlimmer.

Sind womöglich auch unsere Sprache und die Musik, ja sogar unser Bewußtsein die Folge einer Entwicklung, die uns vom abhängigen Aasfresser zum steinewerfenden Schlächter aufsteigen ließ?

Werkzeuge verhelfen zum großen Sprung nach vorn

Die deutlichen Zeichen für einen steilen Aufstieg aus der Zeit von vor etwa 35 000 Jahren stammen aus Frankreich und Spanien. Die entdeckten Werkzeuge weisen in Form und Funktion eine wesentlich größere Vielfalt auf als irgendwelche zuvor. Aus ihnen läßt sich schließen, daß sich zur modernen Anatomie jetzt auch ein modernes, kreatives Verhalten gesellt hatte. Raffinierte Waffen zum Töten gefährlicher Großtiere tauchen jetzt ebenfalls auf. Siedlungen, die größere Familienverbände umfassen, wurden zahlreicher, was als Zeichen für größeren Erfolg bei der Sicherung des Nahrungsbedarfs zu werten ist.

Verbesserte Techniken erlaubten es diesen Menschen, Regionen mit andersartigen Umweltbedingungen in Besitz zu nehmen. Zeichen für den Beginn kultureller Aktivitäten sind erhalten gebliebene Felsmalereien in Höhlen, die höchst imposante mehrfarbige Zeichnungen inzwischen ausgestorbener Tierarten zeigen. Nicht minder eindrucksvoll sind Halsketten, Keramiken aus gebranntem Ton und Musikinstrumente wie Flöten und Rasseln. Der *große Sprung nach vorn* hatte begonnen.

Die Herstellung und Benutzung von Werkzeugen wird mit Recht als besonderes Merkmal für den Aufstieg der menschlichen Art angeführt, wenn auch im Tierreich die Verwendung von Hilfsmitteln aller Art ansatzweise ebenfalls existiert. So schlagen beispielsweise Schimpansen mit Steinen Nüsse auf oder streifen Blätter von Zweigen ab, stecken den so bearbeiteten Stock in einen Termitenhügel, ziehen ihn vorsichtig heraus und lecken die darauf herumkrabbelnden Termiten ab. Spechtfinken auf den Galápagosinseln stochern mit kleinen Ästchen oder Kaktusdornen nach Larven, die sich in ihren Bohrlöchern verkrochen haben. Manche Möwen machen die Schwerkraft zu einem einfachen, aber wirkungsvollen Werkzeug. Sie tragen Muscheln, die sich mit einem kräftigen Schließmuskel vor ihren Feinden schützen, in die Höhe und lassen sie auf steinigen Untergrund fallen, um sich dann genüßlich über den Inhalt der aufgebrochenen Muschelschalen herzumachen. Klappt es beim ersten Mal nicht, wiederholen sie den Abwurf, bis sie zum Erfolg kommen. Mit der Vielfältigkeit der verwendeten Materialien und den nahezu unbegrenzten Einsatzmöglichkeiten hat der Gebrauch von Werkzeugen durch den Menschen jedoch eine unvergleichliche Entwicklung genommen.

Worin liegt nun aber die entscheidende Bedeutung im Gebrauch von Werkzeugen?

Bevor diese Neuerung im Ablauf der Evolution auftauchte, gab es für Organismen nur einen Weg, sich den verändernden Umweltbedingungen anzupassen. Sie mußten in vielen Generationen nach den Prinzipien der natürlichen Auslese körperliche Fähigkeiten hervorbringen, die sie in die Lage versetzten, mit den gestellten Anforderungen fertig zu werden. Vogelschnäbel paßten sich an spezielle Nahrungsquellen an, und Reptilien entwickelten Federn, die ihnen dazu verhalfen, Temperaturschwankungen auszugleichen.

Mit der Fertigkeit, Werkzeuge einzusetzen, wurde ein eleganter Weg beschritten, langfristige und verlustreiche Anpassungsphasen zu vermeiden. Nun wurde die Intelligenz des Individuums zum ausschlaggebenden Überlebensfaktor. Wer einen Wurfspeer einsetzt, ist nicht gezwungen, schneller als die Beute zu sein, und wer sich bei zunehmender Kälte den Pelz eines Bären umhängt, ist nicht darauf angewiesen, daß ihm selbst ein dickes Fell wächst. Werkzeuge sind nicht nur Faustkeil oder Keule, sondern auch Baumstämme, die man zu einem Floß zusammenbindet und zum Fischfang nutzt, oder eine abgedeckte Grube, die als Falle für ein Wildschwein dient.

Hat das Werfen das Gehirn wachsen lassen und schließlich die Entwicklung der Sprache gefördert?

Es gab noch etwas anderes, das dazu beitrug, den überaus großen Erfolg des Menschen bei der Ausbreitung seiner Art in Gang zu setzen. Etwas, das zum Teil die Ursache dafür war, daß er in einer, gemessen an evolutionären Zeitmaßstäben, beispiellosen Schnelligkeit die Herrschaft auf diesem Planeten übernehmen konnte. Es war die Entwicklung zu einer neuen Dimension der Kommunikation: die Entwicklung der Sprache. Dies war die dritte der richtungweisenden Veränderungen, die zu dem heutigen Menschentyp geführt haben.

Auch der Austausch von Informationen zwischen Individuen einer Art war durchaus nichts Neues. Besonders die Angehörigen sozialer Lebensgemeinschaften können sich durch Mimik, Gebärden, Laute oder Duftstoffe untereinander verständigen. Vogelgezwitscher und Hundegebell sind uns allen vertraute Laute. Jeder Hundebesitzer weiß, daß Hunde bei verschiedenen Anlässen unterschiedlich bellen, außerdem winseln, knurren, heulen oder quieken und daß andere Hunde diese akustischen Informationen eindeutig verstehen.

Schimpansen, Gorillas und selbst die kleineren langschwänzigen Affenarten sind zu symbolischer Kommunikation fähig. In Experimenten konnte Schimpansen und Gorillas beigebracht werden, sich mittels einer Zeichensprache zu äußern. Einige Meerkatzen verfügen über eine natürliche Form symbolischer Verständigung mit Hilfe von Grunzlauten, wobei Unterschiede zwischen den Lauten für *Leopard*, *Adler* und *Schlange* bestehen und bei den Gruppenangehörigen unterschiedliche, und zwar sinnvolle, weil überlebenswichtige Reaktionen hervorrufen. Es ist anzunehmen, daß einige andere Tierarten einen weit größeren Wortschatz als diese Meerkatzen besitzen. Trotz des langen Miteinanders von Mensch und Tier ist unser Wissen über tierische Kommunikation äußerst dürftig und ihre Erforschung schwierig. Wer nie etwas vom Tanz der Honigbienen gehört hat, der wird beim Zuschauen des Treibens an einem Bienenstock nicht wahrnehmen, daß hier Informationen per Tanz weitergegeben werden. Der hervorragende Forscher Karl von Frisch sah es während vieler Jahre intensiven Studiums nicht, bis er im Jahre 1919 seine weitreichende Entdeckung machte. Genauso schwierig ist es, die oft nur minimalen Abweichungen bei tierischen Lauten wahrzunehmen. Erst die Anwendung elektronischer Techniken hat die Erkenntnis gebracht, daß die lautliche Kommunikation der Tiere sehr viel umfangreicher ist als bisher angenommen.

Doch wieviel die Forscher über tierische Verständigungstechniken auch noch zutage fördern werden, es läßt sich nicht leugnen, daß es eine nicht wegzudiskutierende Kluft zwischen den Sprachvermögen von Tier und Mensch gibt. Aufgrund welcher Fähigkeit ist es nun dem Menschen möglich, eine riesige Anzahl von Wörtern zu bilden, mit denen er wiederum unter Anwendung grammatischer Regeln unendlich viele Sätze formen kann?

Während der kindlichen Entwicklung vollzieht sich beim Menschen eine starke Veränderung im oberen Teil der Atemwege: Der Kehlkopf wandert im Hals nach unten. Bis zum Alter von 18 bis 24 Monaten hat das Kleinkind einen hochsitzenden Kehlkopf, der Beginn der Luftröhre liegt vor der Speiseröhre. Es kann gleichzeitig atmen und schlucken. Neugeborene atmen, schlucken und geben Laute von sich, ganz ähnlich wie Schimpansen oder Affen. Im zweiten Lebensjahr beginnt der Kehlkopf nach unten zu wandern, warum weiß man nicht, mit Neotenie hat es jedenfalls nichts zu tun. Ein gleichzeitiges Schlucken und Atmen ist dann nicht mehr möglich, beides muß jetzt sorgfältig koordiniert werden, damit das Kind nicht erstickt. Der Grund: Der Eingang zur Speiseröhre sitzt jetzt oberhalb der Luftröhre. Diese anatomische Anordnung ist zum Beispiel mit dem Risiko eines Erstickungstods verbunden, bietet aber auch einen großartigen Vorteil, denn so können die von den Stimmbändern erzeugten Luftschwingungen durch Formänderungen der Kehle, der Zunge und der Lippen über einen sehr viel größeren Klangbereich variiert werden.

Als gängige Erklärung für die Sprachentwicklung beim Menschen wird diese spezielle anatomische Ausbildung des Rachenbereichs und der damit verbundenen Begabung für die Aussprache bestimmter Laute angeführt. Vergleicht man die menschliche Sprache mit dem Repertoire des Schimpansen, so stellt man fest, daß die Zahl der Grundlaute nicht sehr viel größer ist, und bei intensiver Betreuung durch ihre menschlichen Lehrer haben Schimpansen bewiesen, daß sie Hunderte von Symbolen meistern können. Beides zusammen zeigt, daß sie das Rüstzeug für einen Austausch von verbaler Kommunikation haben. Dennoch sind alle Bemühungen, Schimpansen oder Gorillas eine gesprochene Sprache beizubringen, gescheitert. Woran liegt das?

Schuld ist weniger der Kehlkopf. Was den Schimpansen fehlt, ist die Befähigung, Laute zu einer sinnvollen Reihenfolge zu verknüpfen. Wir können das, und zwar so, daß die Reihenfolge der Laute eine bestimmte Bedeutung bekommt. Die Sprachrevolution beruht nicht nur auf der Entwicklung des Sprechapparates, sondern vor allen Dingen auf der Fähigkeit unseres Gehirns, in kurzen Zeitintervallen unterschiedliche Reize, in diesem Fall Lautfolgen, in bestimmter Reihenfolge abzuspeichern und, einer bestimmten Bedeutung entsprechend, in unterschiedlichen Abfolgen wieder abzurufen.

Die Grundvoraussetzung, Laut- oder Wortfolgen zu artikulieren und Gesprochenes zu verstehen, ist die Fähigkeit, mit zeitlichen Abfolgen umzugehen, und es sieht ganz so aus, als wären nicht nur unsere Sprache, sondern auch die anderen menschlichen Talente, bei denen Sequenzen eine Rolle spielen, späte Anwendungen der mit dem Werfen erworbenen Fähigkeit. Wenn man es sich richtig überlegt, stellt man fest, daß das all jene Begabungen sind, die uns im besonderen von unserer tierischen Verwandtschaft unterscheiden. Kein Schimpanse wird jemals lernen, eine menschliche Sprache zu sprechen, Klavier, Trompete oder Basketball zu spielen, ein Lied zu singen oder einen Tango zu tanzen. Und warum nicht? Möglicherweise, weil seine Vorfahren nicht von der Not gezwungen wurden, sich ihre Nahrung mit Steinen zu erobern.

Während die rechte Großhirnhälfte mit den Emotionen in Verbindung gebracht wird, sagt man der linken, von der Sprache dominierten Hälfte nach, daß sie vornehmlich für zeitliche Abläufe, man nennt dies auch *Sequenzen*, verantwortlich ist. Die Sprache macht nur einen Teil davon aus, auch rasche Bewegungsfolgen und die Koordination von Hand und Arm, sei es rechts oder links, sowie von Mund oder Gesicht werden von der linken Seite kontrolliert. Die linke Hörrinde ist auf die Erkennung schneller Schallfolgen spezialisiert – gleichgültig, ob es sich um Sprache, Musik oder sinnlose Geräusche handelt –, und es ist ebenfalls die linke Hirnhälfte, die die schnellen Abläufe der Bewegungen beim Hämmern und Werfen zusammenstellt.

Die rätselhaften Übereinstimmungen zwischen verschiedenen Sprachen, die Art und Weise, in der Sprachen erlernt werden, sowie die typischen Fehler, die dabei gemacht werden, lassen vermuten, daß das menschliche Gehirn außerdem mit einem angeborenen Sprachprogramm ausgestattet ist, das die Beziehungen der Wortfolgen und grammatikalischen Funktionen vorgibt. Der amerikanische Sprachwissenschaftler Avram Noam Chomsky kam als erster auf die begründete Idee, daß wir über ein solches spezifisch menschliches *Sprachorgan* verfügen. Er schrieb 1965: »Soweit wir darüber etwas sagen können, beruht die menschliche Sprache nicht auf einem hohen Intelligenzniveau, sondern auf einer bestimmten mentalen Organisation.«[38]

1970 wurde in der Nähe von Los Angeles ein 13jähriges Mädchen entdeckt, das von seinen Eltern von Geburt an völlig isoliert gehalten worden war. Mehrere Psychologen bemühten sich über Jahre, die geistigen Schäden aufzuarbeiten. Trotz intensiver Anstrengungen einer Sprachlehrerin war es nicht möglich, dem Mädchen *Sprache* beizubringen. Zwar war es letztlich in der Lage, viele Worte zu lernen und diese mehr oder weniger verständlich auszusprechen, aber es gelang ihm auch nach mehreren Jahren Unterricht nicht, die Wörter entsprechend der grammatikalischen Regel in die richtige Reihenfolge zu setzen. Das erbarmungswürdige Geschöpf landete schließlich im Irrenhaus.

Offenbar ist das Erlernen der Sprache, die Formbarkeit des Sprachorgans auf die Kindheit beschränkt.

Wie der Mediziner und Psychologe Karl Bühler (1879–1963) anschaulich analysiert hat, erfüllt die menschliche Sprache drei Funktionen. Man kann erstens seine Gefühle zum Ausdruck bringen, zum Beispiel mit dem Satz: »Ich freue mich, dich zu sehen.« Diese Art von Informationen vertieft die im wesentlichen durch Körpersprache aufrechterhaltenen *zwischenmenschlichen Beziehungen*, die emotionalen Bindungen zwischen Menschen einer zusammenlebenden Gruppe. Die zweite Funktion besteht darin, jemanden zu veranlassen, etwas Bestimmtes zu tun, beispielsweise, indem man sagt: »Komm mit und hilf mir beim Tragen meiner Beute.« Sie dient zur gezielten Abstimmung bei Aktionen, die die Zusammenarbeit mehrerer Personen erforderlich machen. Und drittens kann man jemandem einen bestimmten Gegenstand oder Sachverhalt beschreiben, mit dem Ziel, auf eine Gefahr aufmerksam zu machen oder seine Erfahrungen über die Herstellung eines Werkzeuges weiterzugeben.

Jeder, der im Ausland schon einmal in eine Situation geraten ist, in der er sich aufgrund der Sprachbarriere nicht verständlich machen konnte, wird bestätigen, wie hilflos man ohne Sprache ist. Einerseits ist es erstaunlich, wie bereits die Kenntnis weniger Worte der Landessprache die Verständigungslage deutlich verbessert, andererseits ist es frustrierend, wie weit man beim Erlernen einer Sprache fortschreiten muß, um auch anspruchsvollere Themen erörtern zu können.

Weniger bekannt ist, daß der Mensch noch ein zweites, stammesgeschichtlich älteres Sprachzentrum besitzt, welches sich in der Mitte des Gehirns befindet und das für emotionale Äußerungen zuständig ist. Dieser Region entspringt zum Beispiel der Fluch, den Sie von sich geben, wenn der Hammer nicht den Nagel, sondern den Daumen trifft, oder wenn Ihnen beim Frühstück das Marmeladenbrot auf den Rock oder auf die Hose fällt. Interessanterweise entspricht dieses Fluchzentrum genau jenem Hirnbereich bei Affen, der vokale Äußerungen wie Schreien, Bellen und Schnattern steuert.

Vögel sind immerhin imstande, nicht nur Einzeltöne, sondern auch Tonkombinationen, die sie zum Teil erst erlernen müssen, von sich zu geben. Wie Albert C. Yu und Daniel Margoliash von der Universität Chicago an erwachsenen Zebrafinkenmännchen zeigen konnten, arbeiten dabei zwei Regionen ihres Gehirns zusammen. Die Forscher hatten eine Methode entwickelt, mit der sie die Aktivitäten von Nervenzellen während des Gesangs der Vögel erfassen konnten. Sie fanden heraus, daß beim Trällern der Einzeltöne und der Tonkombinationen jeweils verschiedene

Regionen im vorderen Teil des Vogelhirns aktiv sind. Produziert der Vogel einzelne Töne, reicht ihm das *normale* Zentrum aus. Zum Abrufen von Tonkombinationen wird der zweite Hirnbereich dazugeschaltet.

Schon 20 000 Jahre vor unserer Zeitrechnung ritzten Menschen in einer Höhle bei Lascaux, einem Ort etwa 150 Kilometer östlich von Bordeaux, monumentale Farbdarstellungen von Wildpferden, Bisons, Urrindern, Hirschen und Steinböcken in die Felswände, doch es dauerte noch 17 000 Jahre, bis ein weiterer entscheidender Fortschritt in der Menschheitsgeschichte begann: die Erfindung der Schrift. In Mesopotamien, dem Gebiet zwischen Euphrat und Tigris, nordwestlich des Persischen Golfs, lebten vom vierten bis zweiten Jahrtausend vor Christi Geburt zwei hochzivilisierte Völker: im Norden die Akkader und südlich von Babylon die Sumerer; ihnen gelang der entscheidende Schritt, nämlich mit Hilfe eines festgelegten Zeichensatzes Sprache zu konservieren und so Wissen und Erfahrungen für die nachfolgenden Generationen zu erhalten.

Erst seit 5000 Jahren also bedienen sich Menschen dieser Technik, die Grundlage für den zivilisatorischen Aufstieg ist. Jede Entwicklung, und sei sie noch so bescheiden, ist absolut unmöglich, wenn nachfolgende Generationen »das Rad stets neu erfinden müssen«.

Die Möglichkeiten, Informationen zu speichern, auszutauschen und umgehend zur Verfügung zu haben, haben mit Radio-, Fernseh-, Computer- und Satellitentechnik einen Stand erreicht, der nach der denkwürdigen Erfindung des Buchdrucks durch Johannes Gutenberg im Jahr 1453 eine neue Ära in der kulturellen Entwicklung der Menschheit eröffnet. Innerhalb von Minuten kann heute die gesamte Weltbevölkerung vor Katastrophen gewarnt oder über politische Entscheidungen und militärische Vorgänge informiert werden. Sie kann gemeinsam an technischen, kulturellen und sportlichen Großveranstaltungen teilhaben, was dem Verständnis zwischen verschiedenen Nationen förderlich und der Vermeidung von Konflikten dienlich sein kann, und der direkte Austausch von wissenschaftlichen, technischen, ökonomischen und ökologischen Daten ermöglicht es, den Fortschritt auf eine immer breitere Basis zu stellen.

Denkbar ist, daß uns Computerprogramme in Zukunft nicht nur bei der Wettervorhersage, sondern auch in der Politik objektive und verläßliche Prognosen liefern können, wenn es darum geht, die Auswirkungen von politischen Maßnahmen zu analysieren. Die beschränkte Kapazität unseres Verstandes und vor allem die mangelnde Objektivität, die unsere Gene uns zur Verfügung stellen, reichen schon längst nicht mehr aus, um die komplizierten und vielschichtigen Probleme zielstrebig anzugehen.

Menschliche Rassen und die sexuelle Auslese

So wie man vor Darwin der Meinung war, daß alle Tierarten in Aussehen und Wesen das unveränderliche Ergebnis eines Schöpfungsaktes seien, so glaubte man, die verschiedenen geographischen Gruppen der menschlichen Art seien die Nachfolger von getrennt ins Leben gerufenen Rassen, die sich seit ihrer Schöpfung nicht verändert haben. Auch nach Darwin, bis vor gar nicht langer Zeit, hielten die Anthropologen an diesem typologischen Denken fest. Viele Lehrbücher beschäftigten sich damit, menschliche Rassen voneinander abzugrenzen und zu benennen. Manche Autoren beschränkten sich auf ein Dutzend, andere kamen auf 30, und für alle präsentierte man die Fotografien eines typischen Vertreters. Das vergebliche Bemühen, ein widerspruchsfreies Kategoriensystem menschlicher Typen zu entwickeln, endete schließlich mit der Erkenntnis, daß es *reine* menschliche Rassen, die als getrennte Einheiten fortbestehen, nicht gibt.

Eines der auffälligsten Kennzeichen der menschlichen Geschichte sind die unablässigen und weiträumigen Wanderungen und Verschmelzungen verschiedener Völkergruppen. Nicht nur Völkerwanderungen, auch Kriege, verbunden mit Vergewaltigungen, Handel, Sklaverei, oder auch einfach nur räumliche Nähe führten, verstärkt nach der Erfindung von Schiffen, zu einem ständigen Austausch der Gene. Augenfälligstes Beispiel in jüngerer Zeit ist die Mischung von Nachfahren europäischer Einwanderer und westafrikanischer Sklaven in Nordamerika.

Trotz der weltweit ablaufenden Durchmischung menschlicher Erbanlagen ist nicht zu leugnen, daß es sichtbare Unterschiede zwischen geographisch voneinander getrennt lebenden Menschengruppen gibt und daß diese Unterschiede hinsichtlich der jeweiligen Lebensbedingungen auch durchaus sinnvoll sind.

Die Existenz unterschiedlicher Rassen gehört mindestens seit ein paar tausend Jahren zu den Merkmalen der menschlichen Art. Bereits um das Jahr 450 v. Chr. berichtete der griechische Geschichtsschreiber Herodot über Pygmäen in Westafrika, schwarzhäutige Äthiopier und einen blauäugigen, rothaarigen Stamm in Rußland. Alte Gemälde, Mumien aus Ägypten und Peru sowie in europäischen Torfmooren konservierte Leichen bestätigen, daß sich die Menschen vor mehreren tausend Jahren in Haarfarbe und Gesichtszügen ähnlich unterschieden wie heute. Der Ursprung heutiger Rassen läßt sich noch auf die Zeit vor mindestens zehntausend Jahren zurückverfolgen. Schädelfossilien aus verschiedenen Teilen der Erde variieren nämlich in sehr ähnlicher Weise wie moderne Schädel gleicher geographischer Herkunft.

Völkerwanderungen und sexuelle Vermischung führen durchaus nicht zu einer sich kurzfristig einstellenden gleichmäßigen Verschmelzung. So schlagen sich auch weiter zurückliegende militärische Invasionen noch in den heutigen Genen nieder. Dies zeigt zum Beispiel die Blutgruppenverteilung in Großbritannien und Irland. Die Häufigkeit der Blutgruppe A beträgt im Osten Englands mehr als 50 Prozent, nimmt aber gegen Norden und Westen ab und erreicht in Westirland nur noch 25 Prozent. Die Blutgruppen B und AB zeigen den umgekehrten Trend. Ihre Häufigkeit steigt von acht Prozent im Osten und Süden auf 18 Prozent in Schottland, Wales und Irland. Diese Unterschiede spiegeln die historisch belegten Züge der Kelten, Pikten, Dänen und Wikinger wider.

Daß sich Individuen einer Art, die in verschiedenen geographischen Regionen leben, deutlich sichtbar unterscheiden, ist keineswegs ein den Menschen vorbehaltenes Phänomen, sondern ist auch bei allen Tierpopulationen festzustellen, die über große Gebiete verteilt sind. Bei den Menschenaffen sind viele der geographisch variierenden Merkmale die gleichen wie beim Menschen. So haben von den drei Gorillarassen die westlichen Tieflandgorillas den kleinsten Körper und eher graues oder braunes Haar, während Berggorillas die längsten Haare haben und östliche Tieflandgorillas ebenso wie die Berggorillas schwarzes Haar. Die verschiedenen Rassen des Weißhandgibbons unterscheiden sich in der Haarfarbe von schwarz, braun, grau bis rötlich, in der Haarlänge, der Zahngröße, dem Hervorstehen des Kiefers und der Dicke der Augenbrauenwülste.

Einige geographische Merkmalsunterschiede, sei es bei Tierarten oder bei Menschen, lassen sich leicht mit dem Wirken der natürlichen Auslese erklären, sind doch ihre lebenserhaltenden Einflüsse sofort zu erkennen. So wechselt das Fell arktischer Wiesel, die in Regionen mit winterzeitlichem Schnee leben, von Braun im Sommer zu Weiß im Winter, während südlicher lebende Wiesel das ganze Jahr über ein braunes Fell behalten. Der Vorteil dieses rassischen Unterschieds ist offensichtlich. Weiße Wiesel sind in brauner Umgebung ebenso wie braune Wiesel in verschneiter Landschaft von ihren Freßfeinden leicht auszumachen. Ebenso sicher ist die natürliche Auslese eine Erklärung für einige der geographischen Variationen beim Menschen. Viele Schwarzafrikaner sind Träger eines speziellen

Gens, das vor Malaria schützt, einer Tropenkrankheit, an der sonst noch mehr Afrikaner sterben müßten. Die gedrungene Figur der Eskimos reduziert die Wärmeverluste, während die schlanke Figur der südlichen Sudanesen hilfreich beim Abführen von Körperwärme ist, und die Schlitzaugen der Nordasiaten optimieren den Schutz der Augen vor Kälte und grellen Sonnenlichtspiegelungen im Schnee.

All dies sind einleuchtende Beispiele, aber lassen sich damit auch diejenigen rassischen Unterschiede erklären, an die wir zuerst denken, nämlich in der Hautfarbe oder in der Farbe der Haare und Augen? Es gibt eine ganze Reihe von Theorien, die auch für diese Fälle die natürliche Auslese als Erklärung heranziehen, doch alle weisen gewisse Unstimmigkeiten auf. Hier spielt vermutlich eine andere Art der Selektion die entscheidende Rolle, die *sexuelle Auslese.*

Natürlich hat Darwin auch über diese Problem nachgedacht. Er gelangte zu der Auffassung, daß wir Haaren, Augen, der Hautfarbe und den Brüsten übermäßige Beachtung bei der Partnerwahl schenken, und er bemerkte außerdem, daß Menschen in unterschiedlichen Teilen der Erde Brüste, Haare, Augen und Haut auch unterschiedlich definieren, indem sie schön finden, was ihnen vertraut ist. Er hat wieder einmal recht behalten. Untersuchungen über menschliches Verhalten bei der Partnerwahl haben gezeigt, daß wir im allgemeinen dazu neigen, solche Personen als Partner zu wählen, die uns in jeder erdenklichen Hinsicht ähneln.

Der amerikanische Physiologe Jared Diamond vertritt die Auffassung, daß bei der Entwicklung unserer Schönheitsmaßstäbe eine Prägung nach denjenigen Personen erfolgt, die wir in der Kindheit am meisten zu Gesicht bekommen, vor allem also unseren Eltern und Geschwistern, denen wir wegen unserer genetischen Verwandtschaft in der Regel äußerlich ähnlich sind. Sein Fazit: »Das Innere unseres Körpers blieb für uns unsichtbar und wurde durch die natürliche Selektion gestaltet, beispielsweise mit dem Ergebnis, daß Afrikaner und nicht Schweden als Schutz gegen Malaria das Sichelzellen-Hämoglobin-Gen entwickelten. Viele unserer äußerlichen Merkmale gehen ebenfalls auf die natürliche Selektion zurück. Doch wie bei den Tieren hatte die sexuelle Selektion einen großen Einfluß auf die Formung jener äußerlichen Merkmale, die bei der Partnerwahl eine Rolle spielen. ... So wie manche Paradiesvögel ein gelbes Gefieder haben und andere ein schwarzes, so haben manche menschlichen Populationen blondes Haar und andere schwarzes, manche blaue Augen und andere grüne, manche orange Brustwarzen und andere braune.«[39]

Muß man nicht den Verdacht hegen, daß unsere Entscheidungsfreiräume viel kleiner sind, als wir gemeinhin glauben?

Domestikation der Tiere und des Menschen

Was die Unterschiedlichkeit der menschlichen Rassen betrifft, gibt es noch ein anderes Phänomen, welches der deutsche Philosoph Arthur Schopenhauer als erster bemerkte, und zwar die Gemeinsamkeiten zwischen Menschen und Haustieren. In seiner Schrift »Metaphysik der Geschlechtsliebe« kam er zu dem Schluß, daß der zivilisierte Mensch sich hinsichtlich einer ganzen Reihe von Merkmalen von den wildlebenden Tieren unterscheidet, die Merkmale aber mit Haustieren gemein hat. Bestimmte Rassenmerkmale des Weißen seien »nichts Natürliches«, sondern erst im Laufe der Zivilisation entstanden. Er stellte fest, daß blondes Haar und blaue Augen eher eine Abnormität ausmachen, vergleichbar mit weißen Mäusen oder zumindest den Schimmeln.

Und Anfang des Jahrhunderts erbrachte Eugen Fischer aufgrund eines breiten Tatsachenmaterials den Beweis, daß sehr viele Merkmale des Menschen auf absolut vergleichbaren Veränderungen des Erbbildes beruhen, wie man sie an Tieren als

Domestikationserscheinungen bezeichnet. Unter Domestikation versteht man das älteste biologische Experiment der Menschheit, nämlich die Umzüchtung wildlebender Tiere zu Haustieren.

Tatsächlich lassen sich bei unvoreingenommener Betrachtung eine Reihe von Parallelen zu unseren Hausgenossen nicht verkennen, und zwar nicht nur äußerlicher Art, sondern ebenfalls, was das Verhalten betrifft. Es muß offensichtlich einen evolutionären Trend geben, der mit den Lebensbedingungen in einer vom Menschen veränderten Umgebung in Zusammenhang steht.

Bei fast allen Haustieren finden sich Scheckigkeit, Schlaffheit des Bindegewebes, die zur Ausbildung von Bäuchen, Hängeohren und Herabsetzung der Muskelspannung führt, Neigung zum Fettwerden und vor allem eine erhebliche Zunahme der Variationsbreite von Charaktereigenschaften. Daß nicht etwa die beengte Gefangenschaft oder Mangelerscheinungen für das Zustandekommen dieser Veränderungen verantwortlich sind, zeigen andere Lebewesen, die sich gewissermaßen selbst domestiziert haben: der Höhlenbär und der Mensch. Der gewaltige Höhlenbär scheint zur Zeit seiner größten Verbreitung in ähnlicher Weise den anderen Lebewesen überlegen gewesen zu sein wie später der Mensch, und gerade diese Art zeigt während der ihrem Verschwinden unmittelbar vorausgegangenen Hochblüte die gleichen Merkmalsänderungen wie der Haushund.

In einer Höhle in der Steiermark fand man Höhlenbärenskelette der unterschiedlichsten Varianten. Da lagen Riesen neben Zwergen, langbeinige Tiere mit ausgesprochen windhundähnlichen Kopfproportionen neben solchen, deren verkürzte Schädel unverkennbare Anklänge an Bulldogge und Mops zeigen und deren krumme Beine an Dackel erinnern.

Der auffälligste Unterschied zwischen den Lebensumständen von Wildformen und domestizierten Formen ist das unterschiedlich hohe Risiko, Opfer zu werden, egal ob als Beute oder aufgrund besonders schwieriger Bedingungen bei der Nahrungsbeschaffung, beispielsweise in jahreszeitlich bedingten Notstandssituationen. Durch die Bevorratung von Nahrungsmitteln und den Schutz vor Feinden durch die Gemeinschaft kam es beim Menschen und seinen tierischen Hausgenossen zu einer Entschärfung bestimmter Auslesekriterien mit besonderen Konsequenzen auch für das Verhalten, ein Thema, mit dem wir uns im nächsten Kapitel noch beschäftigen werden.

10. Stimmungen und Gefühle beeinflussen entscheidend unser Tun und Denken

Überlebenswichtig: Die Wahrnehmung der Wirklichkeit

Nach einer unvorstellbar langen Zeit hatte die organische Ursuppe in den von nacktem Gestein eingefaßten Ozeanen die ersten Bausteine des Lebens hervorgebracht. *Moleküle* mit Eigenschaften, die eine Speicherung des Bauplans und seine Kopierung ermöglichten; *Enzyme* zur Ausführung der Anweisungen dieses Plans sowie *Aminosäuren* und *Eiweißkörper*.

Und dann gelang der Evolution ein weiterer bedeutender Schritt, nämlich die Zusammenfassung dieser Elemente im Inneren einer Hülle. Die erste *Zelle* war geboren. Die Trennung zwischen innen und außen war die Voraussetzung für das Überleben dieser Zelle, es war die Bedingung, daß die Organisation von geordneten chemischen Prozessen möglich wurde, geschützt vor den ungeordneten physikalischen und chemischen Vorgängen der Umgebung.

So wichtig die Abgrenzung zur Außenwelt auch war, sie durfte nicht hermetisch sein. Es mußten Verbindungen erhalten bleiben, damit die benötigten Substanzen und Energiemengen ins Innere der Zelle gelangen konnten. Damit nicht gleichzeitig die Einflüsse der unbelebten Umwelt die biochemischen Prozesse im Zelleninneren beeinträchtigten, mußte die Zelle es fertigbringen, zwischen den Eigenschaften der Umgebung auf irgendeine Weise zu unterscheiden.

So simpel diese Feststellung auch sein mag, es läßt sich aus ihr eines der ganz wesentlichen Kennzeichen des Lebens ableiten: Vom ersten Augenblick ihrer Existenz an mußten lebende Systeme in der Lage sein, den überlebenswichtigen Teil der sie umgebenden Wirklichkeit zu erkennen und in lebenserhaltender Weise darauf zu reagieren. Das galt ebenso für jeden anderen Organismus, der im Verlauf der biologischen Entwicklung den ersten primitiven Zellen folgte, und je besser er das konnte, um so besser war er dafür gerüstet, in der Auseinandersetzung mit seiner Konkurrenz zu bestehen.

Es war aber keine Optimierung in eine Richtung. Es lief immer auf einen Kompromiß hinaus, der darin bestand, nur so viel von der Außenwelt wahrzunehmen, wie unbedingt notwendig war. Die natürliche Auslese belohnt keinen Luxus, nichts, was ein Mehr an nicht erforderlichem Aufwand ist. Denken Sie an die Schlange, die während ihres Aufenthaltes im Boden ihre Sehfähigkeit fast verlor, und erst als sie ihren Lebensraum wieder ans Tageslicht verlegte, als optische Wahrnehmungen wieder überlebenswichtig wurden, die Fähigkeit des Sehens neu entwickelte.

Wir nehmen von der Außenwelt nur das wahr, was unsere Sinne uns von ihr mitteilen. Das ist mit Sicherheit mehr, als ein Huhn oder gar eine Amöbe von ihr erfahren, aber das ist nur ein gradueller Unterschied, kein grundsätzlicher. Wir können zwar sicher sein, daß das, was wir wahrnehmen, Realität ist, doch es ist eben nur ein Teil von ihr. Jedes Lebewesen registriert ausschließlich die Eigenschaften der Welt, die für es selbst relevant sind und zugleich seine Wahrheit der Dinge ausmachen.

Manche Tiere hören Ultraschallwellen, andere sehen Farben, die es für uns nicht gibt. Haie orten ihre Beute durch Wahrnehmung deren elektromagnetischer Felder, und einige Vögel können sich am Magnetfeld der Erde orientieren. Radioaktivität ist überall um uns herum. Sie zu erkennen war für unser Überleben nicht notwendig. Es reichte aus, daß körpereigene Reparaturmechanismen durch radioaktive Strahlung zerstörte Zellen wieder instand setzten. Erst unsere Intelligenz gab uns die Möglichkeit, durch technische Hilfsmittel davon zu erfahren.

Der Anteil des für den Menschen sichtbaren Lichtes ist gemessen am Gesamtspektrum der elektromagnetischen Wellen minimal. Wie alle Sinne zeigen sie uns nur einen winzigen Ausschnitt der Wirklichkeit. Der englische Wahrnehmungsphysiologe Richard L. Gregory stellte kurz und prägnant fest: »Eigentlich sind wir so gut wie blind«[40], und der Wissenschaftspublizist Hoimar von Ditfurth formulierte folgenden treffenden Vergleich: »Unser Wahrnehmungsapparat gleicht einem Rundfunkempfänger, der mit größter Trennschärfe unveränderlich auf einer bestimmten Wellenlänge festgelegt ist, während die Luft um uns herum erfüllt ist von einer unübersehbaren Vielzahl der verschiedensten Programme. Wie die Welt für uns aussähe, wenn wir alle diese Programme ebenfalls zu empfangen in der Lage wären, kann keine menschliche Phantasie ausmalen. Wir sind von dieser Möglichkeit genauso hoffnungslos getrennt wie ein Insekt von der Chance, auf irgendeine Weise eine Vorstellung davon haben zu können, wie wir Menschen diese Welt erleben.«[41]

Nicht anders ist es um unsere anderen Sinne bestellt. Auch unser Geschmackssinn ist auf das notwendigste beschränkt. Die von uns wahrgenommenen Qualitäten *süß*, *sauer*, *bitter* und *salzig* sind mit erstaunlich hohem Grad auf Substanzen beschränkt, die unseren körperlichen Funktionen entweder förderlich oder abträglich sind. So wie uns die Geschmacksrichtung *süß* dazu verleitet, besonders energiereiche Nahrung aufzunehmen (was heute bei dem Überangebot an Süßem weit weniger sinnvoll ist), und das Bedürfnis nach einer *salzigen* Geschmackskomponente der Unentbehrlichkeit von Natrium, also Kochsalz, Rechnung trägt, genauso hat unser Widerwillen gegen Säure und Bitterstoffe uns vor den in der Natur in großer Anzahl vorkommenden Naturgiften bewahrt. Wie hätten all die Lebewesen auch bestehen können, wenn nicht angeborene Neigungen dafür sorgen würden, die richtige, die bekömmliche Kost zu sich zu nehmen. Glücklicherweise ist unser Geschmackserleben durch die Mischung der vier Grundqualitäten und einer sehr ausgeprägten Mithilfe des Geruchssinns sehr viel abwechslungsreicher.

Jedes Organ unseres Körpers ist auf einen in sich geschlossenen Funktionskreis spezialisiert, und all diese Vorgänge laufen ohne unsere direkte Einflußnahme ab. Ohne daß irgendwelche Empfindungen uns darüber etwas mitteilen, entgiftet die Leber das aus dem Verdauungstrakt eintreffende Blut, speichert Teile der darin enthaltenen Nahrungsstoffe und produziert die zu deren Verarbeitung notwendigen Enzyme sowie Verdauungssäfte; und ohne daß wir das geringste davon mitbekommen, reinigen die Nieren das Blut von Abbauprodukten unseres Stoffwechsels. In gleicher Weise von uns unbemerkt arbeiten das Herz, die Lungen oder die Milz.

Was also mag der Grund dafür sein, daß unser Gehirn eine Ausnahme bildet, indem es sowohl unserer bewußten Wahrnehmung nicht unterworfene Funktionen ausübt – wie zum Beispiel die Regulierung des Blutdrucks – als auch dazu befähigt ist, bewußt Vorgänge zu steuern?

Die Beantwortung dieser Frage ist einfacher, als zu vermuten steht, denn anders als die Formulierung der Frage es suggeriert, handelt es sich nicht um zwei getrennt voneinander zu betrachtende Phänomene, sondern – wie ein Musikfreund sagen würde – nur um zwei Variationen des gleichen Themas. Die an einer Zellwand sich abspielenden zielgerichteten physikalisch-chemischen Austauschprozesse und die psychischen Fähigkeiten des Erkennens und Bewertens unterscheiden sich lediglich hinsichtlich der Entwicklungsstufe im Evolutionsprozeß, oder um es am Beispiel unseres Geschmackssinns zu verdeutlichen: Die unbemerkte Bevorzugung von Natriumatomen durch die lebende Zelle und unsere bewußte Vorliebe für eine salzige Komponente unserer Speisen sind nur zwei Lösungen unterschiedlichen Niveaus, beides erfüllt die gleiche Aufgabe.

Unter diesem Blickwinkel erweist sich die Annahme unserer Vorfahren, der Sitz der Seele sei das Herz, als gar nicht so abwegig. Auch das Herz, die Leber oder ein anderes Körperorgan hätte sich zu einem empfindenden Organ entwickeln können. Die Weichen zugunsten des Gehirns wurden allerdings schon gestellt, als es das Gehirn noch gar nicht gab, als nämlich die ersten Mehrzeller begannen, bei der Fortbewegung ihren Körper so auszurichten, daß immer der gleiche Teil nach vorn zeigte. An dieser Körperspitze, die später zum Kopf wurde, kam es zur Anhäufung von Sensoren, die die Eigenschaften der Außenwelt registrierten und lebensnützliche Reaktionen der zuständigen Zellen veranlaßten. In einer fortgeschrittenen Phase der biologischen Entwicklung brachten Mutation und Selektion eine neue Errungenschaft hervor: die Fähigkeit, bestimmte Umweltsignale psychisch zu erleben.

Auch Pflanzen müssen die für ihr Überleben wichtigen Dinge der Wirklichkeit wahrnehmen. Und warum sollte die biologische Evolution eines Tages nicht auch Pflanzen hervorbringen, die einen Teil dieser Wirklichkeit psychisch empfinden? Aber vielleicht gibt es sie schon, ohne daß wir etwas davon wisssen.

Entwicklungsstufen des Gehirns – angeborene Programme – Flexibilität der Verschaltungsmöglichkeiten

Der Bau und die eigentümliche Zusammensetzung unseres Gehirns liefern unübersehbare Hinweise darauf, daß sich im Verlauf der Evolution aus selbständig ablaufenden Funktionen psychische Vorgänge entwickelt haben müssen. Die drei übereinander liegenden Hauptabschnitte, in die sich das Gehirn grob einteilen läßt, entsprechen den drei Entwicklungsstufen, mit denen die Evolution den Abstand zwischen der unreflektierten körperlichen Ebene zur wahrnehmenden psychischen Ebene überwunden hat. Der Übergang fand statt, als es den Menschen noch längst nicht gab.

Der *Hirnstamm* bildet den untersten und damit den ältesten Teil unseres Gehirns. Seine entwicklungsgeschichtlichen Wurzeln reichen bis in die Urzeit des Lebens zurück, als es bei den mehrzelligen Organismen notwendig wurde, die auf Arbeitsteilung ausgerichteten Funktionen der Zellen untereinander zu koordinieren. Im darüber angesiedelten *Zwischenhirn* sind angeborene, komplexe Bewegungsabläufe abgespeichert und Zentren zur Verarbeitung von Informationen aus der Umwelt angeordnet.

Der bei weitem größte Anteil unseres Zentralnervensystems entfällt auf das *Großhirn*, das beim Menschen sieben Achtel der gesamten Hirnmasse ausmacht und dessen stark gefaltete Rinde weit mehr als zehn Milliarden Nervenzellen umfaßt. Dieser jüngste Hirnteil, der die darunter liegenden Teile völlig überwachsen hat, bildet die körperliche, die materielle Grundlage unseres bewußten Erlebens.

Die unterschiedlichen Entwicklungsniveaus der Gehirnabschnitte haben Tierversuche eindrucksvoll bestätigt. Zwar wirken die Filmaufnahmen über diese Experimente recht makaber, und selbst wenn man weiß, daß den Tieren dabei keine Schmerzen zugefügt wurden, ist man von dem Geschehen unangenehm berührt, aber die Aussagefähigkeit dieser Versuche ist äußerst beeindruckend. Es sind einige der wenigen Beispiele, bei denen an Tieren durchgeführte Versuche nennenswerte Erkenntnisse für die Verhaltensforschung erbracht haben.

Vor mehr als 30 Jahren setzten amerikanische Physiologen einem zahmen Affen in einer harmlosen Operation ein Plastikröhrchen in den Kopf ein, und zwar so, daß das vordere Ende an einer Stelle im *Stammhirn* des Tieres endete, an der man das Regelzentrum für die Körpertemperatur vermutete. Je nachdem, ob die Experimentatoren nun kaltes oder heißes Wasser auf die Nervenzellen träufelten, veränderte sich das Verhalten des Affen in auffälliger Weise. Bei kaltem Wasser begann der zuvor entspannt auf dem gepolsterten Stuhl sitzende Affe sichtlich zu frieren. Er zog fröstelnd Arme und Beine an, fing an zu zittern und klapperte schließlich mit den Zähnen, als säße er nicht in einem 25 Grad warmen Raum, sondern zwischen den gefrorenen Schweinehälften in einem Kühlhaus. Als man ihm wenige Minuten später, nachdem er sich wieder wohl fühlte, heißes Wasser in das Röhrchen spritzte, reagierte er völlig anders. Er legte sich schlaff in seinem Stuhl zurück und begann mit heraushängender Zunge zu hecheln. Es war ihm ganz offensichtlich zu warm geworden.

Zweifelsohne hatte das unterschiedlich temperierte Wasser genau die Zellen im Stammhirn gereizt, die bei Warmblütern mit einer erstaunlichen Präzision von Bruchteilen eines Wärmegrades die Körpertemperatur regeln, indem sie, in Abhängigkeit von der *gemessenen* Bluttemperatur, die Maßnahmen auslösen, die erforderlich sind, um im Körper zusätzliche Wärmeenergie zu erzeugen oder Körperwärme abzuführen.

Wer häufig mit der Unzulänglichkeit menschlicher Technik konfrontiert wird, muß von der Exaktheit, Zuverlässigkeit und vor allem von dem »Einfallsreichtum«, mit dem hier komplette Regelkreise allein durch biologische Systeme realisiert sind, zutiefst beeindruckt sein.

Und nun zu den anderen Hirnabschnitten. Der Schweizer Physiologe W. R. Hess erhielt 1949 den Nobelpreis für spektakuläre Ergebnisse in der Hirnforschung. Er und seine Mitarbeiter hatten etwa 20 Jahre zuvor mit Hilfe einer Hirnsonde die für Muskelbewegungen verantwortlichen Nervenzentren im Gehirn eines Affen und einer Katze untersucht und dabei eine seltsame Entdeckung gemacht. Begonnen hatte Hess mit der Untersuchung der *Großhirnrinde.* Die Sonde, die er dazu in das schmerzunempfindliche Hirngewebe schob, bestand aus einem haarfeinen, mit einer glatten Isolierschicht überzogenen Draht. Verband man die Sonde mit einer elektrischen Spannungsquelle, so wurden die Nervenzellen, an denen die nicht isolierte Spitze des Drahtes lag, von einem elektrischen Strom getroffen, der in seiner Stärke so gewählt worden war, daß er sich in nichts von einem natürlichen elektrischen Nervenimpuls unterschied.

Immer dann, wenn man mit der Sonde auf bewegungsauslösende Nervenzellen traf, verursachte der elektrische Reiz eine

Reaktion des mit diesen Zellen verbundenen Muskels. Das Kennzeichnende daran war, daß die Bewegungen *reizanalog* waren. Mit anderen Worten: War der Reiz schwach, so kam es zu einem kaum merklichen Muskelzucken, verstärkte man ihn, so nahm auch die ausgelöste Bewegung an Intensität zu, und schaltete man den Strom ab, so entspannte sich der betreffende Muskel sofort wieder. Im nachhinein bemerkenswert war ebenfalls, daß jeweils nur kleine Muskelpartien von den gereizten Nervenzellen aktiviert wurden.

Das System erwies sich als höchst durchsichtig, war leicht zu entziffern. Jede Stelle in dem für Bewegungen zuständigen Teil der Großhirnrinde war mit einem bestimmten Muskel verbunden und für seine Betätigung verantwortlich. Je nach Position der Sonde konnte man durch den stromfreisetzenden Knopfdruck den Affen dazu veranlassen, ein Auge zuzukneifen oder einen Daumen zu heben. Er tat das im gleichen Rhythmus, wie der Versuchsleiter den Stromschalter bediente, gerade so, wie ein von einer Fernbedienung steuerbares Spielzeugauto den Bewegungen des Lenkers folgt, und er tat es, ohne sich bei seiner augenblicklichen Beschäftigung, zum Beispiel Fressen, im geringsten stören zu lassen.

Alles in allem hatten die Versuche bis dahin eher den erwarteten Verlauf genommen. Als der Hirnforscher aber bei Versuchen mit einer Katze mit der Sonde in tiefere Regionen des Gehirns vordrang und die blanke Drahtspitze das *Zwischenhirn* des Tieres erreichte, stellte sich große Verblüffung bei den Wissenschaftlern ein, denn nun bewegten sich nicht mehr engbegrenzte Muskelbereiche, sondern die elektrischen Impulse der Sonde setzten in völlig unvermuteter Weise komplizierte Bewegungsabläufe in Gang, das ganze Tier wurde von dem Reiz erfaßt. Am erstaunlichsten war, daß die künstlich ausgelösten Handlungen völlig natürlich wirkten, sie entsprachen genau den Verhaltensweisen, die zu dem normalen Repertoire des Tieres gehörten.

Die Versuche, die der Zoologe und Verhaltensforscher Erich von Holst in den fünfziger Jahren in gleicher Weise an Hühnern vornahm, waren besonders aufschlußreich, da deren Handlungsweisen einfacher und in ihrer Abfolge überschaubarer sind. Von Holst hatte mehreren Hühnern die beschriebenen dünnen Sonden ins Zwischenhirn eingepflanzt, und einige liefen jahrelang mit mehreren Drähten herum, ohne daß es ihnen geschadet hätte. Je nachdem, welchen der Drähte er unter Strom setzte, begannen die Hühner gegen einen nicht vorhandenen Gegner zu kämpfen, zu balzen, Körperpflege zu betreiben oder einzuschlafen, oder sie fingen an zu fressen, selbst dann, wenn sie längst gesättigt waren.

Interessant war, daß sich beim Reiz bestimmter Nerven zwar immer die gleiche Szene abspielte, daß es aber nicht in der stereotypen Weise eines Automaten geschah, sondern der Situation angepaßt. Löste von Holst bei einer Henne durch Knopfdruck beispielsweise das Programm *Freßverhalten* aus, so richtete sie ihre Handlungen nach dem Futterangebot aus. Sie fiel begierig über eine Schale mit Maiskörnern her, suchte aber auch geduldig nach ihnen, wenn man sie über den Versuchstisch verstreut hatte, und wenn ihr kein Futter angeboten wurde, reagierte sie ihre Freßstimmung ab, indem sie nach den dunklen Flecken in der Oberfläche der Holztischplatte pickte.

Das alles stand in krassem Gegensatz zu den Reaktionen, die man sah, wenn Nervenbereiche in der Großhirnrinde stimuliert wurden. Hoimar von Ditfurth, ein Meister anschaulicher Formulierungen, beschreibt diesen Unterschied folgendermaßen: »Die Großhirnrinde entspricht, jedenfalls in ihrem motorischen Anteil, gleichsam der Tastatur eines Klaviers. Jede Taste läßt sich einzeln drücken. Das Ergebnis ist dann ein einzelner – und in seiner Isoliertheit ›sinnloser‹ – Ton (= die Auslösung der Bewegung eines einzelnen Muskels). Sinn, eine erkennbare ›Melodie‹ (= eine sinnvoll auf die Umwelt bezogene Handlung) entsteht erst durch die Betätigung vieler verschiedener Tasten zugleich oder nacheinander, wobei der Vielfalt der Kombinationen und Variationen keine Grenzen gesetzt sind. Im Zwischenhirn gibt es eine solche Klaviatur aus einzelnen Tasten dagegen nicht. An ihrer Stelle existiert hier – um bei unserem Vergleich zu bleiben – gleichsam eine bestimmte Anzahl von Tonbandkassetten. Die auf ihnen gespeicherten Programme sind von Tierart zu Tierart verschieden. Ihre Zahl ist relativ beschränkt. Einzelne Töne sind nicht spielbar. Jeder Knopfdruck läßt eines der fertig vorliegenden Programme von A–Z ablaufen. So beschränkt die Zahl der Programme auch ist, ihre Zusammenstellung ist bei jeder Tierart so beschaffen, daß sie dem Individuum die Bewältigung der in seiner natürlichen Umwelt artspezifisch vorkommenden Aufgaben ermöglicht.«[42]

Angesichts dieser Verschiedenheit zwischen Großhirn und Zwischenhirn wird sich manch einer wundern, daß in dem evolutionsgeschichtlich älteren Teil des Gehirns solch komplexe Handlungsweisen gespeichert sind, während in der nachfolgenden Entwicklungsphase offenbar nur simple Verschaltungen vorliegen. Doch gerade in der Flexibilität der Verschaltungsmöglichkeiten besteht der Fortschritt. Sie erlaubt es dem höher entwickelten Lebewesen, sich den Umweltbedingungen, in die es hineingeboren wird, optimal anzupassen, indem es zu dem im Zwischenhirn vorhandenen Satz von Verhaltensmustern zusätzliche, aus eigenen Erfahrungen »gestrickte« hinzufügt. Oder, um bei dem Ditfurthschen Vergleich zu bleiben, sich dem Zeitgeschmack entsprechende Musikstücke selbst zu komponieren.

Wir haben es hier ganz einfach mit zwei verschiedenen Methoden des Lernens zu tun. Die im Zwischenhirn gespeicherten Programme sind Überlebenserfahrungen, die von einer Art über viele Jahrtausende hinweg in der DNS gesammelt wurden, während das Großhirn jedem einzelnen Individuum die Möglichkeit bietet, unter Umständen innerhalb von Sekunden aus einer einzigen Erfahrung anpassende Konsequenzen für sein künftiges Verhalten zu ziehen.

All das gilt prinzipiell für den Menschen genauso wie für jedes höher entwickelte Tier.

Wie alle anderen Lebewesen verdankt der Mensch seine Eigenschaften und Leistungen der biologischen Evolution, in deren Verlauf sich alle Organismen den jeweiligen Anforderungen der Umwelt angepaßt haben. Die allgemeine Annahme, wir seien einer besonderen Quelle entsprungen, beruht auf einer Arroganz, die Teil unseres biologischen Erbes ist. Es kann deshalb nicht verwundern, daß die Vorstellung, es bestehe eine enge Verwandtschaft zwischen Tier und Mensch, nur selten wahrgenommen und akzeptiert wird.

Da unsere körperliche Erscheinung so offensichtlich Ähnlichkeiten mit der anderer Lebewesen aufweist, wird die Abstammung körperlicher Merkmale meistens hingenommen, daß aber auch unsere Gefühle und Verhaltensweisen einen tierischen Ursprung haben könnten, wird in aller Regel gar nicht erst in Betracht gezogen.

Das Überleben eines Tieres hängt von sehr vielen, sehr verschiedenen Leistungen ab. Es muß sich ernähren, fortpflanzen und verteidigen können. Das alles erfordert eine Ausstattung mit unterschiedlichen, das Verhalten koordinierenden und steuernden Programmen. Es muß wissen, was es zu tun und was es zu meiden hat. Es muß auf ganz bestimmte Reizkategorien mit ganz bestimmten Handlungen antworten, daß es beispielsweise beim Erscheinen eines Geschlechtspartners um ihn wirbt, vor Feinden aber davonläuft oder sich gegen sie verteidigt. Motivierende Mechanismen müssen dafür sorgen, daß Tiere aktiv nach Beute, sozialen Partnern oder Ruheplätzen suchen. Vorlieben, Abneigungen, Freuden und Ängste müssen ihnen ebenso eingebaut sein wie Regelfunktionen, die Verhaltensweisen je nach Erfordernissen aktivieren oder stoppen. Was nützen einer Antilope ihre schnellen Beine, wenn nicht die Angst vor dem Löwen sie veranlaßt, diese Beine auch zu gebrauchen? Um zu überleben, müssen Tiere und Menschen, selbst wenn sie viel lernen, eine bestimmte Grundausrüstung an Verhaltensweisen und Bewegungsabläufen als stammesgeschichtliche Anpassungen mitbekommen haben.

Es ist absolut töricht anzunehmen, Gefühle seien erst mit dem Menschen auf die Welt gekommen. Der Vogelkundler Oskar Heinroth soll im Scherz, aber durchaus ernst gemeint, sehr treffend bemerkt haben: »Tiere sind Gefühlsmenschen mit äußerst wenig Verstand.« Gefühle steuern Verhaltensweisen, Intelligenz ist die Fähigkeit, außerhalb angeborener Handlungen Probleme zu lösen. Zwei völlig unterschiedliche Dinge.

Ein anderes tragisches Ergebnis menschlicher Fehleinschätzung ist die Annahme, der so oft beschworene menschliche *Verstand* sei die dominierende Führungsgröße unseres Daseins. Er ist es nicht. Er ist vielmehr eine der neuesten Erfindungen der Evolution, die sich für die Durchsetzung der egoistischen Ziele unserer eigenen Art (bisher!) hervorragend bewährt hat, keinesfalls aber nennenswerte Objektivität aufweist. Es ist ein weitverbreiteter Irrtum zu meinen, wir seien imstande, uns durch den bloßen *Willen zur Objektivität* von allen persönlichen, subjektiven, einseitigen Ansichten, Vorurteilen und Affekten zu befreien und uns zum Standpunkt allgemeingültiger Urteile und Wertungen zu erheben.

Um die tatsächliche Beschaffenheit des menschlichen Geistes zu erkennen, bedarf es des Versuches, ihn zum Gegenstand naturwissenschaftlicher Betrachtung zu machen, ein Unterfangen, das viele sogenannte Geisteswissenschaftler wie Philosophen, Soziologen, Psychologen, Theologen und andere mehr für absurd, gotteslästerlich oder im günstigsten Fall für aussichtslos halten. Ja, es sieht so aus, als gäbe es ganz allgemein eine Abneigung gegen die wissenschaftliche Erforschung des menschlichen Verhaltens. Nicht zuletzt diejenigen, die sich dafür stark machen, daß mehr Rücksicht auf die Gefühle der Menschen genommen wird, lehnen es ab, sich mit den Erkenntnissen der

Verhaltensforschung überhaupt zu befassen. Sie wenden sich lieber der Psychologie zu, die ihnen die Illusion läßt, der Mensch sei etwas ganz Besonderes. Als Grund dafür sehe ich auch hier unsere Überheblichkeit, die es nicht zuläßt, daß wir auch nur im entferntesten mit unseren tierischen Verwandten in einen Topf geworfen werden. Das häufig vorgebrachte Argument, man könne nicht von Affen, Wölfen und Graugänsen auf den Menschen hochrechnen, um dessen Wesen zu verstehen, zeigt, mit welcher Unkenntnis hier Stellung bezogen wird. Selbst den Bezug auf unmittelbare Vorfahren, wie den vor 30 000 Jahren in der Jungsteinzeit lebenden Menschen, der genauso in der Lage gewesen wäre, einen Computer zu bedienen wie wir, halten die meisten für ihrer nicht würdig. Ich frage mich, wo ist da noch der Unterschied zu denen, die sich für einen Teil der *Herrenrasse* halten?

Wir sollten uns hin und wieder an Albert Einsteins weise Einsicht erinnern: »Und doch weiß ich, daß die Menschen im ganzen sich wenig verändern, wenn auch die Mode, der sie folgen, sie in verschiedenen Zeiten als sehr verschieden erscheinen läßt ... Nichts davon wird bleiben als eine armselige Seite in den Geschichtsbüchern, in welchen der Jugend späterer Geschlechter die Torheit der Vorfahren in gedrängter Form vor Augen geführt wird.«[43]

Verhaltensforschung: Die Evolution sorgte auch für arterhaltende Handlungsweisen

Spätestens seit dem Mittelalter war bekannt, daß es bei Tieren angeborene Verhaltensweisen gibt. Bei jeder Handlung, die offensichtlich sinnvoll und arterhaltend zweckmäßig war, sprach man von *Instinkt*. Da es sich, wie man meinte, um etwas Übernatürliches handeln müsse, bedurfte es keiner weiteren Nachfragen. Auch heute noch wird der Begriff Instinkt umgangssprachlich verwendet, ohne daß man die geringsten Vorstellungen damit verbindet. Selbst für manche Forscher biologischer Disziplinen handelte es sich bis vor wenigen Jahrzehnten um ein unerklärliches Phänomen, eine *außernatürliche Lebenskraft*. Andere nahmen erst gar keine Notiz davon, da sie sich ausschließlich mit körperlichen Teilfunktionen beschäftigten. Als der russische Psychologe Iwan Petrowitsch Pawlow die *bedingten Reflexe* entdeckte, waren viele Psychologen der Meinung, die Bausteine des Verhaltens gefunden zu haben. Pawlow hatte den Einfluß des Nervensystems auf die Magensaftabsonderung erforscht und dabei herausgefunden, daß allein der Anblick der Speise die Magensaftproduktion auslöst. 1904 erhielt er dafür den Nobelpreis für Medizin.

Daß Tiere auch spontan, aus eigenem Antrieb handeln, blieb von ihnen unbemerkt. Was das menschliche Verhalten betrifft, so war man der Ansicht, der Mensch käme als unbeschriebenes Blatt auf die Welt, und arteigene Verhaltensweisen würde er erst von seiner Umgebung übernehmen. Bis in die siebziger Jahre galt für die Mehrheit der Soziologen, der Mensch sei im wesentlichen passiv den Einflüssen der Umgebung unterworfen. Man meinte, ihn durch Belohnung und Strafe jederzeit in der gewünschten Weise *formen* zu können. In diesem Sinne entwickelte sich die Auffassung, die Gesetze der Biologie hätten keinerlei Einfluß auf die menschliche Kultur.

Die späte Entdeckung angeborener, also ererbter Verhaltensweisen hing auch damit zusammen, daß es keine Forscher gab, die sich mit solchem »unwissenschaftlichen Tun« wie dem Beobachten von tierischem Verhalten abgaben. Die Tugenden des Charles Darwin hatte man völlig vergessen, dessen Abhandlung »Der Ausdruck der Gemütsbewegungen bei dem Menschen und den Tieren« ein profundes Zeugnis seiner herausragenden Beobachtungsgabe ist. (Übrigens beruhen zum Beispiel die Kenntnisse in der Astronomie fast ausschließlich auf Beobachtungen.)

Der Biologe H. S. Jennings war es schließlich, der es für eine des Forschers würdige Aufgabe erachtete, zu beobachten, was sich selbst überlassene Tiere tun. Er erkannte, daß jede Tierart nur über eine begrenzte Anzahl von Aktions- und Reaktionshandlungen verfügt, und die Existenz bestimmter angeborener, bei allen Individuen einer Art gleicher Handlungen wurde sichtbar, als man die beobachteten Handlungsweisen für Arten, Gattungen und höhere Gruppenkategorien genau beschrieb und geordnet nebeneinander stellte.

Die Ornithologen Charles Otis Whitman und Oskar Heinroth waren die ersten, die um die Jahrhundertwende unabhängig voneinander zu der bedeutenden Erkenntnis gelangten, daß sich Verhaltensweisen im Laufe der Evolution genauso den Umweltbedingungen anpassen wie körperliche Merkmale, so daß Verhaltensweisen gleichfalls Auskunft über die Verwandtschaft verschiedener Arten geben.

Die Verhaltensforscher Konrad Lorenz und Nikolaas Tinbergen zeigten auf, daß stammesgeschichtliche Anpassungen das Verhalten der Tiere in definierter Weise bestimmen, und äußerten die Vermutung, daß vergleichbare Programmierungen auch das Verhalten des Menschen mitbestimmen.

Konrad Lorenz, 1903 in Wien geboren, studierte Medizin und Zoologie, wurde 1940 Professor für vergleichende Psychologie in Königsberg und 1950 Direktor am Max-Planck-Institut für Verhaltensphysiologie. Während der letzten Phase seines Schaffens war er Leiter des »Konrad-Lorenz-Instituts« der Österreichischen Akademie der Wissenschaften. 1973 erhielt er den Nobelpreis für Medizin und Physiologie, zusammen mit den Zoologen Nikolaas Tinbergen und Karl von Frisch. Lorenz und Tinbergen gelten als die Begründer der *vergleichenden Verhaltensforschung*, der *Ethologie*.

Die Ethologie ist die Wissenschaft, welche die von Darwin entdeckten Prinzipien der Evolution auch auf das *Verhalten* von Tieren und Menschen anwendet. Dabei geht es, was die Erforschung des menschlichen Verhaltens angeht, um mehr als die bloße Übertragung der am Tier erarbeiteten Befunde und Modellvorstellungen.

Parallel zur Entwicklung der Ethologie hielten diejenigen, die ihre Erkenntnisse vor allem aus Laboruntersuchungen gewannen, daran fest, daß es angeborene, auf ein Ziel hin ausgerichtete Handlungsweisen nicht gebe. Die arterhaltende Zweckmäßigkeit des Verhaltens, so glaubte man, würde in Wirklichkeit erst im individuellen Leben jedes Organismus auf dem Wege von Versuch und Irrtum erworben. Die Pawlowschen Anhänger gestanden zwar die Existenz von angeborenen Bewegungsfolgen zu, beharrten aber weiterhin auf ihrer *Reflexkettentheorie*, nach der durch äußere Reize ausgelöste Reflexe Ursache dieser Bewegungsabläufe sind.

Das tierische und menschliche Verhalten ist etwas ebenso Reales wie andere Vorgänge in unserer Welt, so wie die chemische Reaktion von Kohlenstoff und Sauerstoff sich in einer Flamme zeigen kann oder beim Unterschreiten einer bestimmten Temperatur Wasser zu Eis erstarrt. Das Erscheinen eines Regenbogens durch die Brechung des Sonnenlichtes in Regentröpfchen war vor 10 000 Jahren genauso ein Teil der physikalischen Wirklichkeit wie heute, wenn auch unsere Vorfahren keine natürliche Erklärung dafür hatten. Immer dann, wenn man sich in der Wissenschaft der Vorstellung hingab, besondere, außernatürliche Kräfte seien am Werk, kam sie nicht von der Stelle und produzierte gelehrt tuende Unwissenheit.

Angeborener Auslösemechanismus: Schlüsselreize lösen Handlungen aus

Wenn es nun angeborene Verhaltensweisen gibt, und daß es sie gibt, stand nach Beobachtungen isoliert aufgezogener Tiere zweifelsfrei fest, dann können es nur solche sein, die Überlebensvorteile bieten, denn sonst hätten sie vor der natürlichen Auslese keinen Bestand gehabt. Sie müssen also an typische Situationen, die im Umfeld des Individuums auftreten, angepaßt sein. Doch welche Mechanismen hat die Evolution dafür gefunden?

Wie so oft, ist die Lösung eines Problems, wenn man in geeigneter Weise vorgeht, einfacher, als man vermutet, und Whiteman und Heinroth hatten den richtigen Weg beschritten. Sie und ihre nachfolgenden Fachkollegen kamen recht schnell zu gänzlich unerwarteten Erkenntnissen.

Sie beobachteten, daß die spontan, das heißt ohne direkte äußere Einwirkungen hervorbrechenden Handlungen immer in absolut gleicher Weise ablaufen und daß deren Auslösung durch einen beziehungsweise mehrere Schlüsselreize, oder, wie Konrad Lorenz es nannte, durch einen *angeborenen Auslösemechanismus* erfolgt. Bestimmte Merkmale, die – wie ein passender Schlüssel die Verriegelung einer Tür öffnet – den vorgesehenen Bewegungsablauf in Gang setzen. Das, was bei den von Holstschen Hühnern die stromleitenden Sonden verursachten, wird im natürlichen Leben von Objekten, Geräuschen oder Gerüchen bewirkt.

Das hört sich vielleicht etwas theoretisch an, die folgenden Beispiele werden Ihnen aber den Bezug zur Realität schnell herstellen und Ihnen deutlich machen, was gemeint ist. Fangen wir mit dem Begriff *angeboren* an. Wie läßt sich erkennen, ob eine Verhaltensweise angeboren ist oder erst erlernt werden muß?

Legt man einer Haushuhnglucke Enteneier unter, so werden daraus kleine Enten schlüpfen, die entgegen dem Vorbild ihrer Ziehmutter dem Wasser zustreben und ohne die geringsten Vorübungen oder Unterweisungen schwimmen, den Schlamm nach Nahrung durchseihen und ihr Gefieder fetten. Dies sind, was nicht nur schon Darwin wußte, sondern vor ihm auch anderen Naturforschern bekannt war, zweifellos angeborene Fähigkeiten.

Jedes Eichhörnchen versteckt im Herbst Nüsse und Eicheln mit einer Folge festgelegter Bewegungen. Es scharrt an einer markanten Stelle, zum Beispiel am Fuß eines Baumstammes, ein Loch, legt dann die Nuß darin ab, drückt sie mit schnellen Schnauzstößen fest in den Boden, schiebt anschließend mit den Vorderbeinen die losgegrabene Erde über das Loch und stampft sie mit den Vorderbeinen fest. Diese Bewegungsfolge wird in absolut gleicher Weise von Eichhörnchen ausgeübt, die in völliger sozialer Isolation aufgewachsen sind, wenn man ihnen zum erstenmal Nüsse gibt und die Möglichkeit bietet, diese zu vergraben.

Natürlich ist dem Tier dabei weder bewußt, daß die Bevorratung von Futter ihm das Überleben im Winter ermöglicht, noch daß es mit dem Vergraben die räuberische Konkurrenz überlistet. Mit Sicherheit handelt es sich auch hier um stammesgeschichtlich angepaßte, um angeborene Handlungen.

Der relativ komplizierte Ablauf der Futterversteckhandlung eines Eichhörnchens erweckt beim unbedarften Betrachter den Eindruck, als handele es sich hier um eine von Intelligenz gesteuerte Handlung. Dieser Eindruck schwindet für immer, wenn man beobachtet, wie ein in Gefangenschaft gehaltenes Tier versucht, in einer Zimmerecke oder neben einem Tischbein im hölzernen Fußboden eine Nuß zu vergraben. Die gesamte im Zwischenhirn gespeicherte Bewegungsfolge, einschließlich der Zudeck- und Festdrückbewegungen, läuft in gleicher Weise ab wie in freier Natur, obwohl gar nichts aufgegraben wurde.

Wie einerseits alle Phasen der angeborenen, im Zwischenhirn deponierten Bewegungsfolgen arterhaltend sinnvoll sind und wie einfach sie andererseits strukturiert und auf das Notwendigste beschränkt sind, zeigen die von Tinbergen und Lorenz beobachteten Reaktionen von brütenden Gänsen auf ein außerhalb des Nestes liegendes Ei.

Jeder Versuch, diesen Ablauf anders beschreiben zu wollen, als es Konrad Lorenz getan hat, wäre mit Einbußen der Anschaulichkeit verbunden. Ich biete Ihnen deshalb das Original: »Wenn die brütende Gans ein außerhalb der Nestmulde, aber in nicht allzu großer Entfernung von dieser liegendes Ei erblickt, so erfolgt die Eirollbewegung keineswegs sofort und in ›entschlossener‹ Weise. Die Gans sieht vielmehr beim ersten Erblicken des reizaussendenden Objektes nur ganz flüchtig nach ihm hin und gleich wieder von ihm weg. Beim nächsten Hinblicken fixiert sie es schon länger, auch kann dann schon eine kleine, nach dem Ei hindeutende Bewegung des Kopfes ausgeführt werden, und nach einer kurzen Reihe von rasch an Intensität gewinnenden Intentionsbewegungen, ... streckt die Gans ihren Hals voll nach dem vor ihr liegenden Ei aus, ohne sich aber im übrigen zu bewegen. In dieser Stellung bleibt sie nun häufig ›wie gebannt‹ viele Sekunden lang liegen, bis sie sich schließlich, ohne die Haltung von Hals und Kopf zu verändern, langsam und zögernd vom Neste erhebt und mit einem eigentümlich vorsichtigen Schreiten, das alle ihre Ortsveränderungen in Nestnähe kennzeichnet, auf das Ei zugeht. ... Hat die Gans sich dem Ei genügend genähert, so berührt sie es zunächst mit der Schnabelspitze an dem ihr zunächst gelegenen Punkt seiner Oberfläche, stößt auch wohl mit dem geöffneten Schnabel dagegen. Dann gleitet der Unterschnabel, ständig die Berührung mit dem Ei wahrend, so über seine Oberseite hinweg, daß er sich, das Ei übergreifend, an der der Gans abgewendeten Seite dem Erdboden nähert. In diesem Augenblick überkommt eine eigenartige Spannung den ganzen Vogel, der Hals strafft sich und der Kopf beginnt merklich zu zittern. Dieses feine Zittern dauert an, während das Ei langsam durch eine merkwürdig steif und ungeschickt aussehende Einkrümmung des Halses mit dem Unterschnabel auf die Gans und damit auf die Nestmulde zugerollt oder geschoben wird, so daß es schließlich auf den Zehen der Gans liegt oder, wenn damit der höchste Punkt des Nestwalls überschritten ist, zu den anderen Eiern in die Mulde rollt.«[44]

Man sieht förmlich vor Augen, wie die Gans zwischen zwei ihr einprogrammierten Handlungen hin- und hergerissen wird. Der offensichtlich vorrangige genetische Befehl ist, das Nest nicht zu verlassen, um sicherzustellen, daß das Gelege nicht ungeschützt Räubern überlassen wird. Ein aus dem Nest gerolltes Ei scheint es jedoch wert zu sein, ein gewisses Risiko einzugehen. Doch die Risikobereitschaft ist begrenzt, nur wenn das Ei vom Rand der Mulde erreichbar ist, wird eine Rückholaktion gestartet. Es wäre auch ein schlechtes Geschäft, ein Ei zu retten und die übrigen zu verlieren.

Das auslösende Schema, der Schlüsselreiz für die Eirollbewegung ist das visuelle Bild des außerhalb des Nestes liegenden Eies. Mit Bild ist hier nicht die fotografische Abbildung des Eies gemeint, sondern nur ein sehr vages Abbild, das auch auf andere ovale Gegenstände paßt. Wie Versuche gezeigt haben, registriert die Gans das Ei nicht, wenn eine bestimmte Entfernung zum Nest überschritten ist, der angeborene *Schlüssel* paßt dann nicht. Auch an das Gewicht des Eies ist die Handlung angepaßt. Damit nicht wahllos Steine oder andere eiförmige Gegenstände ins Nest geholt werden, versagt die Handlung, wenn das Gewicht nur geringfügig über dem eines Eies liegt. Es sieht dann so aus, als reiche die Kraft der Gans nicht aus, um den Gegenstand zu bewegen, obwohl sie bei anderen Gelegenheiten zeigt, daß sie sehr wohl imstande ist, kräftig zuzulangen. Jeder Schritt der Vorgehensweise ist im Sinne der Arterhaltung sinnvoll, man ist versucht, wider besseres Wissen zu sagen: »wohl überlegt«.

Auch hier hat es für den menschlichen Beobachter den Anschein, als handele die Gans aus eigener Intelligenz. Diese Einschätzung revidiert man rasch, wenn man der Gans, nachdem sie mit der Eirollbewegung begonnen hat, das Ei wegnimmt und dann sieht, daß sie, als sei nichts geschehen, mit ihren Handlungen fortfährt, ohne den Verlust des Eies zu bemerken. Die einmal ausgelöste Bewegungsfolge wird ausgeführt, egal, ob mit oder ohne Ei. Der etwas dämliche Eindruck, den die Gans hier vermittelt, sollte uns nicht zu voreiliger Überheblichkeit verleiten, denn wenn ich noch einmal die außerirdischen Wesen bemühen darf: Für wie dämlich würden die uns wohl halten, bei all dem, was sie von uns auf der Erde beobachten könnten.

Die handlungsauslösenden Schlüsselreize sind in der Regel sehr simpel, wie zum Beispiel die rote Brust des Rotkehlchenmännchens. Montiert man ein ausgestopftes Rotkehlchenmännchen in das Revier eines anderen, dann greift der Revierinhaber den ausgestopften Balg sogleich heftig an und versucht ihn zu vertreiben. Nimmt man dem Balg die roten Federn, so verliert er augenblicklich seine kampfauslösende Wirkung und wird vom Angreifer nicht weiter beachtet. Faßt man nun die roten Federn zu einem Büschelchen zusammen und befestigt es auf einem Ast, dann löst diese einfache Attrappe sofort wieder voll intensive Kampfhandlungen aus. Der rote Brustfleck ist das Signal, an dem die Rotkehlchenmänner einander erkennen. Ein Blaukehlchenmännchen lassen die roten Federn völlig kalt, ihn motivieren dagegen blaue Federn zum Kampf.

Lorenz und Tinbergen haben den Begriff *Auslösemechanismus* gewählt, weil sie deutlich machen wollten, daß nicht das Gesamtbild eine Verhaltensweise in Gang setzt, sondern nur einige wenige, aber zur Charakterisierung der Situation völlig ausreichende Schlüsselmerkmale. Für das Überleben einer Zecke reicht es aus, wenn sie zwei Eigenschaften ihres Opfers wahrnimmt: den Geruch von Buttersäure und eine Temperatur von ungefähr 37 Grad Celsius. Das sind die Schlüsselreize, die die im Gezweig wartende Zecke angeborenermaßen veranlassen, sich fallen zu lassen und dann, am Ziel angekommen, zuzubeißen. Sie stellen gleichfalls sicher, daß sie nach dem Biß auf das Blut eines Säugetieres stößt. Was sonst könnte durch das Unterholz spazieren, nach Fett riechen und eine bestimmte Temperatur abstrahlen?

Der Mensch muß hinzulernen: durch Gewöhnung und Prägung

Höherentwickelte Tiere müssen oft auf Sachverhalte reagieren, die weitaus komplizierter sind. Bei ihnen liegt der angeborene Auslösemechanismus nicht in allen Fällen wie bei der Zecke oder anderen Insekten und Spinnentieren bei der Geburt absolut fest, sondern wird durch Hinzulernen – die Verhaltensforscher sprechen von *Gewöhnung* und *Prägung* – an die jeweiligen Lebensbedingungen angepaßt, so wie man einen vorhandenen Schlüsselrohling durch entsprechendes Nachfeilen an ein bestimmtes Schloß anpaßt.

Das Besondere an der Prägung ist, daß sie nur in einer zeitlich begrenzten Phase der Entwicklung eines Individuums erfolgt und irreversibel, also nicht umkehrbar ist. Eine frischgeschlüpfte Graugans zum Beispiel reagiert mit *Grüßen* und anschließend mit Nachlaufen auf jedes sich bewegende Objekt, besonders wenn es ihr *Pfeifen des Verlassenseins* mit Lockrufen beantwortet. Hat sie dies ein oder mehrere Male einem Menschen gegenüber getan, so ist sie fortan kaum dazu zu bewegen, einer Gans zu folgen. Sie ist dann auf den Menschen geprägt. In gleicher Weise kann eine Henne als Ersatzobjekt dienen. Ja, selbst ein rollender Ball wird als Ersatzmutter angenommen. Für eine Absicherung gegen derartige Irrtümer gab es stammesgeschichtlich offenbar keinen Grund. Es dürfte kaum je vorkommen, daß eine Gans oder eine Ente von einem Artfremden ausgebrütet wird. Ein angeborenes Programm: »Folge dem, mit dem du nach dem Schlüpfen zusammen bist!« reicht völlig aus.

Nicht nur die Bindung an die Mutter wird durch Prägung aufgebaut, auch andere Beziehungen innerhalb der sozialen Gemeinschaft basieren auf Prägungsvorgängen. Das Erstaunliche dabei ist, daß sie zu einem Zeitpunkt stattfinden können, an dem die Handlungen, deren Ziel diese Objekte sind, noch gar nicht ausgereift sind. Das ist bei der sexuellen Prägung der

Fall. Männliche Dohlen und Wellensittiche beispielsweise, die von Menschenhand aufgezogen werden, erweisen sich später als sexuell auf den Menschen geprägt. Auch wenn sie danach nur mit ihresgleichen zusammengehalten werden, ziehen sie bei Eintritt der Geschlechtsreife den Menschen als Geschlechtswunschpartner vor und balzen ihn an. Die Prägung ist lange vorher erfolgt, was uns lehrt, daß nicht immer die jüngeren Erfahrungen das größere Gewicht haben.

Bei Säugern, also auch beim Menschen, existiert diese Form der Anpassung von Auslösereizen für soziale Bindungen ebenfalls, und wenn man davon weiß, drängt sich der dringende Verdacht auf, daß die heute weitverbreitete Vorenthaltung familiärer Fürsorge und mangelnde elterliche Verfügbarkeit während der prägungssensiblen Phasen bei Kindern für die wachsende soziale Beziehungslosigkeit in unserer Gesellschaft mitverantwortlich sind.

Allein aus der Tatsache, daß der geprägten Form der Homosexualität oft Verführungserlebnisse während der Kindheit zugrunde liegen, ergibt sich für den Gesetzgeber die Verpflichtung, Minderjährige davor zu schützen. Welche Auswirkungen die allgegenwärtigen Darstellungen von Brutalität und sexueller Gewalt, denen Kinder und Jugendliche heute ausgesetzt sind, auf das soziale Klima haben, wird immer offensichtlicher.

Gegenüber den anderen höheren Lebewesen besitzt der Mensch nur wenige automatisch ablaufende Bewegungsweisen. Außer gewissen Bewegungsnormen bei der Nahrungsaufnahme oder bei der Begattung sind beim erwachsenen Menschen nur Ausdrucksbewegungen übrig geblieben, jene Mimik und Gesten der Körpersprache, die die Basis der innerartlichen, also zwischenmenschlichen Verständigung ausmacht.

Die Einfachheit und die leichte Fälschbarkeit der auslösenden Reize haben sich manche Tiere in raffiniert erscheinender Weise zunutze gemacht. Die Leuchtkäferweibchen der Gattung *Photurus* zum Beispiel locken Männchen der Gattung *Photinus* an, indem sie deren Lichtsignale nachahmen. Die Getäuschten werden gefressen.

Übertriebene Attrappen übertreffen in ihrer Wirksamkeit oft die natürlichen Auslöser. Bietet man beispielsweise den Austernfischern, jenen taubengroßen Watvögeln, die mit ihrem gelbroten Schnabel die Schalen von Muscheln aufstemmen, neben ihren Eiern deutlich größere Nachbildungen an, so ziehen sie diese den eigenen vor, obgleich sie sich darauf nicht zum Brüten niederlassen können. Männliche Samtfalter finden schwarze Weibchenattrappen attraktiver als die natürlich gefärbten.

Vermutlich fallen Ihnen hier deutliche Parallelen zum Menschen auf. Augenfälligstes Beispiel ist die Kleidermode, die ständig neue Variationen sexueller Auslöserverstärker hervorbringt. Der im Rokoko von vornehmen Damen getragene ausladende Panier-Reifrock mit jener kuppelförmigen Auspolsterung im Bereich des verlängerten Rückens zielte wie der Cul de Paris um 1880/90 ganz unverhohlen auf das bei Männern weitverbreitete Interesse für ein ausgeprägtes weibliches Gesäß – ein Erbe, daß uns von unseren affenartigen Vorfahren erhalten geblieben ist.

Auch andere körperliche Merkmale, die als Auslöser für den Sexualtrieb wirken, wie lange Beine, die Form der weiblichen Brust oder breite Schultern beim Mann, werden von den Modeschöpfern hervorgehoben.

Gut zu analysieren sind die angeborenen Auslösemechanismen, mit denen wir auf Kleinkinder ansprechen. Ein relativ großer Kopf, große, tief unten gelegene Augen, dicke, kurze Arme und Beine sowie runde pralle Körperformen sind die Hauptmerkmale, die uns ein Kleinkind als niedlich erscheinen lassen.

Kennzeichnend ist, daß beim Menschen diese Kriterien nicht nur angesichts von Kindern wirken, sondern ebenso angesichts von Attrappen wie Puppen oder von Tieren, die die gleichen Empfindungen hervorrufen. Die von kinderlosen Frauen als

Ersatzobjekt ihres angeborenen Brutpflegetriebes bevorzugten Hunderassen zeigen dies in deutlicher Weise. Während Tiere wie Eichhörnchen, Kaninchen oder Koalabären, die die genannten anatomischen Merkmale aufweisen, als niedlich empfunden werden, erzeugen andere Tiere ganz andere Empfindungen bei uns, die aber, genau wie im ersten Fall, überhaupt keinen Bezug zu dem tatsächlichen Charakter des Tieres haben. Der »hochmütige« oder »verächtliche« Gesichtsausdruck des Kamels kommt dadurch zustande, daß unsere auf die Ausdrucksweise des menschlichen Gesichts abgezielten angeborenen Auslösereize die Anordnung der im Vergleich zu den Augen höher gelegenen Nasenlöcher falsch interpretieren. Ein Adler macht auf uns dagegen den Eindruck von stolzer Entschlossenheit. Schuld daran sind die Knochenleisten über den Augen und die scharfen nach hinten gezogenen Mundwinkel.

Selbst der Eindruck, den Gegenstände wie Gebäude oder Landschaften, zum Beispiel Gebirge, auf uns machen, ob wir sie als bedrohlich beurteilen oder ob wir uns zu ihnen hingezogen fühlen, hängt von den angeborenen Bewertungskriterien ab.

Unser Sozialverhalten wird weitgehend vom genetischen Erbe vorgegeben

Nicht nur körperliche Attribute, wie ein muskulöser männlicher Po oder wohlproportionierte Brüste bei der Frau, und Ausdrucksbewegungen, wie Lächeln oder Weinen, lösen in uns angeborenermaßen bestimmte, vom Willen gänzlich unbeeinflußte Empfindungen und Reaktionen aus. Auch von bestimmten uns dargebotenen *Verhaltensmustern* werden wir stark beeinflußt, vor allem solche, die das soziale Zusammenleben fördern, haben einen hohen Stellenwert. Der fürsorglichen Mutter, dem beschützenden Vater oder dem treuen Freund gehört unsere uneingeschränkte Sympathie. Ein Umstand, dessen sich Dichter,

Romanschreiber und Drehbuchautoren immer wieder bedienen, um unsere Seelen zu erobern.

Die nähere Analyse der im weitesten Sinne sozialen, also innerartlichen Aktions- und Reaktionsweisen von Tieren hat gezeigt, daß diese von Ringelwürmern angefangen bis hinauf zu den höchsten Säugetieren in gleicher Weise auf angeborenen, bei den Säugetieren teilweise durch Prägungsvorgänge beeinflußten Handlungsweisen beruhen. Die einzige Funktion des Lernens, die bei der Verständigung innerhalb einer Art eine Rolle spielt, ist das persönliche Kennenlernen bestimmter Individuen, wie des Geschlechtspartners, des Nachwuchses oder der Geschwister, das für Strukturen geschlossener Gemeinschaften, wie man sie bei Rabenvögeln, Graugänsen oder Wölfen kennt, typisch ist.

Andererseits weisen Lebewesen gegenüber der Umwelt außerhalb ihrer sozialen Gemeinschaft oft eine erhebliche Lernfähigkeit auf. Was eine Dohle frißt, wo sie ihre Nahrung sucht, vor welchen Feinden sie warnt und flieht, welche Nistplätze sie bevorzugt, ja sogar mit welchem Material sie ihr Nest baut, ist weitgehend von den persönlichen Erfahrungen des Individuums und von der Tradition der Populationsgemeinschaft abhängig. In Sibirien ist die Dohle völlig furchtlos vor dem Menschen, nistet an jedem niedrigen Bauernhaus, baut ihr Nest hauptsächlich aus Stroh und lebt von Insekten, die sie auf dem Erdboden findet. In unseren Großstädten ist sie außerordentlich scheu, nistet nur auf hohen unzugänglichen Gebäuden, baut mit den verschiedensten Materialien, häufig Papier, ihr Nest, ist stellenweise auf das Plündern von Taubennestern spezialisiert oder lebt von Abfällen. Was die Vögel aber untereinander tun, wie sie miteinander umgehen und sich verständigen, das unterliegt nicht der geringsten Veränderlichkeit, es ist genetisch programmiert, angeboren. Bei einem Aufeinandertreffen zwischen sibirischen und mitteleuropäischen Dohlen gäbe es keinerlei Verständigungsprobleme.

Dieser Sachverhalt trifft nicht nur auf Dohlen, sondern genauso auf alle anderen in sozialen Gemeinschaften lebenden Lebewesen zu, und sie gilt prinzipiell auch für das soziale Wesen *Mensch.*

In vollem Bewußtsein der Unterschiede zwischen dem moralischen Verhalten sozialer Tiere und der stammesgeschichtlichen einzigartigen Leistung vernunftmäßiger Verantwortlichkeit des Menschen kommt Konrad Lorenz aufgrund einer breiten Basis von Erkenntnissen zu dem Schluß, daß das menschliche Sozialverhalten bei weitem nicht in dem Maße auf vernunftgesteuerter Moral beruht, wie gemeinhin angenommen, sondern in Wirklichkeit mit den angeborenen sozialen Verhaltensweisen höherer Tiere gleichzusetzen ist.

Das größere Gehirnvolumen hat dem Menschen einen Zuwachs an Intelligenz beschert und ihn damit in die Lage versetzt, seine Umwelt weitgehend seinen Bedürfnissen anzupassen, doch die auf den Artgenossen gerichtete Verhaltensstruktur wird auch beim Homo sapiens sapiens vom genetischen Erbe vorgegeben. Selbst wenn die angeborenen Elemente im Verhalten des Menschen nicht so offenkundig sind wie bei Tieren, weil sie in komplizierterer Weise mit den höheren Leistungen des Gehirns verwoben sind oder von diesen teilweise verdeckt werden, so haben sie doch auch im Zusammenleben der menschlichen Art eine ganz überragende Bedeutung. Eine Tatsache, die nach meiner Einschätzung von der Psychologie bis heute sträflich unterschätzt wird.

Das, was wir als unseren Geist bezeichnen, ist nicht nur an die materielle Struktur unseres Gehirns gebunden, sondern es ist vielmehr eine andere biologische Form lebender Materie; im übertragenen Sinne vergleichbar mit Einsteins Erkenntnis, daß Energie eine andere physikalische Form von Materie ist. Die von vielen Philosophen des 17. Jahrhunderts propagierte strikte Trennung von Geist und Körper war ein verhängnisvoller Irrtum, an dessen Folgen die Medizin noch heute krankt.

Die Hierarchie der Hirnabschnitte

Wie jeder weiß, beeinflussen unsere Stimmungen und Gefühle unser Tun und Denken in gravierendem Maße. Wir sehen die Welt in einer dunklen, schlaflosen Nacht ganz anders, als entspannt in einem Liegestuhl im Schatten eines sonnendurchfluteten Gartens. Und mit welchem Ergebnis wir die einfache Aufgabe lösen, in einem Metzger- oder Bäckerladen den Nahrungsbedarf des Tages einzukaufen, hängt davon ab, ob wir hungrig oder satt sind. Freude, Angst, Zorn, Liebe oder Haß, Müdigkeit, Erschöpfung oder Hunger, jede dieser Stimmungen und körperlichen Verfassungen verschiebt die *Wahrheit* in eine andere Richtung. Diese Feststellung ist möglicherweise trivial, entspricht sie doch weitgehend unseren täglichen Erfahrungen, aber sie gibt Gelegenheit, uns bewußt zu machen, daß es die absolute Wahrheit für uns gar nicht gibt, denn das Organ, das uns die angebliche Wahrheit präsentiert, wechselt ständig die Beurteilungskriterien.

Wie kommt es dazu? Wer oder was ist für diese Manipulationen verantwortlich? Die Antwort darauf liegt in der Struktur unseres Gehirns, richtiger gesagt, in der Hierarchie der entwicklungsgeschichtlich aufeinander folgenden Hirnabschnitte. Gefühle und Stimmungen sind nichts anderes als der Widerschein, das Erleben der vom Stammhirn kontrollierten Funktionen und der in unserem Zwischenhirn jeweils aktiv werdenden angeborenen Programme, jenen in der DNS gespeicherten Antworten auf die Fragen des Überlebens. Und ob wir es wahrhaben wollen oder nicht, die vom Großhirn ausgehenden verstandesmäßigen Leistungen stehen in der Hauptsache im Dienst des Zwischenhirns.

Unsere Gefühle und Antriebe kommen und gehen ohne unser Dazutun. Das ist deshalb so, weil sie alle eben nicht Aktivitäten unsere Psyche sind, sondern nur das von unserem Großhirn registrierte Agieren historisch älterer Zentren. Immerhin ermöglicht uns die Intelligenz des Großhirns, den Versuch zu machen, Menschen und Situationen zu meiden, von denen wir wissen, daß sie unerwünschte Stimmungen oder Gefühle bei uns auslösen. Wir stehen in jedem Augenblick unserer wachen Existenz unter den Einwirkungen unseres Zwischenhirns und sind ständig in irgendeiner Weise von den dort gespeicherten Programmen auf unsere Umwelt ausgerichtet. Wie bedingungslos das Großhirn dem Zwischenhirn untergeordnet ist, zeigen besonders deutlich Extremsituationen, in denen panikartige Reaktionen völlig ohne verstandesmäßige Einflüsse ablaufen.

Daß auch beim Menschen Körperfunktionen und Verhaltensweisen bis in Einzelheiten den Anforderungen des Überlebens angepaßt sind, wird uns als Betroffenen in der Regel nicht bewußt. Logischerweise fällt es am ehesten dort auf, wo die Lebensumstände gravierend anders geworden sind, ohne daß eine Anpassung in der Kürze der Zeit hätte stattfinden können. Heute sind wir weder den Unbilden der freien Natur ausgesetzt, noch besteht unser soziales Umfeld ausschließlich aus einer überschaubaren Gruppe mehr oder weniger verwandter Artgenossen. Genau das waren aber die kennzeichnenden Bedingungen, die den Menschen geformt haben.

Bei den körperlichen Funktionen treten die bis in unsere tierische Vergangenheit reichenden genetischen Wurzeln besonders offensichtlich zutage, allerdings werden sie als solche kaum identifiziert. Wer kennt nicht den unausweichlichen Drang zur Darmentleerung beim Herannahen einer Streßsituation, doch wem ist dabei klar, daß es sich um ein arterhaltendes Relikt aus vergangener Zeit handelt? Streß hieß Flucht oder Kampf, und in beiden Fällen war es vorteilhaft, wenn man sich vorher des überflüssigen Gewichts entledigen konnte. Und damit sind die Vorbereitungen auf eine unmittelbar bevorstehende Herausforderung noch längst nicht am Ende: Von der Nebenniere produzierte Hormone gelangen in den Blutkreislauf, beschleunigen den Herzschlag und erhöhen den Blutdruck. Zucker- und Fettreserven werden angezapft und aktivieren die Muskeln. Die Hirnanhangdrüse schüttet verschiedene Botenstoffe aus, weitere Hormone werden abgerufen. Verdauungsprozesse, Sexualfunktionen und die Immunabwehr werden ausgeschaltet, so daß alle Energie ungeteilt auf die Begegnung mit der Gefahr gerichtet ist. Um den Körper vermehrt mit Sauerstoff zu versorgen und den Verbrennungsrückstand Kohlenstoffdioxid besser abzuführen, überschwemmen rote Blutzellen die Arterien. Körpereigene Drogenstoffe setzen die Schmerzempfindung herab, und Blutgerinnungsfaktoren steigen schlagartig an, damit sich bei eventuellen Verletzungen die Wunden rascher schließen.

Noch heute bereitet sich unser Körper in gleicher Weise auf nahenden Streß vor, wie es schon bei unseren tierischen Vorfahren vor Millionen Jahren abgelaufen ist, nur können wir durch Flucht den drohenden Situationen kaum noch entgehen, und auch Kampf ist heute selten ein geeignetes Mittel der Konfliktbewältigung. Eine Prüfung, ein zu haltener Vortrag oder ein Auftritt im Fernsehen setzen bei uns die gleichen Funktionen in Gang, wie sie bei einem Steinzeitmenschen eine bevorstehende Jagd oder ein bedrohliches Knacken im nahen Unterholz ausgelöst hätten, mit dem Unterschied, daß diese Funktionen heutzutage eher unangebracht sind, genauso zwecklos wie bei den sensiblen Schweinen, wenn sie, das nahende Unheil ahnend, dem Schlachthof zugeführt werden.

Immerhin setzen die vom Körper produzierten Aufputschmittel gleichzeitig das Gehirn in äußerste Alarmbereitschaft, was für eine abverlangte Geistesleistung durchaus förderlich ist, vorausgesetzt, es tritt nicht genau das Gegenteil ein: die totale Denkblockade. Nicht anders als die aufgezählten Körperreaktionen ist auch das sich in unvermittelt auftretenden Streßsituationen einstellende Abschalten der im Großhirn ablaufenden Denkprozesse ein Resultat der Anpassung. In gefährlichen Situationen, in denen es auf eine spontane Reaktion ankam, um der Bedrohung zu entkommen, war es nicht ratsam, durch

Abwägen verschiedener Möglichkeiten Zeit zu verlieren. In den überwiegenden Fällen sicherte die augenblickliche Flucht, so wie es tierischem Verhalten entspricht, das Überleben. Stellen Sie sich vor, ein von einem Fuchs gejagter Hase würde darüber ins Grübeln geraten, ob er nicht vielleicht von dem saftigen Grün probieren sollte, an dem er auf seiner Flucht vorbeikommt. Er hätte wohl keine Gelegenheit mehr, seine für diese Unentschlossenheit verantwortlichen Gene weiterzuvererben. Auch in dieser Hinsicht haben sich die Bedingungen für uns entscheidend verändert. Denkblockaden sind heute in der Regel alles andere als sinnvolle Reaktionen, um Streßsituationen zu meistern.

Soziale Hemmungen dienen der Arterhaltung

Von großer Bedeutung für die Existenz sozialer Gruppen sind Verhaltensweisen, die wir, wenn sie von Menschen ausgeführt werden, auch als *moralisch* bezeichnen. Soziale Handlungen, die ein enges Zusammenleben von artgleichen Lebewesen erst möglich machen. Ein anschauliches Beispiel für ihre arterhaltende Funktion sind die angeborenen Hemmungen, mit denen innerartliche Aggressionstriebe unterdrückt werden.

Alle wehrhaften sozialen Lebewesen, insbesondere die zum Töten von Beutetieren befähigten Raubtiere, verfügen über solche Hemmungen, die ein Töten von Artgenossen so weitgehend verhindern, daß es zu keiner ernstlichen Gefährdung der Art kommt. Das entspricht einfachster Logik, denn es ist die Voraussetzung für das Bestehen der Art.

Ein Wolf könnte ohne weiteres einem neben ihm stehenden Artgenossen plötzlich durch einen einzigen Biß die Halsvenen aufreißen, ein Kolkrabe dem anderen mit einem einzigen Schnabelstoß ein Auge aushacken. Die Hemmung, dies zu tun, wirkt sehr zuverlässig. Wie Konrad Lorenz berichtete, hackt ein

Kolkrabe einem Artgenossen oder einem befreundeten Menschen nicht nur nicht ins Auge, sondern er vermeidet es geflissentlich, diesem verletzlichen Organ mit dem Schnabel irgendwie nahe zu kommen. Nähert man sein Auge der Schnabelspitze eines zahmen Raben, der vor einem sitzt, so nimmt er mit einer geradezu ängstlichen Bewegung den Schnabel weg. Die im Volksmund verwendete Redensart: »Eine Krähe hackt der anderen kein Auge aus« ist auch im wörtlichen Sinn absolut zutreffend.

Ebenso verläßlich sind die Hemmungen des Rüden, eine Hündin oder ein Jungtier seiner Art zu beißen. Bei überzüchteten Rassen treten allerdings nicht selten Ausfallmutanten dieser Hemmungen auf. Vorsicht bei Rüden, die Hündinnen oder Junghunde ernstlich beißen! Ihre gestörten sozialen Hemmungen sind nicht nur eine Gefahr für den eigenen Herrn, sondern vor allem für Kinder. Diese Feststellung trifft ohne Einschränkungen sinngemäß auch auf uns Männer zu.

Bei einzeln lebenden Raubtieren, wie etwa Eisbär und Jaguar, sind diese Hemmungen kaum vorhanden, was bei zwangsweisem Zusammenleben in Gefangenschaft nicht selten dazu führt, daß sie sich gegenseitig verletzen oder gar töten. Ihre innerartlichen Aggressionen werden nur kurzzeitig bei der Paarung durch den Sexualtrieb überdeckt.

Wichtig und interessant sind die Auslöser, die diese Hemmungen sozialer Lebewesen in Gang setzen. Heinroth bezeichnete sie als *Demutsstellungen.* Bleiben wir beim Hund. Vielleicht haben Sie schon einmal beobachtet, wie ein angegriffener und sich unterlegen fühlender Hund ganz plötzlich mitten im Kampfgetümmel regungslos stehenbleibt und den Kopf in eigentümlich steifer Haltung vom Gegner abwendet, so daß die verletzlichste Stelle seines Körpers, nämlich die vorgewölbte Seite seines Halses, dem Gegner schutzlos dargeboten ist, gerade die Stelle also, in die Hunde beim Kampf einander zu beißen versuchen. Der überlegene Hund *kann* nun merkwürdigerweise – oder vielleicht sollte man sagen, sinnvollerweise – nicht zubeißen. Man hat den Eindruck, als halte eine unsichtbare Macht den Angreifer zurück. Daß in ihm ein wirklicher Konflikt zwischen Aggressionstrieb und Hemmung vorhanden ist, zeigt sich manchmal ganz eindeutig, wenn er mit geschlossenem Fang, dicht am Hals des sich Ergebenden, die Bewegung des Totschüttelns quasi im Leerlauf ausführt und durch diese Befriedigungshandlung den Angriff abschließt.

Das Schlimmste, was einem Hund passieren kann, ist, daß er im Kampf auf den Rücken fällt. Dementsprechend werfen sich junge Hunde, die einen erwachsenen Artgenossen fürchten, vor diesem von vornherein auf den Rücken und *ergeben* sich.

Die gleiche Beziehung zwischen hemmungsauslösender Demutsstellung und arttypischer Angriffsweise läßt sich bei vielen sozialen Vögeln finden. Die Tötungsmethode dieser Tiere besteht üblicherweise im Hacken auf den Hinterkopf des Gegners, folglich halten sie, wenn sie in Demutshaltung gehen, dem zu besänftigenden Artgenossen den Hinterkopf hin.

Natürlich reagieren nur eigene Artgenossen auf den entsprechenden Hemmungsauslöser. Ein Pfau versteht die Demutsgeste des nahe verwandten Puters nicht, der sich vor seinem Gegner lang hingestreckt auf den Boden legt. Diese Stellung, die eine Auseinandersetzung zweier Puter sofort unblutig beenden würde, wird dem Puter im Kampf mit einem Pfau zum Verderben. Unverstanden verharrt er in der ihm angeborenen, Ergeben bezeugenden Haltung und läßt sich widerstandslos tothacken.

Erzeugung von Reizen, Aggressions- und Sexualtrieb, soziale Verteidigung

Es ist ganz offensichtlich, daß auf dem Gebiet der Sexualität die weitreichendsten Parallelen zwischen menschlichem und tierischem Verhalten zu finden sind. Gerade im Bereich des Geschlechtlichen sind beim Menschen viele rein triebhafte Verhaltensweisen erhalten geblieben, eine Tatsache, die in entscheidendem Maße für die brisante Zunahme der Weltbevölkerung verantwortlich ist.

Zu dieser Verhaltenssphäre gehört auch das Imponiergehabe des Menschen, vor allem des Mannes oder des männlichen Jugendlichen, das größte Ähnlichkeit mit tierischem Protzen hat. Dieses auf die Bewunderung des anderen Geschlechtes abzielende Getue tritt besonders auffällig zutage, wenn sich junge Männer körperlich betätigen – sei es auf dem Sportfeld, beim Skilaufen oder im Schwimmbad – und sich von weiblichen Zuschauern beobachtet fühlen. Die für das Imponiergehabe kennzeichnende Kraftvergeudung demonstrieren männliche Jugendliche auch gern durch ein mit hoher Lärmentwicklung verbundenes Gasgeben auf einem Motorrad oder im Auto durch einen von quietschendem Reifengummi begleiteten Autostart. Aber auch selbstkritische Männer im fortgeschrittenen Alter sind nicht davor gefeit, beim Auftauchen einer attraktiven Frau in Balzverhalten zu verfallen, zu dominierend sind die angeborenen Programme.

Von ganz besonderer Bedeutung für das Verstehen tierischen und menschlichen Verhaltens war die Entdeckung, daß die Bereitschaft, eine bestimmte Handlung auszuführen, mit der Zeit wächst und daß sie nach Ausführung der jeweiligen Aktion schlagartig abfällt. Es handelt sich dabei um eine bis dahin völlig unbekannte Leistung des zentralen Nervensystems, nämlich um eine automatisch-rhythmische Erzeugung von Reizen, wie sie zuvor nur von den Reizerzeugungszentren des Herzens bekannt war. Es baut sich zunächst eine für jede Handlungsweise spezifische Erregung auf. Läuft dann, durch einen ebenfalls handlungsspezifischen auslösenden Mechanismus initiiert, die Aktion oder Reaktion ab, wird die angesammelte Erregung *verbraucht*, um danach erneut mehr oder weniger schnell anzusteigen. Mit dem Anwachsen dieser Handlungsbereitschaft nimmt gleichzeitig ein spezifisches Suchverhalten nach einer Reizsituation zu, die die angestrebte Endhandlung auslöst. Bleibt die erstrebte Reizsituation aus, kann es durch Ersatzreize oder spontan zu einer Endhandlung kommen.

Diese Verhaltensintervalle lassen sich besonders gut am Aggressions- und am Sexualtrieb nachvollziehen. Sie alle kennen dieses Entladen aufgestauter Aggressionen, das Ausrasten, wie man es heute nennt. Extreme Formen kann die Anhäufung aggressiver Reaktionen dann annehmen, wenn eine sehr kleine Gruppe längere Zeit isoliert von menschlicher Umgebung ist, so daß die Möglichkeiten, Aggressionen abzubauen, sehr beschränkt sind. Die bei Mitgliedern von Expeditionen oder bei der Besatzung kleiner Schiffe auftretende *Polarkrankheit* ist nichts anderes als eine enorme Schwellenerniedrigung der Verhaltensweise des Wutausbruchs. Selbst bei völliger Einsicht in die eigene Reaktion kann man nicht verhindern, daß ein Hüsteln, eine eigenartige Sprechweise oder etwas anderes Belangloses einen zur Weißglut bringt.

Ähnlich offensichtlich verhält es sich mit dem Sexualtrieb. Besonders witzig hat mir jemand die Lage junger Montageleiter beschrieben, die oft mehrere Monate auf entlegenen Baustellen mit der Installation und Inbetriebnahme von Industrieanlagen zubringen. Er tat es mit den Worten: »Nach vier Wochen Enthaltsamkeit drehen die schon durch, wenn sie nur ein Damenfahrrad sehen.« Und damit traf er genau den Zusammenhang zwischen anwachsendem Trieb und Herabsetzung des auslösenden Reizes.

Eine andere für soziale Gemeinschaften höher entwickelter Lebewesen typische angeborene Reaktionsweise soll wegen ihrer gravierenden Bedeutung menschlichen Zusammenlebens hier besonders herausgestellt werden. Es ist die *soziale Verteidigung*.

Sie wird durch ein sehr einfaches Beziehungsschema ausgelöst und birgt aufgrund der angeborenen rücksichtslosen

Kampfbereitschaft große Gefahren in sich. Die für männliches Verhalten kennzeichnenden Reaktionen gehen mit Bewegungsweisen einher, die mit denen von Schimpansen absolut übereinstimmen. Es sind Momente, in denen der kämpferische Einsatz für die Gemeinschaft gefordert ist, und wie jeder gefühlsstarke Mann aus eigenem Erleben bestätigen kann, mit dem Aufkommen eines *kalten Schauers* verbunden sind.

Konrad Lorenz beschreibt die Reaktion bei Schimpansen folgendermaßen: »Dieses Gefühl wird hervorgerufen durch das Sträuben der Haare auf Nacken, oberen Rückenpartien und – interessanterweise – an der Außenseite der Oberarme. Die mimischen Ausdrucksbewegungen bestehen im Straffen der Körperhaltung, Erheben des Kopfes, Runzeln der Brauen, Herabziehen der Mundwinkel, Vorschieben des Unterkiefers, Nachvorndrücken der Schultern und Innenrotation der Arme im Schultergelenk, so daß deren behaarte Doralseite [Rückseite] nach außen sieht.«[45]

Das Ganze fällt naturgemäß bei einem behaarten Schimpansen viel imposanter aus als beim Menschen, der sein Fell verloren hat.

Demagogen aller Zeiten haben diese bei einer Bedrohung oder auch einer vermeintlichen Bedrohung zutage tretende und in ihrem ursprünglichen arterhaltenden Sinn durchaus wertvolle, dem Gefühl der Begeisterung entsprechende Reaktion zu ihrem Werkzeug gemacht, indem sie durch das Hirngespinst eines fingierten Feindes und einer vorgetäuschten Gefahr die Völker aufeinanderhetzten. Es mag denjenigen, die in jeder biologischen Erklärung für menschliches Verhalten eine ungerechtfertigte Entschuldigung für Untaten sehen, passen oder nicht: Rassismus, Antisemitismus, Ausländerfeindlichkeit, gewalttätige Auseinandersetzungen zwischen Jugendbanden und anderes mehr basieren, verbunden mit dem Aggressionstrieb, auf dem angeborenen Verhalten der sozialen Verteidigung, das dem Menschen zu einer Zeit in die Gene gepflanzt wurde, als das Überleben davon abhing, daß sich jeder für den anderen der Sippe einsetzte, und es vorteilhaft war, alles Fremde als bedrohlich einzustufen. Und nur das Wissen von diesem genetischen Erbe eröffnet wenigstens die Chance, daß der Verstand dazu benutzt wird, gegenzusteuern.

Während diese *soziale* Aggressivität gegenüber Sippenfremden ein überwiegend männliches Merkmal ist, treten bei Frauen Verteidigungsaggressionen eher innerhalb der Gemeinschaft auf, vornehmlich, wenn es um die Interessen des eigenen Nachwuchses geht.

Das Bedürfnis, gebraucht zu werden, und Angst als Überlebenshilfe

Der *soziale Verband* von Individuen, in der Regel in Form von Familien, ist eines der Erfolgsrezepte der Evolution, die längst vor dem Menschen erfunden wurden. Wesentliche Kennzeichen dieser biologischen Spielart sind die Aufgabenteilung, die gemeinsame Bewältigung von Problemen und die Weitergabe von Erfahrungen an die nächste Generation. Die natürliche Auslese wirkt dabei weniger auf jeden einzelnen als vielmehr auf die gesamte Gruppe. Um erfolgreich zu sein, müssen individuelle Interessen gegenüber denen der Gemeinschaft zurückgestellt werden, Voraussetzung dafür sind enge emotionale Bindungen zwischen den Mitgliedern. Das Individuum ist zum Teil eines Ganzen geworden, allein auf sich gestellt auf die Dauer nicht mehr existenzfähig. Und so unmoralisch es sich für unser menschliches Empfinden auch anhören mag: Nur wer zum Erfolg der sozialen Gemeinschaft in irgendeiner Form beiträgt, ist im Sinne der Evolution nützlich.

Ob Sie nun diese Feststellung als barbarisch, unchristlich, faschistisch oder wie auch immer bezeichnen – es geht hier dessenungeachtet um einen ganz besonderen Aspekt der menschlichen Wesensart. Jedes biologische System, sei es eine Zelle, ein Individuum oder eine Gemeinschaft von Individuen, besteht nur, solange es sich aktiv gegenüber der Umwelt behauptet, und wie wir wiederholt festgestellt haben, belohnt die Evolution nichts, was für das Überleben nutzlos ist. Diese banale Analyse biologischer Gesetzmäßigkeit gibt die Erklärung für einen Sachverhalt, der im Prinzip jedem aus eigener Erfahrung geläufig ist, der jedoch in seiner Bedeutung in tragischer Weise allgemein unterschätzt wird.

Die Rede ist von dem jedem sozialen Lebewesen angeborenen Verlangen, zum Erfolg der Gemeinschaft beizutragen, dem Motor für jegliche Aktivität, bis hin zu den unbemerkt ablaufenden körpereigenen Abwehrmechanismen. Die Befriedigung dieses Bedürfnisses stellt sich mit dem Gefühl ein, *gebraucht zu werden, ein bedeutender Teil des Ganzen zu sein.* Wer seine Mitmenschen unter diesem Gesichtpunkt beobachtet, wird feststellen, daß das menschliche Gehabe und Gerede ganz beträchtlich, wenn nicht sogar ausschließlich, von dem unterschwelligen Bemühen beherrscht wird, *sich hervorzutun.* Alle zwischenmenschlichen Intrigen zielen darauf ab, den eigenen Status zu verbessern und, wenn es möglich ist, das Ansehen der anderen, sofern es nicht die Träger der eigenen Gene sind, mieszumachen.

Der Sinn des Lebens überhaupt definiert sich für die meisten Menschen darin, Bedeutung zu erringen, egal ob im Beruf, im sportlichen Wettkampf, auf der Bühne oder wenigstens durch eine Leistung, die einen Eintrag ins Guinnessbuch der Rekorde einbringt, sei es auch nur im Kirschkernweitspucken. Und ich hege den dringenden Verdacht, daß das Bestreben nach Anerkennung auch mich beflügelt, dieses Buch zu schreiben.

Viele psychische Störungen, wie Depressionen, oder körperliche Erkrankungen, beispielsweise bestimmte Formen von Krebs, basieren nicht zuletzt auf der Nichterfüllung des genetisch fixierten Wunsches, *nützlich zu sein, wichtig genommen zu werden.* Ein weites Feld, das weder von der Medizin noch von der Psychologie und schon gar nicht von der politischen Gesellschaft in seiner ganzen Tragweite wahrgenommen wird.

Dieses Dilemma tritt in besonders eklatanter Weise in der Arbeitswelt zutage. Obwohl das Interesse der Arbeitgeber an einer hohen Produktivität ihrer Mitarbeiter und die Wünsche der Arbeitnehmer nach einer mit Befriedigung erfüllten Tätigkeit in absolutem Einklang stehen, wird den Möglichkeiten, beides unter einen Hut zu bringen, immer noch wenig Aufmerksamkeit geschenkt. Schuld daran ist die im Hinblick auf den Umgang mit Menschen allgemein fehlende Ausbildung derer, die Vorgesetztenfunktionen ausüben, so daß verstandesmäßige Einsichten zu einer Änderung kaum eine Chance haben, dafür aber angeborenes Imponiergehabe und die Neigung zur Unterdrückung vermeintlicher Konkurrenz dominieren.

Die Beseitigung dieser weitverbreiteten Beschränktheit ist eine ganz wesentliche Aufgabe unserer Gesellschaft, hängt doch das Überleben unseres Sozialstaates künftig immer mehr von der Kreativität seiner Menschen ab. Ein riesiges Potential an menschlicher Leistungsfähigkeit liegt brach, weil einem Großteil der in unselbständiger Arbeit stehenden Menschen ihr angeborenes Verlangen nach Annerkennung nicht befriedigt wird.

Besonders schlimm trifft es diejenigen, die durch den für alle sichtbaren Umstand, arbeitslos zu sein, noch massiver unter den psychischen Druck geraten, ihre Stellung in der Gemeinschaft zu behaupten. Das gilt vor allem für Jugendliche, die sich diesen Platz in der Erwachsenenwelt erst erobern müssen. Es ist dies ein Feld, auf dem unsere sogenannte soziale Gesellschaft kläglich versagt.

Ein anderer Bereich der tierischen und menschlichen Gefühlspalette sind *Ängste*, die uns veranlassen, Gefahren aus dem Weg zu gehen oder den Anforderungen des Überlebens aktiv zu begegnen. Auch sie sind Wahrnehmungen angeborener Reaktionen, ein bedeutender Teil der Psyche und maßgeblich am Erfolg unseres Daseins beteiligt. Es gäbe uns nicht, hätte nicht die in bedrohlichen Situationen aufkommende Todesangst auf unsere Vorfahren den psychischen Druck ausgeübt, lebenserhaltend zu reagieren. Sie ist, wie alle anderen Ängste, Teil des Überlebenskonzeptes, und was die Intensität des Empfindens betrifft, gibt es bei Todesangst gegenüber unseren nahen tierischen Verwandten mit Sicherheit keinen Unterschied.

Eine speziell menschliche Dimension der Angst vor dem Tod ergibt sich aus unserer Befähigung, vorauszuschauen, den Tod schon längst, bevor er eintritt, als etwas Unausweichliches zu erkennen. Dieser Blick in die Zukunft, der uns in aller Deutlichkeit vor Augen führt, daß unser Ableben nicht zu umgehen ist und uns in endgültiger Weise daran hindern wird, weiterhin dazusein, dabeizusein, ist von einem eindringlichen und äußerst unbehaglichen Gefühl begleitet. Ein Gefühl, das annähernd vergleichbar ist mit dem Empfinden, welches sich beim Verlassen einer Geborgenheit vermittelnden, gemütlichen Runde mit Freunden einstellt.

Eine andere rein menschliche Komponente dieser Angst ist die bange Frage, was uns nach dem Tod erwartet. Eine Antwort darauf zu finden, ist fundamentales Thema aller Religionen, und Kirchen und Sekten haben die Furcht vor einer ewigen Bestrafung nach dem Tod stets geschürt und als Mittel für eigene Zwecke mißbraucht.

Folgen von Domestikation und Neotenie

Wir müssen auf zwei Entwicklungstendenzen im menschlichen Werdegang, die bereits im vorangegangenen Kapitel angesprochen wurden, noch einmal zurückkommen, da sie das Verhaltensbild des Menschen stark beeinflußt haben. Es sind dies: Domestikation und Neotenie.

Als auffällige Begleiterscheinung der Umzüchtung von Wildformen in Haustiere ist die Vergröberung der auslösenden

Merkmale festzustellen. Was damit gemeint ist, läßt sich beispielsweise an den zu beobachtenden domestikationsbedingten Veränderungen bei Vögeln deutlich machen.

Während das Bankivahuhn, die Stammform unseres Haushuhnes, mit seinen Brutpflegereaktionen ausschließlich auf Küken anspricht, deren Gefieder die für die Wildform kennzeichnende Zeichnungsweise auf Kopf und Rücken aufweisen, und jedes andersfarbige Hühnchen tötet, sehen die umgezüchteten Haushühner das nicht so eng und nehmen auch Enten- oder Gänseküken an. Wo bei Graugänsen eine Unzahl von Bedingungen erfüllt sein müssen, damit sich ihr hochdifferenziertes Geschlechts- und Familienleben entwickelt, genügt beim Haustier ein längeres Zusammensperren zweier ungleichgeschlechtlicher Exemplare, um einen Zuchterfolg zu erzielen.

Auch der Mensch ist da nicht so zimperlich. Würden Menschen ihre Sexualpartner nach gleich strengen Kriterien auswählen wie Wildtiere, käme es zu keinen geschlechtlichen Beziehungen zwischen Schwarzhäutigen und Weißhäutigen oder zwischen Blonden und Schwarzhaarigen. Ein Umstand, der wohl zu bedauern wäre. Es gäbe aber auch nicht die perversen sexuellen Entgleisungen, denen in besonders schlimmer Weise so viele Kinder zum Opfer fallen.

Eine andere bei Haustieren erkennbare Erscheinung ist die quantitativ übermäßige Zunahme entwicklungsgeschichtlich älterer Verhaltensweisen, vor allem die des Fressens und der Begattung, bei gleichzeitigem Schwinden jüngerer, feiner differenzierter Handlungen, vor allem die des Familienzusammenhaltes, wie der Brutpflege und Verteidigung, überhaupt aller sozialen Reaktionen.

Damit besteht der wohl begründete Verdacht, daß bestimmte Verfallserscheinungen des menschlichen Verhaltens, die so weitgehende Parallelen zu domestikationsbedingten Verhaltensänderungen vieler Haustiere zeigen, ebenfalls eine genetische Basis haben.

Doch diese eher negative Feststellung ist nur die halbe Wahrheit. Schon C. O. Whitman, einer der ersten Pioniere der vergleichenden Verhaltensforschung, hatte erkannt, daß Ausfälle von Instinkten bei Haustieren keineswegs einen Rückschritt in der geistigen Entwicklung bedeuten. An einer Reihe von Beobachtungsbeispielen zeigte Whitman, daß domestizierte Tiere sehr häufig imstande sind, Probleme zu lösen, vor denen die zugehörige Wildform versagt, und zwar ausschließlich deshalb, weil sie im Gegensatz zu der an feste Geleise gefesselten undomestizierten Form aufgrund der domestikationsbedingten Instinktausfälle neue Freiheitsgrade erwarben. Ganz sicher ist das Schwinden oder die Vergröberung bestimmter angeborener Auslösemechanismen die unbedingte Voraussetzung für die Offenheit des Menschen.

Und hier kommt nun die Neotenie ins Spiel. Sie ist mit hoher Wahrscheinlichkeit eine Folge der Domestikation, wenn auch beim Menschen noch andere Ursachen eine Rolle gespielt haben müssen, wie wir bei der Beleuchtung des menschlichen Werdegangs gesehen haben. Allgemein gilt, daß die Verjugendlichung nicht nur mit den besprochenen Veränderungen körperlicher Merkmale einhergeht, sondern daß sie gleichfalls Abwandlungen des Verhaltens mit sich bringt. Dazu folgendes Beispiel: Zieht man einen jungen Wolf, Schakal oder Dingo von frühester Jugend wie einen Haushund im Kreise der menschlichen Familie auf, so verhält er sich zunächst durchaus wie ein Haushund, das heißt, er überträgt die jugendliche Anhänglichkeit, die er im Freileben seiner Mutter und später dem Leittier des Rudels gegenüber gezeigt hätte, ohne weiteres auf bestimmte Menschen. Während der Haushund diese ihrem Wesen nach kindlichen Bindungen sein Leben lang beibehält, zeigen Exemplare der genannten Wildformen, vornehmlich die Rüden, sobald sie völlig erwachsen sind, eine deutliche Neigung, sich unabhängig zu machen oder selbst den Rang des Leittieres zu beanspruchen. Sie werden dann dem bisherigen Herrn gegenüber aufsässig, versuchen ihn einzuschüchtern und ihn sich rangmäßig unterzuordnen.

Die Herrentreue des erwachsenen Haushundes ist zweifellos, wie die aktiv forschende Weltoffenheit des Menschen, eine Folge andauernder Jugendmerkmale.

Tiere mit weitgehenden Spezialanpassungen der körperlichen Organe und des angeborenen Verhaltens an die Umgebung werden von den ererbten arteigenen Fähigkeiten beherrscht, während die neugierigen »Nichtspezialisten« durch ihre Fähigkeit zur Eigendressur sich aktiv der Umgebung, in die sie hineingeboren werden, anpassen können. Der Mensch ist wie einige andere höherentwickelte Lebewesen ein Nichtspezialist. Ihnen allen ist neben der Vielseitigkeit körperlicher Eigenschaften ein ausgesprochenes Neugierverhalten und eine weitreichende Lernfähigkeit eigen. Was den Menschen hervorhebt ist, daß er dank ausgeprägter Neotenie im Gegensatz zu allen anderen Lebewesen seine Neugier und sein Lernvermögen auch als Erwachsener beibehält.

Kolkraben oder Ratten zeigen in ihrer Jugend ein großes Interesse für alles Neue. Im Alter jedoch sind die erlernten Verhaltensweisen nahezu so starr wie angeborene. Bringt man alte Raben in der Gefangenschaft gewaltsam in eine neue Umgebung, so verhalten sie sich ähnlich orientierungslos wie altersblödsinnige Menschen, die sich in der gewohnten Umgebung scheinbar völlig einsichtig benehmen, zur Umstellung auf eine neue Umgebung aber absolut unfähig sind und sich als irre erweisen.

Natürlich ist das menschliche Verhalten durch die Überlappungen und Verknüpfungen verschiedener Verhaltensweisen komplizierter, als die hier präsentierte isolierte Betrachtung einzelner Aktions- und Reaktionsnormen möglicherweise glauben läßt, aber es ist bei weitem nicht so diffus, so ungeordnet wie die teilweise akrobatischen Denkmodelle mancher Psychologen vermuten lassen. Das menschliche Verhalten ist kein Gemisch von allem, sondern durchaus strukturiert. Wesentliches wird allein dadurch verständlich, daß man sich die Bedingungen vor Augen führt, die im Rahmen der biologischen Evolution unser Wesen geformt haben.

Beherrscher der Außenwelt, aber Versager im innerartlichen Zusammenleben

Lassen Sie mich noch einmal den vielleicht schwerwiegendsten Befund unserer Betrachtung über das Wesen des Menschen in Form einer Antwort formulieren, und zwar als Antwort auf die Frage, die sich bei jeder Diskussion über menschliches Verhalten unweigerlich aufdrängt: Wie konnte der Mensch so etwas Phantastisches wie die Landung auf dem Mond zustande bringen, wo er doch nicht einmal in der Lage ist, das Zusammenleben seiner Art auf diesem Planeten auch nur einigermaßen vernünftig zu regeln? Wie ist das krasse Mißverhältnis zu erklären, das zwischen den ungeheuren Erfolgen in der Beherrschung der Außenwelt und der niederschmetternden Unfähigkeit, die innerartlichen Probleme zu lösen, besteht? Sie kennen die Antwort: Die innerartliche Verständigung wird eben nicht durch die verstandesmäßige Vernunft beherrscht, sondern es dominieren angeborene Verhaltensmuster, Programme, die auf die Strukturen der heutigen Großgemeinschaften zum Teil nicht mehr passen, und, was noch schlimmer ist, diese Programme gängeln unseren Verstand, indem sie ihn zum Erfüllungsgehilfen bei der Durchsetzung ihrer eigenen Pläne machen. Das besonders Tragische ist, daß selbst die angeborenen Hemmungen, einen sich ergebenden Artgenossen zu töten, durch die Entwicklung von aus der Ferne mordenden Waffen außer Kraft gesetzt sind. Keine angstvoll blickenden Augen veranlassen den Sieger, sein Opfer zu verschonen. Ein Knopfdruck genügt zum Töten, das unmittelbare Resultat der Tat bleibt verborgen und belastet kaum das Gewissen.

Wird das verstandesmäßige Leistungsvermögen dagegen außerhalb der genetischen Abhängigkeit auf ein allgemeines Problem angesetzt, so ist der Mensch unter Zuhilfenahme des von den vorangegangenen Generationen zusammengetragenen Wissens tatsächlich zu Erstaunlichem fähig. Wo liegt das Geheimnis? Der menschliche Verstand beruht auf einer Begabung, die sich als Folge der außerordentlichen Zunahme des Gehirnvolumens eingestellt hat. Die Rede ist von der Befähigung, die von unseren vormenschlichen Ahnen geerbte Raumwahrnehmung *zu vergeistigen*. Das soll heißen, daß wir in der Lage sind, gleichsam wie auf einer geistigen Bühne, die Konsequenzen einer Handlung im vorhinein gedanklich durchzuspielen, um dann zu entscheiden, welche Aktion zum Erreichen des angestrebten Zieles die zweckmäßigste ist. Inwieweit die Ausführung der Tat dann zu dem gleichen Ergebnis führt wie der geistig vorweggenommene Ablauf, hängt im wesentlichen von dem Repertoire der im Gehirn gespeicherten Erfahrungen ab, die zur Bewertung herangezogen werden können.

Die Befähigung, sein Handeln zu planen, sich sozusagen die dritte Zeitdimension *Zukunft* zu erschließen und sich auf der geistigen Bühne selbst wahrzunehmen, *sich seiner selbst bewußt zu werden*, war die Basis für den ungeheuerlichen Ausbreitungserfolg der menschlichen Art. Eine Leistung, die möglicherweise bei unserer Primatenverwandtschaft und bei den ins Wasser zurückgekehrten Säugern, den Walen und Delphinen, ansatzweise ebenfalls vorhanden ist, die in ihrer Ausgeprägtheit den Menschen jedoch in entscheidender Weise von allen anderen Lebewesen abhebt.

Der moderne Mensch ist ein Wesen, das sich, gemessen an stammesgeschichtlichen Zeitmaßstäben, innerhalb eines außergewöhnlich kurzen Zeitraums seinem natürlichen Lebensraum selbst entzogen und in eine neue Umgebung gebracht hat. Die emporblühende Kultur hat die gesamte Ökologie und Soziologie unserer Art so weit verändert, daß eine Reihe älterer, noch für den frühen Steinzeitmenschen sinnvoller angeborener Verhaltensmuster nicht nur funktionlos, sondern teilweise in höchstem Maße störend geworden sind. Das gilt vor allem für den Aggressionstrieb und das soziale Verteidigungsverhalten.

Unser biologisches Erbe ist an die soziale Gemeinschaft einer überschaubaren Gruppe angepaßt, und es bedarf einer höheren Instanz, um das Zusammenleben größerer Gemeinschaften auf ein moralisches Fundament zu stellen. Diejenigen unter den zehn Geboten, die sich auf das Verhalten zum Mitmenschen beziehen, befolgen wir meist ohne weiteres aus natürlicher, das heißt angeborener Neigung und ohne verstandesmäßiges Dazutun, aber nur solange *der Nächste* unser persönlich bekannter Angehöriger oder Freund und Genosse ist. Diese genetische Ausrüstung an Moral reicht nicht aus für das Zusammenleben in einer anonymen Gesellschaft, und auch die von Menschen konstruierten Gesetze sind nur ein klägliches, wenn auch unverzichtbares Bemühen, die Prinzipien des Anstandes festzuhalten. Deshalb hat Religion auch heute noch eine nicht zu unterschätzende Bedeutung für die Bewahrung von Moral und sittlichen Werten. Daran ändert auch die Tatsache nichts, daß diejenigen, die vorgeben, diese Religion vorzuleben, nicht anders als andere Menschen sind, mit den gleichen Mängeln behaftet und mit dem gleichen genetischen Erbe belastet. Dennoch leisten viele von ihnen wertvolle Arbeit. Die religiösen Überlieferungen zeugen von einer ganz erstaunlichen Menschenkenntnis, und kirchliche Tradition ist ein bedeutender Bestandteil gemeinschaftlichen Zusammenlebens.

Doch das Festhalten an längst überholten Klischees und naiven Weltbildern ist der falsche Weg. Mir hat einmal jemand, der dafür bekannt war, sich für jedermann verständlich auszudrücken, zum Thema Kirche gesagt: »Was soll ich in der Kirche? Mir von einem alten Mann erzählen lassen, der ständig beleidigt ist, weil ich nicht richtig an ihn glaube? Das ist doch Kinderkram.« Wenn die christlichen Kirchen es nicht verstehen, sich von diesem »Kinderkram« zu lösen und sich nicht weiterentwickeln, werden sie immer mehr an Boden verlieren und ein Vakuum hinterlassen, das andere, von denen nichts Gutes zu erwarten ist, versuchen werden auszufüllen.

»Wir müssen aus der Geschichte lernen!« ist eine geläufige Mahnung, die offizielle Redner auf feierlichen Veranstaltungen ihren Zuhörern mit auf den Weg geben. Doch so gut dieser Rat gemeint ist, er wird, wie die meisten gutgemeinten Ratschläge, nicht verwirklicht. Woran liegt das? Aus der Geschichte etwas lernen zu wollen, ist gleichermaßen möglich wie unmöglich. Ob es mehr das eine oder mehr das andere ist, hängt davon ab, was man unter *Geschichte* versteht. In aller Regel haben Historiker dabei wohl den Ablauf des menschlichen Miteinanders während der letzten zwei oder drei Generationen im Auge, aber selbst wenn es einige Jahrhunderte sind, ist das keine Basis, um Erkenntnisse zu gewinnen, die der Menschheit insgesamt eine Minderung des Leids bescheren können.

Geschichte wird von Menschen gemacht, und nur wer sich mit der *Geschichte des menschlichen Werdens* auseinandersetzt und die *Natur des Menschen* zum Ausgangspunkt seiner Überlegungen macht, kann dazu beitragen, etwas Positives zu bewirken. Ungeachtet, ob es solche Bemühungen geben wird oder nicht: Die biologische Evolution geht weiter, mit oder ohne unsere Mitwirkung.

Zweifellos ist der menschliche Verstand ein bewundernswertes Produkt des Evolutionprozesses, und man kann darüber streiten, was mehr zu bewundern ist, die Genialität eines Aristoteles oder eines Galileo Galilei, die eines Beethoven oder die eines Einstein. Oder ist es gar nicht der Verstand, den es zu bewundern gilt? Ist es vielleicht die bemerkenswertere Leistung der Evolution, wenn angesichts eines von Menschen gequälten Tieres sich jemand schämt, ein Mensch zu sein?

Wir müssen wohl beides nutzen, unsere Intelligenz und unser moralisches Gewissen, um unserer Schöpfung einen Sinn zu geben. Sie fragen welchen? »Jeder ist ein Wurf der Natur nach dem Menschen hin«, wie Hermann Hesse es formuliert hat. Ist nicht *das Bestreben, der Vision eines vom verantwortlichen Geist beherrschten Menschen näherzukommen*, ein angemessenes Lebensziel, das dem hohen Anspruch, die *Krone der Schöpfung* zu sein, entspricht?

Eine Klarstellung als Nachwort

Sie werden sich vielleicht fragen, was einen Techniker veranlaßt, ein Buch über die biologische Evolution zu schreiben, und vor allem, wie er dazu kommt, die Kompetenz dafür in Anspruch zu nehmen.

Was den ersten Teil der Frage betrifft, so sind mehrere sich gegenseitig verstärkende Ursachen zu nennen: Eine vom Landleben geprägte Jugend, die Neigung, Dingen auf den Grund zu gehen und nicht zuletzt der Zorn darüber, daß die uns alle betreffende biologische Wirklichkeit so wenig wahrgenommen wird.

Im Hinblick auf den zweiten Teil der Frage scheint es mir geradezu eine gute Voraussetzung für ein Mindestmaß an Objektivität zu sein, wenn man nicht durch ein Studium einer das Thema tangierenden Disziplin im Netz angeborener Eitelkeit verstrickt ist. Mein Eindruck ist, daß die auf einen beschränkten Bereich fixierten Fachleute oft den Blick für die Wertigkeit von Teilaspekten verlieren.

Insofern birgt der Umgang mit Technik, in der Art, wie ich ihn während meines beruflichen Werdegangs hatte, eher Vorteile. Häufige Aufgabe im Rahmen meiner Aktivitäten war es, komplizierte oder vermeintlich komplizierte Sachverhalte für Geldgeber, Vertreter von Genehmigungsbehörden oder innerbetriebliche Entscheidungsträger auf einen allgemeinverständlichen Nenner zu bringen und zu bewerten, ohne Wesentliches zu verfälschen. Das setzt eine intensive Beschäftigung mit der Materie voraus, intensiv genug, um ein Gespür dafür zu entwickeln, welche der von Spezialisten bereitgestellten Informationen plausibel sind und welche nicht.

Seien Sie versichert, daß die Ihnen hier von einem Nichtbiologen präsentierte Beschreibung unserer biologischen Geschichte eine kompetente, dem heutigen Wissen entsprechende Darstellung ist.

Ich möchte mich zum Schluß bei denjenigen bedanken, die mich bei dieser Arbeit unterstützt und durch ihre Anteilnahme motiviert haben. Besonderer Dank gilt meiner Familie, meiner Frau Christa für Ihren Eifer bei der Beschaffung von Literatur sowie meinen Töchtern Melanie und Sabine für ihr anspornendes Interesse.

Ich bedanke mich auch bei Marcus Haack, der mir mit seiner positiven Beurteilung Mut zum Weitermachen gemacht hat.

Nicht zuletzt danke ich meinem Verlag für die förderliche Kritik und die kreative Zusammenarbeit.

Zeitlicher Ablauf der biologischen Evolution, projiziert auf ein heutiges Kalenderjahr (Zeitangaben in Millionen Jahren)

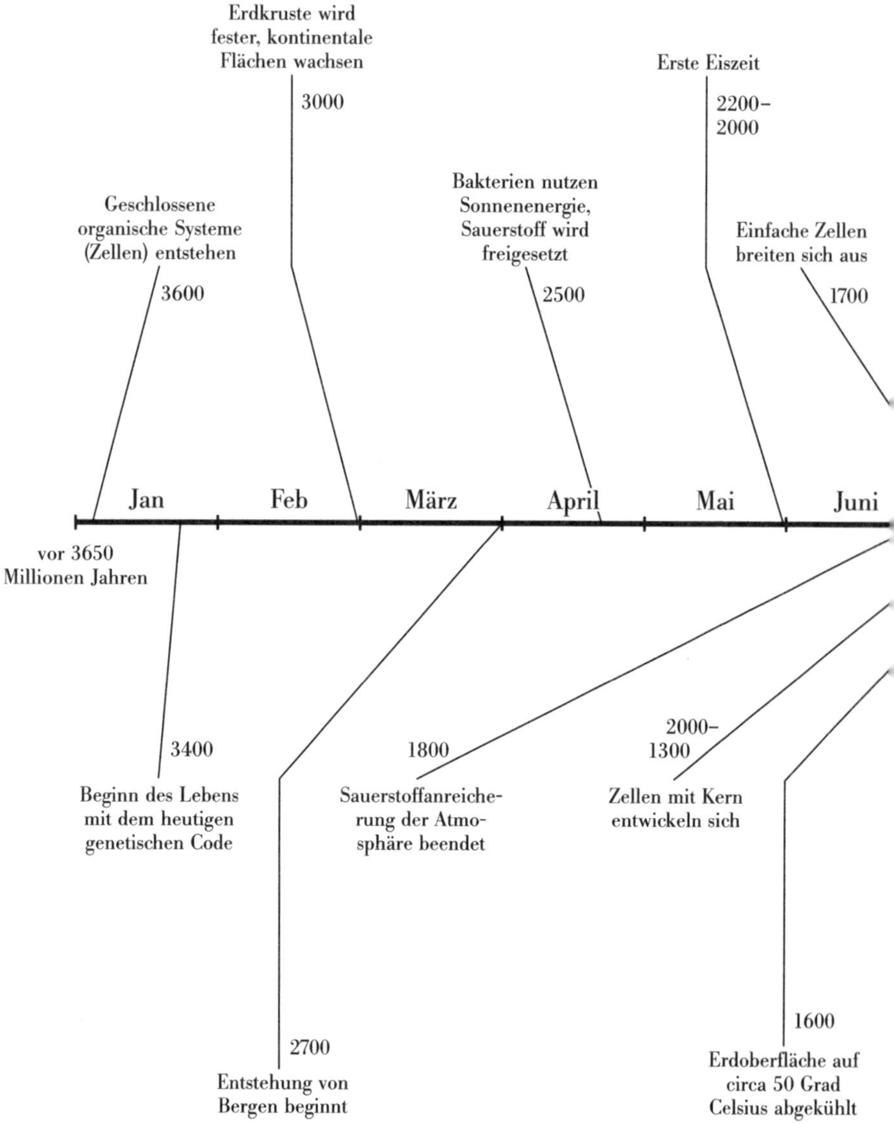

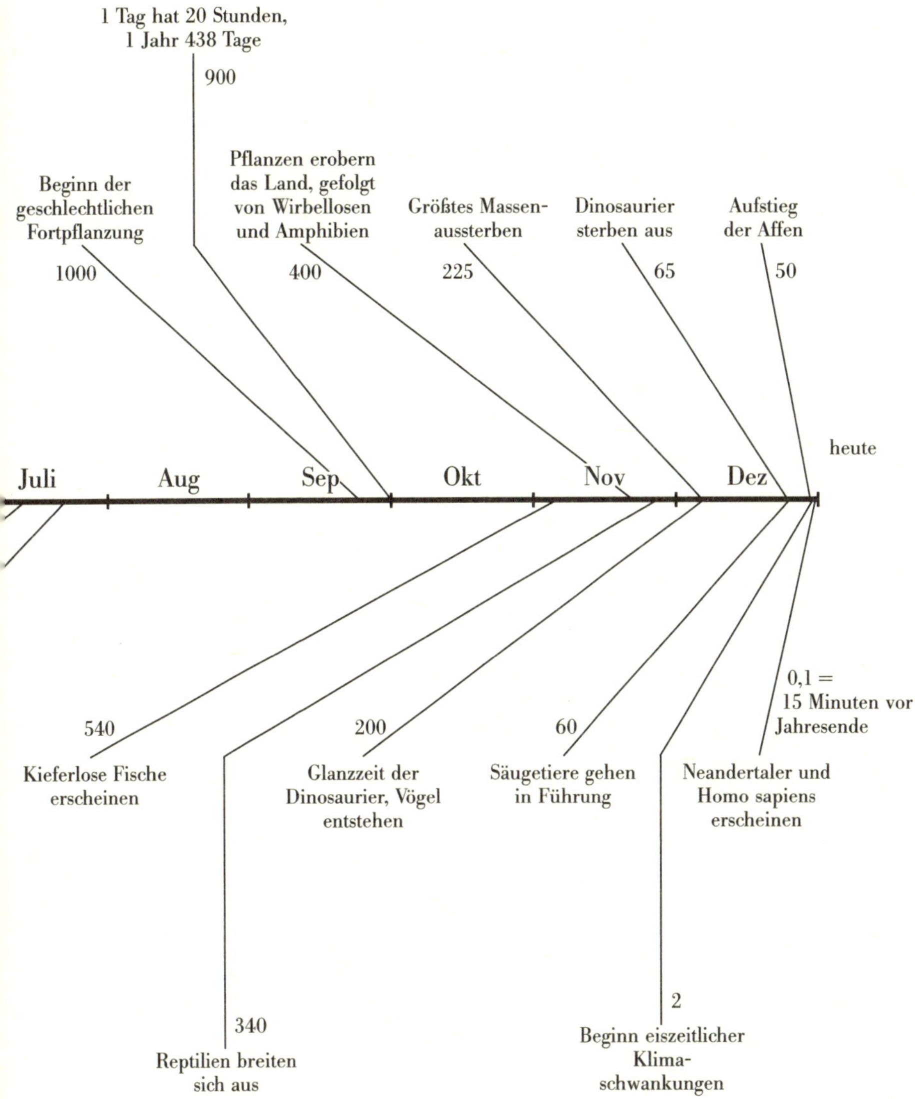
1 Tag hat 20 Stunden,
1 Jahr 438 Tage
900
Beginn der
geschlechtlichen
Fortpflanzung
1000
Pflanzen erobern
das Land, gefolgt
von Wirbellosen
und Amphibien
400
Größtes Massen-
aussterben
225
Dinosaurier
sterben aus
65
Aufstieg
der Affen
50
heute
Juli
Aug
Sep
Okt
Nov
Dez
540
Kieferlose Fische
erscheinen
340
Reptilien breiten
sich aus
200
Glanzzeit der
Dinosaurier, Vögel
entstehen
60
Säugetiere gehen
in Führung
2
Beginn eiszeitlicher
Klima-
schwankungen
0,1 =
15 Minuten vor
Jahresende
Neandertaler und
Homo sapiens
erscheinen

Evolution zum Menschen

vor 7 Millionen Jahren

Vor 7 Millionen Jahren:
- Abspaltung der Stammeslinie von Schimpansen und Menschen
- Nahrung sowohl pflanzliche als auch tierische Kost
- Mutter-Kleinkind-Familie
- Verlust des Fells und Entwicklung zum aufrechten Gang durch Anpassung an ein Leben im Wasser, verbunden mit Zunahme der Intelligenz
- Wiederholte Phasen mit gravierenden Veränderungen der Umweltbedingungen. Hervorgerufen durch Vulkanismus, Aufsteigen und Absinken des Meeresspiegels, dramatische Schwankungen im Nahrungsangebot (wiederholte Vernichtung der Schalentierbestände durch Krankheitserreger)

6 Millionen

5 Millionen

4 Millionen

Vor 4 Millionen Jahren:
- Frühe Savannenphase
- Unbehaarte Mütter schutzloser durch Tragen der Jungen
- Entwicklung der Paarbindung zwischen Weibchen und Männchen durch ständige Paarungsbereitschaft der Weibchen
- Intelligenzzuwachs durch Anforderungen beim Sammeln von Nahrung und Jagd auf Kleintiere
- Benutzung erster Werkzeuge wie Wasserbeutel, Tragetaschen und unbehauene Steine
- Werfen mit Steinen zur Abschreckung fleischfressender Konkurrenten (Aasräuberei)
- Verstärkte Auslese durch ostafrikanische Dürre und Vulkanausbrüche

3 Millionen

Vor 2,4 bis 2 Millionen Jahren:
- Herstellung von steinernen Schneidwerkzeugen durch vom Zufall gesteuertes Bearbeiten von Gesteinsbrocken
- Erhebliche Klimaschwankungen alle 100 000 Jahre durch Vordringen und Rückzug der Eiszeiten
- Mit Homo habilis wächst das Hirnvolumen

2 Millionen

Vor 1,5 Millionen Jahren:
- Diskusähnliche Faustkeile werden an Wasserlöchern in Herden hineingeschleudert, natürliche Auslese fördert Weitwerfen
- Gezieltes Werfen bei der Jagd wird bei geringem Bestand an Beutetieren wichtiger
- Fortgesetzte Auslese nach Wurfgenauigkeit und Wurfweite
- Verstärkte Tendenz zur Verjugendlichung (Neotenie)
- Gezielte Werkzeugherstellung durch Bearbeitung zerbrochener Steine
- Alljährliche winterliche Auslesezyklen für Homo erectus in der gemäßigten Zone Europas und Asiens, verbunden mit eiszeitlichen Schwankungen
- Fortgesetzte Auslese nach jagdlichen Fähigkeiten
- Nutzung des durch Hämmern und Werfen sich entwickelnden nervlichen Steuerungsapparates zur Entwicklung von Sprache

1 Million

0,1 Millionen

Vor 0,1 Millionen Jahren:
- Zunahme des Hirnvolumens endet mit Homo sapiens
- Verschiebung der körperlichen Anpassung zur kulturellen Anpassung

heute

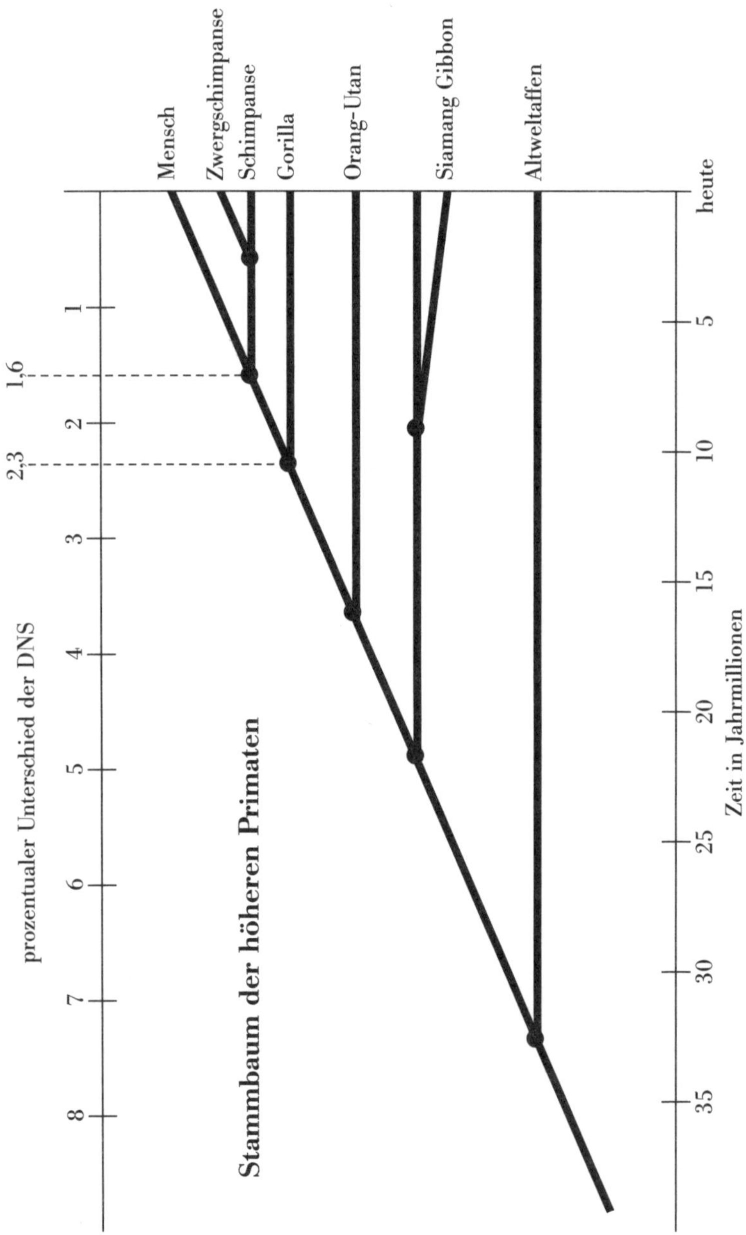

Stammbaum der höheren Primaten

Logik der Evolutionstheorie

Fakt 1
Die Fruchtbarkeit aller Arten ist so groß, daß ihre Populationsgröße mit steigender Zuwachsrate zunähme, wenn sich alle Individuen, die geboren werden, wieder erfolgreich fortpflanzten.

Fakt 2
Bei stabilen Umweltbedingungen ist die Anzahl der Individuen einer Population, im Rahmen einer gewissen Toleranz, ebenfalls konstant.

Fakt 3
Die natürlichen Ressourcen, im wesentlichen Nahrungsmittel, sind begrenzt.

Fakt 4
Niemals sind zwei Individuen genau gleich; jede Population weist eine große Variabilität auf.

Fakt 5
Der überwiegende Teil der individuellen Eigenschaften eines Individuums ist vererblich.

Erkenntnis 1
Der Erfolg des Überlebens hängt nicht vom Zufall ab, sondern von der Eignung der geerbten Eigenschaften.

Erkenntnis 2
Nur ein Teil, häufig nur ein sehr geringer Teil der Nachkommen jeder Generation überlebt.

Erkenntnis 3
Im Verlauf von Generationen führt die Auslese zu einer fortwährenden Abänderung der Population und über einen längeren Zeitraum zur Entstehung neuer Arten.

Schlußfolgerung
Variabilität der Individuen bewirkt
Natürliche Auslese bewirkt
EVOLUTION
Entstehung der Arten

Population: Gesamtheit aller Lebewesen einer Art, die ein zusammenhängendes Verbreitungsgebiet bewohnen

Das 1. Buch Mose (Genesis), 1.1–2.4

Die Schöpfung

1 Am Anfang schuf Gott Himmel und Erde.

Und die Erde war wüst und leer, und es war finster auf der Tiefe; und der Geist Gottes schwebte auf dem Wasser.

Und Gott sprach: Es werde Licht! Und es ward Licht.

Und Gott sah, daß das Licht gut war. Da schied Gott das Licht von der Finsternis und nannte das Licht Tag und die Finsternis Nacht. Da ward aus Abend und Morgen der erste Tag.

Und Gott sprach: Es werde eine Feste zwischen den Wassern, die da scheide zwischen den Wassern.

Da machte Gott die Feste und schied das Wasser unter der Feste von dem Wasser über der Feste. Und es geschah so.

Und Gott nannte die Feste Himmel. Da ward aus Abend und Morgen der zweite Tag.

Und Gott sprach: Es sammle sich das Wasser unter dem Himmel an besondere Orte, daß man das Trockene sehe. Und es geschah so.

Und Gott nannte das Trockene Erde, und die Sammlung der Wasser nannte er Meer. Und Gott sah, daß es gut war.

Und Gott sprach: Es lasse die Erde aufgehen Gras und Kraut, das Samen bringe, und fruchtbare Bäume auf Erden, die ein jeder nach seiner Art Früchte tragen, in denen ihr Same ist. Und es geschah so.

Und die Erde ließ aufgehen Gras und Kraut, das Samen bringt, ein jedes nach seiner Art, und Bäume, die da Früchte tragen, in denen ihr Same ist, ein jeder nach seiner Art. Und Gott sah, daß es gut war.

Da ward aus Abend und Morgen der dritte Tag.

Und Gott sprach: Es werden Lichter an der Feste des Himmels, die da scheinen Tag und Nacht und geben Zeichen, Zeiten, Tage und Jahre und seien Lichter an der Feste des Himmels, daß sie scheinen auf die Erde. Und es geschah so.

Und Gott machte zwei große Lichter: ein großes Licht, das den Tag regiere, und ein kleines Licht, das die Nacht regiere, dazu auch die Sterne.

Und Gott setzte sie an die Feste des Himmels, daß sie schienen auf die Erde und den Tag und die Nacht regierten und schieden Licht und Finsternis. Und Gott sah, daß es gut war.

Da ward aus Abend und Morgen der vierte Tag.

Und Gott sprach: Es wimmle das Wasser von lebendigem Getier, und

Vögel sollen fliegen auf Erden unter der Feste des Himmels.

Und Gott schuf große Walfische und alles Getier, das da lebt und webt, davon das Wasser wimmelt, ein jedes nach seiner Art, und alle gefiederten Vögel, einen jeden nach seiner Art. Und Gott sah, daß es gut war.

Und Gott segnete sie und sprach: Seid fruchtbar und mehret euch und erfüllet das Wasser im Meer, und die Vögel sollen sich mehren auf Erden.

Da ward aus Abend und Morgen der fünfte Tag.

Und Gott sprach: Die Erde bringe hervor lebendiges Getier, ein jedes nach seiner Art: Vieh, Gewürm und Tiere des Feldes, ein jedes nach seiner Art. Und es geschah so.

Und Gott machte die Tiere des Feldes, ein jedes nach seiner Art, und das Vieh nach seiner Art und alles Gewürm des Erdbodens nach seiner Art. Und Gott sah, daß es gut war.

Und Gott sprach: Lasset uns Menschen machen, ein Bild, das uns gleich sei, die da herrschen über die Fische im Meer und über die Vögel unter dem Himmel und über das Vieh und über alle Tiere des Feldes und über alles Gewürm, das auf Erden kriecht.

Und **Gott schuf den Menschen zu seinem Bilde, zum Bilde Gottes schuf er ihn; und schuf sie als Mann und Weib.**

Und Gott segnete sie und sprach zu ihnen: Seid fruchtbar und mehret euch und füllet die Erde und machet sie euch untertan und herrschet über die Fische im Meer und über die Vögel unter dem Himmel und über das Vieh und über alles Getier, das auf Erden kriecht.

Und Gott sprach: Sehet da, ich habe euch gegeben alle Pflanzen, die Samen bringen, auf der ganzen Erde, und alle Bäume mit Früchten, die Samen bringen, zu eurer Speise.

Aber allen Tieren auf Erden und allen Vögeln unter dem Himmel und allem Gewürm, das auf Erden lebt, habe ich alles grüne Kraut zur Nahrung gegeben. Und es geschah so.

Und **Gott sah an alles, was er gemacht hatte, und siehe, es war sehr gut.** Da ward aus Abend und Morgen der sechste Tag.

2 So wurden vollendet Himmel und Erde mit ihrem ganzen Heer.

Und so vollendete Gott am siebenten Tage seine Werke, die er machte, und ruhte am siebenten Tage von allen seinen Werken, die er gemacht hatte.

Und Gott segnete den siebenten Tag und heiligte ihn, weil er an ihm ruhte von allen seinen Werken, die Gott geschaffen und gemacht hatte.

So sind Himmel und Erde geworden, als sie geschaffen wurden.

Literaturverzeichnis

Vorwort: »Jeder trägt Reste einer Urwelt mit sich«

0.1 **Hesse**, Hermann: »Demian. Die Geschichte von Emil Sinclairs Jugend«, Werkausgabe Bd. 5, Suhrkamp Verlag, Frankfurt am Main 1970

1. Die Zweifel an der Glaubwürdigkeit der biblischen Schöpfungsgeschichte

1.1 **Asimov**, Isaac: »Die exakten Geheimnisse unserer Welt«, Droemer Knaur, München 1986

1.2 **Mayr**, Ernst: »Die Entwicklung der biologischen Gedankenwelt«, Springer-Verlag, Berlin/Heidelberg/New York/Tokyo 1984

1.3 **Zemb**, J.-M.; herausgegeben von Wolgang Müller: »Aristoteles«, Rowohlt Taschenbuch Verlag, Reinbek 1993

2. »Hier hatte ich nun endlich eine Theorie, mit der ich arbeiten konnte«

2.1 **Darwin,** Charles; herausgegeben von seiner Enkelin Nora Barlow: »Mein Leben«, Insel Verlag, Frankfurt am Main 1993

2.2 **Durant,** Will und Ariel: »Kulturgeschichte der Menschheit«, Band 18, Naumann & Göbel Verlagsgesellschaft, Köln 1985

2.3 **Mayr,** Ernst: »Die Entwicklung der biologischen Gedankenwelt«, Springer-Verlag, Berlin/Heidelberg/New York/Tokyo 1984

2.4 **Gould,** Jay Stephen: »Wie das Zebra zu seinen Streifen kommt«, Birkhäuser Verlag, Basel/Boston/Stuttgart 1986

2.5 **Steinmüller,** Angela und Karlheinz: »Charles Darwin«, Verlag Neues Leben, Berlin 1987

3. Ein spektakulärer und völlig unerwarteter Befund

3.1 **Bergau,** Manfred / **Kratzin,** Sigmar / **Schäfer,** Burkhard / **Strecker,** Helmut: »Umwelt: Biologie«, Ernst Klett Schulbuchverlag, Stuttgart 1987

3.2 **Bublath,** Joachim: »Das Geheimnis des Lebens«, Verlag Carl Ueberreuter, Wien 1994
3.3 **Calvin,** William H.: »Der Strom der bergauf fließt«, Carl Hanser Verlag, München/Wien 1994
3.4 **Czihak,** G. / **Langer,** H. / **Ziegler,** H. (Hrsg.): »Biologie«, Springer-Verlag, Berlin/Heidelberg/New York/Tokyo
3.5 **Cohen,** Daniel: »Die Gene der Hoffnung«, R. Piper, München 1995
3.6 **Eigen,** Manfred: »Stufen zum Leben«, R. Piper, München 1987
3.7 **Mayr,** Ernst: »Die Entwicklung der biologischen Gedankenwelt«, Springer-Verlag, Berlin/Heidelberg/New York/Tokyo 1984
3.8 **Passarge,** Eberhard: »Taschenatlas der Genetik«, Georg Thieme Verlag, Stuttgart/New York 1994

4. Das Leben ist keine Geschichte des dauernden Fortschritts

4.1 **Czihak,** G. / **Langer,** H. / **Ziegler,** H. (Hrsg.): »Biologie«, Springer-Verlag, Berlin/Heidelberg/New York/Tokyo
4.2 **Dawkins,** Richard: »Und es entsprang ein Fluß in Eden«, C. Bertelsmann Verlag, München 1996
4.3 **Kull,** Ulrich: »Evolution«, Carl Ernst Poeschel Verlag, Stuttgart 1992
4.4 **Reichholf,** Josef H.: »Das Rätsel der Menschwerdung«, Deutscher Taschenbuch Verlag, München, 2. Auflage 1993
4.5 **Remane,** Adolf / **Storch,** Volker / **Welsch,** Ulrich: »Evolution«, Deutscher Taschenbuch Verlag, München 1980

5. Selbst die Spuren des Urmeeres sind im Menschen noch zu finden

5.1 **Asimov,** Isaac: »Die exakten Geheimnisse unserer Welt«, Droemer Knaur, München 1986
5.2 **Gould,** Jay Stephen: »Wie das Zebra zu seinen Streifen kommt«, Birkhäuser Verlag, Basel/Boston/Stuttgart 1986
5.3 **Calvin,** William H.: »Der Strom der bergauf fließt«, Carl Hanser Verlag, München/Wien 1994

5.4 **Eigen,** Manfred / **Winkler,** Ruthild: »Das Spiel«, R. Piper, München 1981
5.5 **Mayr,** Ernst: »Die Entwicklung der biologischen Gedankenwelt«, Springer-Verlag, Berlin/Heidelberg/New York/Tokyo 1984
5.6 **Remane,** Adolf / **Storch,** Volker / **Welsch,** Ulrich: »Evolution«, Deutscher Taschenbuch Verlag, München 1980

6. »Es werde Licht, und es ward Licht«

6.1 **Bublath,** Joachim: »Das Geheimnis des Lebens«, Verlag Carl Ueberreuter, Wien 1994
6.2 **von Ditfurth,** Hoimar / **Arzt,** Volker: »Dimensionen des Lebens«, Deutscher Taschenbuch Verlag 1980
6.3 **von Ditfurth,** Hoimar: »Im Anfang war der Wasserstoff«, Deutscher Taschenbuch Verlag, München 1981
6.4 **von Ditfurth,** Hoimar: »Kinder des Weltalls«, Deutscher Taschenbuch Verlag, München 1982
6.5 **Kahan,** Gerald: »Einsteins Relativitätstheorie«, DuMont Buchverlag, Köln 1988
6.6 **Kayser,** Rainer: »Nur kleine grüne Männchen hat es nie gegeben«, Hannoversche Allgemeine Zeitung, 17. August 1996
6.7 **Kippenhahn,** Rudolf: »Licht vom Rande der Welt«, Deutsche Verlags-Anstalt, Stuttgart 1984
6.8 **Lang,** Kenneth R. / **Whitney,** Charles A.: »Planeten – Wanderer im All«, Springer-Verlag, Berlin/Heidelberg 1993
6.9 **Lovell,** Bernard: »Das unendliche Weltall«, C. H. Beck'sche Verlagsbuchhandlung, München 1983
6.10 **Ronan,** Colin A.: »Naturgeschichte des Universums«, Naturbuch Verlag / Weltbild Verlag, Augsburg 1992
6.11 **Russel,** Bertrand: »Das ABC der Relativitätstheorie«, Rowohlt Taschenbuch Verlag, Reinbek 1972
6.12 **Stern** (Zeitschrift): »Auf der Spur neuer Welten«, Gruner + Jahr, Heft 5, 1996
6.13 **Strobach,** Klaus: »Vom Urknall zu Erde«, Weltbild Verlag, Augsburg 1990
6.14 **Weinberg,** Steven: »Die ersten drei Minuten«, Deutscher Taschenbuch Verlag, München 1982

7. »Nichts bleibt dort, wo es begonnen hat«

7.1 **Asimov,** Isaac: »Die exakten Geheimnisse unserer Welt«, Droemer Knaur, München 1986

7.2 **Bublath,** Joachim: »Das Geheimnis des Lebens«, Verlag Carl Ueberreuter, Wien 1994

7.3 **Calvin,** William H.: »Der Strom der bergauf fließt«, Carl Hanser Verlag, München/Wien 1994

7.4 **von Ditfurth,** Hoimar: »Kinder des Weltalls«, Deutscher Taschenbuch Verlag, München 1982

7.5 **Eigen,** Manfred: »Stufen zum Leben«, R. Piper, München 1987

7.6 **Elsom,** Derek: »Die Erde«, RVG-Interbook Verlagsgesellschaft, 1993

7.7 **Mayr,** Ernst: »Die Entwicklung der biologischen Gedankenwelt«, Springer-Verlag, Berlin/Heidelberg/New York/Tokyo 1984

8. Fahren wir mit der Zeitmaschine zurück...

8.1 **Attenborough,** David: »Das Leben auf unserer Erde«, Verlag Paul Parey, Berlin 1979

8.2 **Attenborough,** David: »Spiele des Lebens«, Falken-Verlag, Niedernhausen 1991

8.3 **Attenborough,** David: »Leben und Überleben«, Verlag Das Beste, Stuttgart 1994

8.4 **Attenborough,** David: »Das geheime Leben der Pflanzen«, Scherz Verlag, Bern/München/Wien 1995

8.5 **Bright,** Michael: »Tiere auf Jagd«, BLV Verlagsgesellschaft, München 1994

8.6 **Calvin,** William H.: »Der Strom der bergauf fließt«, Carl Hanser Verlag, München/Wien 1994

8.7 **Glaubrecht,** Matthias: »Der lange Atem der Schöpfung«, Rasch und Röhring Verlag, Hamburg 1995

8.8 **Norman,** David: »Ursprünge des Lebens«, C. Bertelsmann Verlag, München 1994

8.9 **Schmitt,** Michael: »Wie sich das Leben entwickelte«, Mosaik Verlag, München 1994

8.10 **Sommer,** Volker: »Die Affen«, GEO, Hamburg 1989

8.11 **de Waal,** Frans : »Wilde Diplomaten«, Carl Hanser Verlag, München/Wien 1991

9. Wir sind nicht dem Paradies entsprungen, sondern eher dem Tal der Leiden entkommen

9.1 **Calvin,** William H.: »Der Strom der bergauf fließt«, Carl Hanser Verlag, München/Wien 1994
9.2 **de Chardin,** Pierre Teilhard: »Die Entstehung des Menschen«, C. H. Beck'sche Verlagsbuchhandlung, München 1961
9.3 **Diamond,** Jared: »Der dritte Schimpanse«, S. Fischer Verlag, Frankfurt am Main 1994
9.4 **Facchini,** Fiorenzo: »Der Mensch«, Natur Verlag / Weltbild Verlag, Augsburg 1991
9.5 **Reichholf,** Josef H.: »Das Rätsel der Menschwerdung«, Deutscher Taschenbuch Verlag, München, 2. Auflage 1993

10. Stimmungen und Gefühle beeinflussen entscheidend unser Tun und Denken

10.1 **Birbaumer,** Niels / **Schmidt,** Robert F.: »Biologische Psychologie«, Springer-Verlag, Berlin-Heidelberg 1991
10.2 **Darwin,** Charles: »Der Ausdruck der Gemütsbewegungen«, Greno Verlagsgesellschaft, Nördlingen 1986
10.3 **von Ditfurth,** Hoimar: »Der Geist fiel nicht vom Himmel«, Deutscher Taschenbuch Verlag, München 1980
10.4 **Eibl-Eibesfeldt,** Irenäus: »Die Biologie des menschlichen Verhaltens«, R. Piper, München 1986
10.5 **Griebel,** Alexander: »Horizonte«, Kiefel Verlag, Wuppertal/Gütersloh 1993
10.6 **Lewontin,** Richard: »Menschen«, Spektrum der Wissenschaft Verlagsgesellschaft, Heidelberg 1986
10.7 **Lorenz,** Konrad: »Vergleichende Verhaltensforschung«, Springer-Verlag, Wien 1978
10.8 **Lorenz,** Konrad: »Das Wirkungsgefüge der Natur und das Schicksal des Menschen«, R. Piper, München 1978

10.9 **Lorenz,** Konrad: »Das sogenannte Böse«, Deutscher Taschenbuch Verlag, München 1981

10.10 **Lorenz,** Konrad: »Der Abbau des Menschlichen«, R. Piper, München 1983

10.11 **Lorenz,** Konrad: »Über tierisches und menschliches Verhalten«, Bd. 1 u. 2, R. Piper, München 1984

10.12 **Pöppel,** Ernst: »Grenzen des Bewußtseins«, Deutsche Verlags-Anstalt, Stuttgart 1985

10.13 **von Schilcher,** Florian: »Vererbung des Verhaltens«, Georg Thieme Verlag, Stuttgart 1988

10.14 **Riedl,** Rupert: »Biologie der Erkenntnis«, Deutscher Taschenbuch Verlag, München 1988

10.15 **Vester,** Frederic: »Phänomen Streß«, Deutscher Taschenbuch Verlag, Stuttgart 1978

Anmerkungen

Die chronologische Darstellung der Entwicklungsgeschichte biologischer Erkenntnisse basiert überwiegend auf dem Werk des Evolutionsbiologen Ernst Mayr: »Die Entwicklung der biologischen Gedankenwelt«. Dieses Buch ist das monumentale Ergebnis einer mit ungeheurer Akribie vollzogenen Literaturrecherche. Ernst Mayr gilt als absolute Autorität auf dem Gebiet der Evolutionsbiologie und als einer der Architekten der »Synthetischen Evolutionstheorie«.

Bei der Beschreibung der biologischen Entfaltung auf unserem Planeten habe ich mich im wesentlichen auf Bücher des Wissenschaftsjournalisten David Attenborough gestützt. Er hat sich durch zahlreiche Fernsehsendungen einen Namen gemacht, und seine Bücher zeugen von einem außerordentlichen Wissen über biologische Zusammenhänge.

Das Kapitel über die Menschwerdung lebt vor allem von den Veröffentlichungen des Neurophysiologen William H. Calvin, der mit seiner Hypothese über die Entwicklung des menschlichen Gehirns eine neue Basis gelegt hat. Seine Überlegungen werden der Evolutionstheorie des Menschen völlig neue Impulse geben.

Was die Beschreibung des menschlichen Verhaltens betrifft, so habe ich in erster Linie Literatur des Mediziners und Verhaltensbiologen Konrad Lorenz zu Rate gezogen. Seine Werke gehören nach wie vor zu den bedeutendsten auf diesem Gebiet.

Die angeführten Zitate sind folgenden im Literaturverzeichnis angegebenen Büchern entnommen:

1: 0.1, S. 7
2: 1.2, S. 19
3: Altes Testament, 1. Moses, 1.28
4: 2.3, S. 265
5: 2.3, S. 280/281
6: 2.3, S. 285
7: 2.3, S. 383
8: 2.3, S. 383 oder 3.5, S. 263

9: 2.4, S. 30
10: 2.4, S. 37
11: 2.4, S. 37
12: 2.4, S. 39
13: 3.7, S. 510
14: 3.7, S. 601
15: 3.3, S. 332 (Zitat aus »The Medusa and the Snail« von Lewis Thomas, 1979)
16: 3.3, S. 367
17: 3.5, S. 75
18: 3.5, S. 267
19: 3.6, S. 121
20: 5.6, S. 14/15
21: 5.3, S. 38
22: 5.2, S. 253
23: 5.2: S. 262
24: 5.2, S. 252 (Zitat aus einer Rede Präsident Reagans vor einer evangelischen Gruppe in Dallas)
25: 6.9, S. 151
26: 7.4, S. 98
27: 7.4, S. 119
28: 7.7, S. 468
29: 7.3, S. 380 (Zitat aus »The Night Country« von Loren Eiseley, 1971)
30: 8.1, S. 120
31: 8.1, S. 245
32: 8.1, S. 292
33: 9.4, S. 13
34: 9.3, S. 70
35: 9.1, S. 385
36: 9.1, S. 381 (Zitat aus »Der Mythos vom schwachen Geschlecht« von Elaine Morgan, 1972)
37: 9.1, S. 381
38: 9.1, S. 471 (Zitat aus »Language and Mind« von Noam Chomsky, 1965)
39: 9.3, S. 155
40: 10.3, S. 40
41: 10.3, S. 40

42: 10.3, S. 142/143
43: 10.5, S. 13 (Zitat aus »Aus meinen späten Jahren« von Albert Einstein, Deutsche Verlags-Anstalt, Stuttgart 1979)
44: 10.11, Bd. 1, S. 356/357
45: 10.11, Bd. 2, S. 166

Abbildungsnachweis

Bildseite I: Holger Everling/stern
Bildseite II: Jochen Hein/stern
Bildseite III: Günter Radtke/stern
Bildseiten IV/V: Otmar Goller/stern
Bildseiten VI/VII: Monika Polasz/stern
Bildseiten VIII/IX: Jochen Hein/stern
Bildseiten X/XI: Wieslaw Smetek/stern
Bildseiten XII/XIII: Dieter Ziegenfeuter/stern
Bildseiten XIV/XV: Dieter Ziegenfeuter/stern
Bildseite XVI: aus David Attenborough, »Das Leben auf unserer Erde«, Blackwell, Berlin 1979

Personen- und Sachregister

»Wenn einer dafür gesorgt hat, daß eine Diskussion über den gallopierenden Sittenverfall des Journalismus immer wieder und immer dringlicher in Gang kommt, dann ist es der Journalist, Fernseh- und SPIEGEL-Reporter Cordt Schnibben mit seinen kritischen Reportagen zur Lage der vierten Gewalt.«

Deutschlandradio

Cordt Schnibben **Reklamerepublik**
Seltsame Berichte zur Lage der vierten Gewalt
330 Seiten, ISBN 3-89136-520-9

»Man erfährt von den Diktatoren des Druckgewerbes, von den Plattmachern unter den Blattmachern und den Poeten an der Tastatur, Fernsehmogulen, Quotenwesiren – 16 pfiffige Porträts, die, überflüssig zu sagen, brillant geschrieben sind.«

Darmstädter Echo

Roger Andersen / Wibke Bruhns / Emanuel Eckardt u. a.
Medien-Macher
Journalisten beschreiben die Herrscher der vierten Gewalt
236 Seiten, ISBN 3-89136-568-3

Vor vierzig Jahren war der STERN eine Soraya-Postille. Vor zwanzig Jahren neben dem SPIEGEL das wichtigste deutsche Magazin. Und heute? Nach dem Reinfall mit den gefälschten »Hitler-Tagebüchern hat der STERN viel von seinem journalistischen Einfluß verloren. Herbert Suhr, der alle Chefredakteure kennengelernt hat, erzählt in lockerer Form, was in vierzig Jahren beim STERN so los war.

Herbert Suhr
»Schreib das auf, Herbert!« *40 Jahre beim STERN*
210 Seiten, ISBN 3-89136-610-8

RASCH UND RÖHRING VERLAG
GROSSER BURSTAH 42 – 20457 HAMBURG – FAX 040/371389